pfeiffer

Zu diesem Buch

Auch die Verhaltenstherapie interessiert sich in den letzten Jahren mehr und mehr für die therapeutische Beziehung. Womit der Praktiker immer gearbeitet hat, soll exakter erfaßt und verfügbar gemacht werden: die Art des Umgehens mit dem Klienten, ein Phänomen, das in der Psychoanalyse mit »Übertragung« und »Gegenübertragung« bezeichnet wird.

Die Autorin legt einen Überblick über die bisher vorliegenden theoretischen und empirischen Beiträge zu diesem Problemkreis vor. Sie zeigt Funktionen, Rollen und Interaktionsphänomene im verhaltenstherapeutischen Prozeß auf und faßt sie in lerntheoretische Modellvorstellungen. Zahlreiche Fallbeispiele helfen dem Anfänger wie dem Fortgeschrittenen, eine gute therapeutische Beziehung zu ihren Klienten herzustellen und aufrechtzuerhalten, damit sie ihre therapeutische Arbeit nicht nur effektiver, sondern auch befriedigender gestalten können.

Monika Seiderer-Hartig, Dr. phil., Dipl.-Psych., arbeitet als Verhaltenstherapeutin in freier Praxis in München. Veröffentlichungen: Selbstkontrolle (1975); Probleme und Methoden der Psychotherapieforschung (1975).

Monika Seiderer-Hartig

Beziehung und Interaktion in der Verhaltenstherapie

Theorie — Praxis — Fallbeispiele

Verlag J. Pfeiffer · München

CIP-Kurztitelaufnahme der Deutschen Bibliothek

Seiderer-Hartig, Monika:
Beziehung und Interaktion in der Verhaltenstherapie: Theorie, Praxis, Fallbeispiele / Monika Seiderer-Hartig. – München: Pfeiffer, 1980.
(Reihe leben lernen; Nr. 48)
ISBN 3-7904-0327-X

Nr. 48
Reihe »Leben lernen«
Herausgegeben von Lorenz Wachinger
und Karl Herbert Mandel

Printed in Germany
Druck: G. J. Manz, Dillingen/Donau
Umschlagentwurf: Hermann Wernhard

ISBN 3-7904-0327-X

Inhalt

Vorwort

1967, also in einem der ersten Jahre, als die Verhaltenstherapie gerade bei uns in Deutschland bekannt wurde, nahm ich an einem Fortbildungsseminar eines namhaften ausländischen Verhaltenstherapeuten teil. Der Gastprofessor demonstrierte gerade an einem Klienten, einem jungen Mann, der an einer Phobie litt, das praktische Vorgehen bei der Systematischen Desensibilisierung. Nach der Darbietung der ersten Items der Angsthierarchie gab er dem Publikum einige Erklärungen und Erläuterungen zu seinem Vorgehen und bat dann seinen Assistenten, mit der Darbietung der Angststimuli fortzufahren. Der Klient ließ zunächst die Prozedur des Assistenten für ein paar Minuten brav über sich ergehen, öffnete dann plötzlich die Augen und bat etwas verlegen: „Ach, könnte nicht der Doktor von vorhin weitermachen, ich konnte mich bei ihm so gut entspannen." Meister, Assistent und Lehrlinge schauten sich schmunzelnd an, und mein Nachbar formulierte laut und vernehmlich, was sicher gerade viele der Anwesenden dachten: „Nun sag' bloß noch einer, in der Verhaltenstherapie gibt's keine Übertragung!"

Diese kleine Anekdote steht stellvertretend für Erfahrungen, die der Verhaltenstherapeut bei seiner praktischen Arbeit immer wieder macht, daß Klienten im Verlauf der therapeutischen Intervention eine spezifische Beziehung zu ihm entwickeln, die Ablauf und Ergebnis der Therapie entscheidend beeinflußt. Von der Verhaltenstherapie selbst wurde nie abgestritten, daß auch bei ihrem Vorgehen Interaktions- und Beziehungsvariablen von Bedeutung sind. Allerdings wurde in den Anfängen der Verhaltenstherapie diesen Variablen im Vergleich zu den Therapietechniken nur eine sehr untergeordnete Rolle zugeschrieben. Erst in den letzten Jahren zeichnet sich ein immer stärker werdendes Interesse an der therapeutischen Beziehung zwischen Klient und Therapeut ab. Man wurde sich mehr und mehr der Notwendigkeit bewußt, diese Beziehungsphänomene, die ganz offensichtlich von vielen praktisch tätigen Verhaltenstherapeuten bereits seit langem mehr oder weniger explizit therapeutisch genutzt werden, exakt zu untersuchen, in das theoretische Bezugssystem einzuordnen, kontrollierbar, systematisch anwendbar und lehrbar zu machen. Die verhaltenstherapeutische Forschung steht hier also noch ganz in den Anfängen. Entsprechend spärlich ist die Zahl der bisherigen Beiträge zu diesem Problemkreis, und dementsprechend mühsam das Suchen nach relevanten Informationen in der Literatur.

In einer leichtsinnigen Anwandlung beschloß ich deshalb das, was ich mühsam selbst gesammelt hatte, anderen Kollegen meiner Fachrichtung bereitzustellen. Bald mußte ich jedoch feststellen, daß ich mich mit meinem Vorhaben in eine ganz schöne Zwickmühle gebracht hatte. Bei der Sichtung und Aufbereitung der gesammelten Daten tauchten Probleme über Probleme auf. Zunächst einmal kann beim gegenwärtigen Zeitpunkt nicht mehr einheitlich von *der* Verhaltenstherapie gesprochen werden, da sich in den letzten Jahren explosionsartig eine Reihe neuer Ansätze entwickelt hat, die mit der ursprünglichen Verhaltenstherapie nur noch wenig Gemeinsamkeiten haben. Zum anderen stimmen, was sicher auch für andere Therapierichtungen gilt, die theoretischen Verfahrensvorschriften und Anweisungen oft nur sehr wenig mit dem überein, was der Verhaltenstherapeut in der Praxis tatsächlich tut. Darüber hinaus erwies sich bei näherer Beschäftigung mit der Materie das, was bisher an gesicherten Informationen und Daten zum Problemkreis der therapeutischen Beziehung in der Verhaltenstherapie vorliegt, als so spärlich, daß ich plötzlich Angst bekam, ob damit ein ganzes Buch zu füllen wäre. Andererseits reizten mich all diese Schwierigkeiten aber auch gerade besonders, und so machte ich mich denn an die Arbeit.

Das vorliegende Buch stellt das Ergebnis meines Versuchs dar, einen zusammenfassenden Überblick über die bisher vorliegenden theoretischen und empirischen Beiträge zum Problemkreis der therapeutischen Beziehung in der Verhaltenstherapie zu erstellen und diese Beiträge mit Hilfe von Beispielen aus der eigenen praktischen Arbeit zu veranschaulichen, zu ergänzen und zu kommentieren. Als Leitfaden für die Zusammenstellung und Integration des Informationsmaterials schien mir eine Ausrichtung am realen Ablauf des verhaltenstherapeutischen Geschehens am sinnvollsten. Mit der Frage: „Wie verhalten sich Therapeut und Klient in der Verhaltenstherapie tatsächlich? was tun sie konkret?“, habe ich versucht, Beziehungs- und Interaktionsphänomene im verhaltenstherapeutischen Prozeß aufzuzeigen. Dabei wird immer wieder deutlich, daß das bisherige, vorwiegend lerntheoretisch orientierte Modell der Verhaltenstherapie zu eng ist, um die Interaktions- und Beziehungsvorgänge im verhaltenstherapeutischen Prozeß sinnvoll zu erklären sowie theoretisch einzuordnen, und daß statt dessen ein umfassenderes Denkmodell notwendig ist, das auch kognitive, emotionale, handlungsorientierte und sozial-interaktive Aspekte miteinbezieht. Erste Ansätze dazu zeichnen sich bereits ab.

Das vorliegende Buch richtet sich nicht nur an Kollegen der eigenen und solche anderer Fachrichtungen, sondern ebenso an interessierte Laien. Es soll ein erster kleiner Baustein sein für das, was mit großer Wahrscheinlichkeit ein wesentliches Kennzeichen der Verhaltenstherapie der kommenden Jahre sein wird: der intensive Einbezug des Aspekts der Therapeut-Klient-Beziehung in Praxis, Forschung und Lehre. Drei Ziele liegen mir dabei besonders am Herzen: Mit meinem Beitrag möchte ich zum einen helfen, durch sachliche Informationen Vorurteile gegen die Verhaltenstherapie abzubauen, die von ihren Kritikern zu Unrecht mit Etiketten wie z.B. „mechanistisch", „unpersönlich", „seelenlos", „manipulativ", „oberflächlich" etc. abgestempelt wird. Zum anderen möchte ich meinen verhaltenstherapeutischen Kollegen in Forschung, Lehre und Praxis aufzeigen, welche dringenden Aufgaben und Probleme uns in bezug auf den Problemkreis der therapeutischen Beziehung im verhaltenstherapeutischen Prozeß gestellt sind, und sie gleichzeitig ermutigen und motivieren, an diesen spannenden und lohnenswerten Aufgaben mitzuarbeiten. Mein ganz besonderes Anliegen ist es jedoch, mit diesem Beitrag, der nicht nur am Schreibtisch entstanden ist, sondern auch die Alltagserfahrungen einer Reihe harter Lehrjahre miteinschließt, meinen Kollegen in der Praxis, vor allem den Anfängern, Hilfe und Anregungen zu geben, wie sie eine gute therapeutische Beziehung zu ihren Klienten herstellen und aufrechterhalten und damit ihre therapeutische Arbeit nicht nur effektiver, sondern auch befriedigender gestalten können.

März 1980 Monika Seiderer-Hartig

1. Einführung in den Problemkreis

1.1 Kurzer Überblick über die Entwicklung der Verhaltenstherapie

Die Verhaltenstherapie unterliegt, wie jede andere therapeutische Richtung, ständiger Weiterentwicklung und Differenzierung. Dabei besteht eine enge Wechselwirkung zwischen der Verfeinerung der theoretischen Konzepte und der empirischen Fundierung derselben auf der einen Seite sowie der notwendigen Anpassung an die Probleme und Möglichkeiten der Praxis auf der anderen Seite.

Die Entwicklung der Verhaltenstherapie seit ihren ersten Anfängen bis zur Gegenwart verlief außerordentlich stürmisch. Die Gemeinsamkeiten zwischen dem orthodoxen und radikalen Behaviorismus der frühen Jahre und den verhaltenstherapeutischen Ansätzen der Gegenwart sind dabei so gering geworden, daß wiederholt erwogen wurde, ob nicht inzwischen sogar ein Übergang in ein ganz anderes Bezugssystem stattgefunden hat. So warf z.B. *Franks* in seinem Vorwort zu dem Buch von *Lazarus* (1978) die Frage auf, ob es sich bei der Weiterentwicklung der Verhaltenstherapie um einen normalen Fortschritt handelt, bei dem die neuen Ansätze noch ohne Bedeutungsabstriche der Kategorie der ursprünglichen Verhaltenstherapie zuzurechnen sind, oder aber um einen Paradigmawechsel. Die Diskussion dieser Frage ist noch nicht abgeschlossen.

Erhob die orthodoxe Verhaltenstherapie der Gründerjahre noch den Anspruch, die einzige wissenschaftlich fundierte Therapie zu sein und auch die einzig wirklich wirksame, so zeichnet sich bei den heutigen Verhaltenstherapeuten erfreulicherweise zunehmend eine Einstellung in bezug auf die Möglichkeiten und Grenzen ihres Fachbereiches ab, die wesentlich bescheidener, realistischer und selbstkritischer ist.

Im folgenden soll die Entwicklung der Verhaltenstherapie, soweit sie für ein besseres Verständnis der weiteren Ausführung notwendig ist, kurz skizziert werden. Für eine ausführliche Darstellung der geschichtlichen Entwicklung der Verhaltenstherapie und ihrer verschiedenen Problembereiche verweise ich auf die entsprechende Fachliteratur, (z.B.: *Foreyt* und *Rathjen*, 1978; *Goldfried* und *Goldfried*, 1977; *Jaeggi*, 1979 a; *Kanfer* und *Phillips*, 1975; *Krasner*, 1971; *Mahoney*, 1977; *O'Leary* und *Wilson*, 1975; *Yates*, 1970).

Ein Hauptkennzeichen der Entwicklung der Verhaltenstherapie von den frühen Anfängen bis zur Gegenwart ist der zunehmende Einschluß *verbaler und symbolisch- vermittelnder Prozesse*. Es setzte sich mehr und mehr die Erkenntnis durch, daß die strenge orthodoxe S-R-Theorie des frühen Behaviorismus mit ihrer Beschränkung auf beobachtbare und meßbare äußere Reize und Reaktionen ein unzureichendes Arbeitsmodell für die theoretische und empirische Fundierung der Verhaltenstherapie darstellt (vgl. *Bandura*, 1969; *Kanfer* und *Phillips*, 1975; *Marks*, 1969; *Yates*, 1970). Bereits sehr früh wurde eine Reihe verhaltenstherapeutischer Techniken entwickelt, die, wenn zunächst auch nur implizit, so doch sehr deutlich von inneren vermittelnden und modifizierenden Prozessen Gebrauch machten, z.B. die Systematische Desensibilisierung, die Verdeckte Sensibilisierung, die Reizüberflutung, Entspannungsübungen etc. Bei den neueren verhaltenstherapeutischen Ansätzen zeichnet sich ganz deutlich ein zunehmender Trend ab, verbale und symbolisch-vermittelnde Prozesse ganz explizit in den Mittelpunkt des therapeutischen Vorgehens zu stellen und ihnen eine zentrale Rolle bei der Entstehung, Aufrechterhaltung und Beseitigung psychischer Störungen zuzuweisen (vgl. dazu: *Bandura*, 1978; *Beck*, 1979; *Butollo*, 1979; *D'Zurilla* und *Goldfried*, 1971; *Kanfer* und *Goldstein*, 1977; *Mahoney*, 1977; *Meichenbaum*, 1979; *van Quekelberghe*, 1979 a; 1979 b).

Eng verbunden mit dieser Entwicklung war ein weiterer wichtiger Entwicklungsschritt der Verhaltenstherapie: die zunehmende *Anerkennung des Klienten* als eines differenzierten, denkenden, fühlenden *aktiven* Lebewesens, das kontrollierend in das therapeutische Geschehen eingreifen kann. Mit dieser Sichtverlagerung von den reaktiven zu den aktiven Möglichkeiten des Klienten wuchs das Bestreben der Verhaltenstherapie, den Klienten selbst als aktiven Teilnehmer in das therapeutische Geschehen mit einzubeziehen, ihn durch Unterweisung in „Selbstkontrolle" zu seinem eigenen Therapeuten auszubilden. Im Zuge dieser Bemühungen entstand eine Reihe verschiedener Selbstkontroll-Ansätze, deren gemeinsames Kennzeichen darin besteht, dem Klienten zu helfen, die funktionalen Zusammenhänge seines Verhaltens und die dabei beteiligten Umweltfaktoren sowie seine eigenen Anteile zu erkennen und zu steuern (*Hartig*, 1974, 1975 b; *Kanfer* und *Goldstein*, 1977; *Mahoney*, 1972; *Thoresen* und *Mahoney*, 1974; *Watson* und *Tharp*, 1975).

Die Vorteile einer solchen therapeutischen Strategie liegen auf der Hand: Unabhängigkeit des Klienten von der Beeinflussung durch seine äußere Umgebung, Erleichterung von Generalisierungseffekten auf außertherapeutische Situationen, Verkürzung der Behandlungszeit, wirtschaftliche und ökonomische Vorteile, Verringerung der Gefahr von Rückfällen, präventive Chancen, Erweiterung der Klientenzielgruppen, Einbezug von verdeckten symbolischen Verhaltenseinheiten, die Umgehung einer Reihe ethischer Probleme, etc. (vgl. dazu auch *Hartig,* 1974, S. 325).

Als eine Folge der skizzierten Entwicklungsschritte setzte sich gleichzeitig zunehmend die Einsicht in die Notwendigkeit durch, neben der Lerntheorie auch die Befunde und Erkenntnisse anderer psychologischer Forschungsbereiche einzubeziehen, um der Vielfalt und Komplexität der am psychotherapeutischen Geschehen beteiligten Phänomene gerecht werden zu können. So zeigen die Verhaltenstherapeuten in Forschung und Praxis ein immer stärker werdendes Interesse an den Forschungsergebnissen der Motivationspsychologie, der Wahrnehmungspsychologie, Entwicklungspsychologie, Pädagogischen Psychologie, vor allem aber der Sozialpsychologie und deren Implikationen für das verhaltenstherapeutische Geschehen. Immer mehr verhaltenstherapeutische Autoren plädieren dafür, die Ergebnisse der gesamten psychologischen Grundlagenforschung mit zu berücksichtigen. Sie setzen damit eine Entwicklungslinie der Verhaltenstherapie fort, die sich bis auf *Shapiro* (1957, 1966) zurückverfolgen läßt. *Shapiro,* dessen verhaltenstherapeutischer Ansatz am Modell des psychologischen Experiments mit n=1 ausgerichtet ist, forderte bereits in den frühen fünfziger Jahren, die verhaltenstherapeutische Forschung nicht nur auf die Lerntheorie zu beschränken, sondern den gesamten Bereich der Experimentellen Psychologie, Neurophysiologie etc. miteinzubeziehen.

Erwähnt sei noch ein interessanter neuer Entwicklungstrend, dem bei der künftigen Weiterentwicklung der Verhaltenstherapie entscheidende Bedeutung zukommen dürfte. Aus der Kritik an den traditionellen lerntheoretischen Konzepten entwickelte sich in den letzten Jahren eine Reihe *handlungstheoretischer Ansätze* (vgl. dazu *Bergold,* 1977; *Grawe*, 1980; *Volpert,* 1974). Gemeinsames Kennzeichen dieser Ansätze ist die Annahme einer hierarchischen *zielgerichteten* Verhaltensorganisation. Der Mensch wird dabei als seine Umwelt bewußt, willentlich und zielgerichtet gestaltend aufgefaßt. Grundlegende Analyseeinheit ist die *Handlung*, die verstanden wird als . . . „zielgerichtetes Verwirklichen von Operationen, die einen wahrgenommenen und bewerteten Umgebungszustand in einen angestrebten Umgebungszustand transformieren sollen“ (*Grawe*, 1980, S. 112). Der Handelnde und seine Umgebung (die Situation, seine Interaktionspartner etc.) werden dabei als sich wechselseitig, kreisförmig beeinflussende, zu einer Einheit verschmolzene, interdependente Elemente eines Systems betrachtet. Insbesondere die Interaktionelle Verhaltenstherapie (*Grawe* 1977, 1980; *Grawe* und *Dziewas*, 1978), ein interessanter, neuer verhaltenstherapeutischer Gruppenansatz, basiert auf solchen handlungstheoretischen Überlegungen.

Die bisher erörterten Entwicklungsschritte der Verhaltenstherapie hatten weitreichende Konsequenzen in bezug auf Therapieziele, therapeutische Methoden und Klientenzielgruppen. Die frühen verhaltenstherapeutischen Techniken wurden fast ausschließlich für und an institutionalisierten Chronisch-Schizophrenen, Retardierten, Autisten oder an schwererziehbaren Kindern entwickelt, und zwar auf der Grundlage des Klassischen und Operanten Konditionierens. Es wurden dabei in erster Linie eng umschriebene *verhaltensorientierte* therapeutische Veränderungen angestrebt, wie z.B. Aufbau von Reinlichkeits-, Eß-, Selbstpflege- und Arbeitsverhalten. Dabei wurde vorwiegend mit äußerer Kontrolle gearbeitet, d.h., Beobachtung, Protokollierung, Analyse und Modifikation des Problemverhaltens, ebenso wie die Entscheidung über die Therapieziele und die dabei zum Einsatz gelangenden Therapietechniken lagen in den Händen von Bezugspersonen des Klienten, wie z.B. Therapeut, Erzieher, Pflegepersonal, Eltern. Im Zuge der Entwicklung der Verhaltenstherapie wurde eine zunehmende Ausweitung der verhaltenstherapeutischen Bemühungen auch auf sehr komplexe und differenzierte psychische Probleme erwachsener, nicht-institutionalisierter Neurotiker möglich. Hand in Hand damit erfolgte eine Verfeinerung und Differenzierung der zugrundeliegenden theoretischen Modellvorstellungen. Die zunehmende Heterogenität, Komplexität und Differenziertheit der neuen verhaltenstherapeutischen Ansätze resultierte jedoch gleichzeitig auch in zunehmenden Schwierigkeiten, das praktische verhaltenstherapeutische Handeln klar und sauber den theoretischen Modellen zuzuordnen und wissenschaftlich zu begründen.

1.2 Die therapeutische Beziehung in der Entwicklung der Verhaltenstherapie

Es ist eine unumstrittene und durch zahlreiche Forschungsdaten belegte Tatsache, daß Ablauf und Ergebnisse psychotherapeutischer Bemühungen in entscheidendem Maße von der Beziehung und Interaktion zwischen Klient und Therapeut beeinflußt werden, und zwar unabhängig davon, innerhalb welchen theoretischen Bezugssystems die Therapie stattfindet und von welchen therapeutischen Hilfsmitteln dabei Gebrauch gemacht wird. Die Bedeutsamkeit der Interaktionsvorgänge im psychotherapeutischen Geschehen wird durch Beobachtungen unterstrichen, daß erfahrene und erfolgreiche Psychotherapeuten ganz unterschiedlicher Schulrichtungen bezüglich ihrer spezifischen Interaktionsmuster mit dem Klienten starke Ähnlichkeiten untereinander aufweisen (*Cartwright,* 1968). Während der psychotherapeutischen Begegnung finden intensive wechselseitige Beeinflussungsvorgänge statt, die von den einzelnen Therapieschulen entsprechend ihrer theoretischen Ausrichtung ganz spezifisch interpretiert, empirisch untersucht und für den therapeutischen Prozeß genutzt werden. Generell ist man sich dabei einig, daß das psychotherapeutische Geschehen und die dabei stattfindenden Interaktionsvorgänge zwischen Therapeut und Klient trotz bestimmter inhaltlicher und struktureller Besonderheiten zur umfassenden Kategorie sozialer Beeinflussungsvorgänge zu rechnen sind und als solche den gleichen Gesetzmäßigkeiten unterliegen. Damit werden Erkenntnisse und Ergebnisse der allgemeinen sozialen Interaktionsfoschung auch für die Psychotherapieforschung relevant.

Bei anderen Therapierichtungen, z.B. der psychoanalytischen und der gesprächspsychotherapeutischen, nimmt die Interaktion zwischen Klient und Therapeut bereits eine zentrale Stellung in Theorie und Praxis ein und ist seit langem Gegenstand intensiver Forschungsbemühungen. So legte z.B. *Minsel* (1977) einen weitumgreifenden Ansatz zur Theoriebildung über dyadisches psychotherapeutisches Handeln vor. Auch von den Verhaltenstherapeuten wurde die Bedeutung der Interaktionsvorgänge und Beziehungsvariablen im therapeutischen Geschehen nie in Frage gestellt, obwohl ihre Kritiker das Gegenteil behaupten. Allerdings wurde in den Anfängen der Verhaltenstherapie der Beziehung zwischen Klient und Therapeut im Vergleich zu den Therapietechniken nur eine sehr untergeordnete Bedeutung zugeschrieben. Die therapeutische Beziehung wurde zwar generell erwähnt und anerkannt (*Lazarus*, 1958, 1960; *Skinner,* 1953; *Wolpe,* 1958), jedoch lediglich als „nichtspezifische Variable“ betrachtet und als solche nie explizit zum Gegenstand systematischer theoretischer oder empirischer Bearbeitung gemacht.

Skinner (1953, 1971), der mit seinem Konzept des Operanten Konditionierens und dessen Kernstücken: der Analyse des Einzelfalles unter streng kontrollierten experimentellen Laborbedingungen, der Manipulation von Konsequenzen und von Verstärkungsplänen sowie der Ausklammerung vermittelnder Prozesse, als einer der Hauptbegründer der Verhaltenstherapie gilt, weist bereits 1953 auf Beziehungsvariablen im verhaltenstherapeutischen Geschehen hin. *Skinner* beschränkt sich jedoch auf theoretische Erörterungen generell zur psychotherapeutischen Situation.

Wolpe und *Lazarus* (*Lazarus*, 1971, 1978; *Wolpe*, 1969; *Wolpe* und *Lazarus*, 1966), von denen ebenfalls entscheidende Impulse bei der Begründung und Weiterentwicklung der Verhaltenstherapie ausgingen, halten eine gute Beziehung zwischen Therapeut und Klient in den meisten Fällen für eine erfolgreiche verhaltenstherapeutische Behandlung zwar für notwendig, jedoch allein nicht ausreichend. Sie sehen die Funktion des Therapeuten in erster Linie als die eines Pädagogen, der neben detaillierten technischen Kenntnissen und Fähigkeiten für die Anwendung eines breiten Arsenals von Therapietechniken auch über didaktisches Geschick verfügen, vor allem aber die Fähigkeit besitzen muß, eine warme und akzeptierende Beziehung zum Klienten aufzubauen, diesem Vertrauen und Hoffnung zu vermitteln und als soziales Modell für effektive Reaktionsmuster zu fungieren. Interessant ist in diesem Zusammenhang eine Bemerkung *Wolpes* in einer sehr frühen Arbeit (*Wolpe*, 1958, S. 194), in der er von eigenen Beobachtungen und Erfahrungen berichtet, wonach Klienten, die ihn bereits in den allerersten Interview-Sitzungen zu mögen schienen, gewisse Besserungen zeigten, noch bevor überhaupt mit der gezielten psychotherapeutischen Intervention begonnen wurde.

Ähnlich wie *Lazarus* und *Wolpe* äußerte sich 1959 auch *Eysenck* Er betont, daß eine gute persönliche Beziehung zwischen Klient und Therapeut unter bestimmten Umständen zwar sehr nützlich sein kann, jedoch allein nicht ausreicht.

Auch bei der gegenwärtigen Verhaltenstherapie liegt das Hauptgewicht weiterhin auf den Therapietechniken. Jedoch ist daneben ganz deutlich ein immer stärker werdendes Interesse an den Beziehungs- und Interaktionsvariablen im verhaltenstherapeutischen Geschehen festzustellen. Im Jahre 1977 war die „Therapeut-Klient-Beziehung in der Verhaltenstherapie“ eines der Rahmenthemen des Verhaltenstherapie-Kongresses in Berlin. Beim ersten gemeinsamen Kongreß der Gesellschaft für Wissenschaftliche Gesprächspsychotherapie (GWG) und der Deutschen Gesellschaft für Verhaltenstherapie (DGVT) im Februar 1980 in Berlin war die Therapeut-Klient-Beziehung eines der Hauptthemen. Immer häufiger finden sich theoretische Beiträge zu diesem Problemkreis (*Caspar* und *Grawe*, 1980; *De Voge* und *Beck*, 1978; *Grawe*, 1977, 1980; *Grawe* und *Dziewas*, 1978; *Jaeggi*, 1977, 1980; *Kanfer* und *Goldstein*, 1977; *Mahoney*, 1977; *O'Leary* und *Wilson*, 1975; *Ringler*, 1980 a, 1980 b; *Schewior*, 1977; *Seiderer-Hartig*, 1980, in Druck; *Wilkins*, 1971; *Wilson* und *Evans*, 1976; *Zimmer*, 1978 a, 1978 b).

Besonders erfreulich ist, daß die Frage nach den Beziehungs- und Interaktionsvariablen im verhaltenstherapeutischen Geschehen auch immer häufiger zum Gegenstand empirischer und experimenteller Untersuchungen gemacht wird (*Bran Amar*, 1978; *Ford*, 1978; *Goldstein*, 1977, 1978; *Halder*, 1977; *Krapfel* und *Nawas*, 1969; *Llewelyn* und *Hume*, 1979; *Morris* und *Suckerman*, 1974; *Ringler*, 1977). Das zunehmende Interesse für die Interaktions- und Beziehungsvariablen im verhaltenstherapeutischen Geschehen ist sozusagen eine logische Folge der allgemeinen Entwicklung der Verhaltenstherapie. In dem Maße, in dem der Klient von einem reaktiven kontrollierbaren Organismus zu einem aktiven Partner im psychotherapeutischen Prozeß avancierte, und in dem Maße, in dem neben einfachen, von einem äußeren Beobachter meßbaren Verhaltensdaten zunehmend auch differenziertere innere Vorgänge in ihrer Bedeutung anerkannt und in die theoretischen und praktischen Erwägungen miteinbezogen wurden, wurde gleichzeitig immer deutlicher, daß auch das verhaltenstherapeutische Geschehen in ganz entscheidender Weise von den spezifischen Interaktionen zwischen Therapeut und Klient geprägt wird. Damit wuchs nicht nur das Interesse an diesen Interaktions- und Beziehungsphänomenen, sondern auch die Möglichkeit, diese gezielt zu untersuchen, in das theoretische Bezugssystem einzuordnen und praktisch nutzbar zu machen.

Forschungsbefunde und Beobachtungen deuten darauf hin, daß hier die verhaltenstherapeutische Praxis der Theorie weit vorauseilt. So kam eine Reihe empirischer Untersuchungen ganz unterschiedlicher theoretischer Herkunft (z.B. *Breger* und *Mc Gough*, 1965; *Brunink* und *Schroeder*, 1979; *Klein* et al. 1969; *O'Leary* et al. 1973; *Ryan* und *Gizynski*, 1971; *Sloane* et al. 1975; *Swan* und *Mc Donald*, 1978) übereinstimmend zu dem Ergebnis, daß Verhaltenstherapeuten bei ihrer praktischen Arbeit in ganz entscheidendem Maße von Beziehungs- und Interaktionsvariablen Gebrauch machen, auch wenn sie sich dessen häufig gar nicht bewußt sind.

Ziel der zukünftigen verhaltenstherapeutischen Forschungsbemühungen wird es also auch sein, diese Interaktionsvariablen gezielt experimentell zu untersuchen, um ihre wesentlichen und wirksamen Anteile, die von vielen praktisch tätigen Verhaltenstherapeuten ganz offensichtlich bereits seit langem mit Erfolg genutzt werden, besser in den Griff zu bekommen, theoretisch einordnen sowie systematisch anwendbar und lehrbar machen zu können.

2. Die therapeutische Beziehung in der Verhaltenstherapie

Im folgenden gebe ich einen Überblick über die bisher vorliegenden theoretischen und empirischen Beiträge der Verhaltenstherapie zum Problemkreis der therapeutischen Beziehung. Um das Informationsmaterial besser sichten und ordnen zu können, orientiere ich mich dabei am realen Ablauf des therapeutischen Geschehens. Die Frage: „Wie sieht das konkrete therapeutische Handeln von Klient und Therapeut aus? was läuft in den therapeutischen Sitzungen tatsächlich ab?“, soll uns bei unserem Vorhaben als Leitfaden dienen und uns helfen, die Beziehungs- und Interaktionsphänomene des verhaltenstherapeutischen Prozesses zu erschließen und in verhaltenstherapeutische Termini und Modellvorstellungen zu fassen. Beginnen wir mit den beiden Hauptakteuren, dem Klienten und dem Therapeuten, sowie der verhaltenstherapeutischen Situation als einer dyadischen Situation.

2.1 Der Therapeut

Der Begriff des „Therapeuten" hat im Rahmen der Psychotherapieforschung eine sehr viel umfassendere Bedeutung als bei seiner Anwendung in der psychotherapeutischen Praxis. So werden für Forschungsprojekte häufig Therapeuten herangezogen, die noch keine abgeschlossene Ausbildung haben, oder Studenten älteren Semesters mit oder ohne spezifisches Vortraining. Steht der Begriff des „Therapeuten" für ein ganzes Therapeuten-Kollektiv, z.B. für das Behandlungsteam einer Klinik oder einer anderen Institution, so umfaßt er in der Regel eine Vielzahl unterschiedlicher therapeutischer Bezugspersonen, z.B. Krankenschwestern, Krankenpfleger, Sozialarbeiter, Beschäftigungstherapeuten, Ärzte, Psychologen etc. Es gibt sogar Forschungsprojekte, bei denen technische Hilfsmittel, z.B. Computer (*Lang* et al. 1970;), sprechende Puppen (*Baer* und *Sherman*, 1964), als „Therapeuten" eingesetzt wurden. Diese Therapeutenheterogenität in der Forschung führt zu einer Reihe von Problemen bei der Übertragung der Forschungsergebnisse auf die psychotherapeutische Praxis. Auf diese Problematik kann im Rahmen des vorliegenden Buches jedoch nicht näher eingegangen werden, es wird deshalb auf die entsprechende Fachliteratur verwiesen (z.B. *Hartig*, 1975 a).

In bezug auf die Therapeutenvariable werden gewöhnlich drei Aspekte unterschieden:

(1) die persönlichen Charakteristika des Therapeuten, z.B. Persönlichkeitseigenschaften, Einstellungen, Erwartungen, Alter, Geschlecht, Wertsysteme, berufliche Ausbildung, theoretisches Bezugssystem etc.;

(2) die Therapietechniken, d.h. alle spezifischen psychotherapeutischen Techniken und Verfahren, von denen der Therapeut bei seiner Arbeit Gebrauch macht;

(3) das unspezifische beziehungsweise nicht-technische Therapeutenverhalten, das sogenannte personengebundene Wissen des Therapeuten, d.h. seine persönlichen Kenntnisse, Erfahrungen und Fertigkeiten, die neben dem expliziten Änderungswissen, welches sich in den therapeutischen Techniken manifestiert, mit in die therapeutische Situation eingehen.

Bei den meisten psychotherapeutischen Forschungsprojekten wird die Therapeutenvariable als unabhängige, die Klientenvariable als abhängige Variable gewählt, d.h., die Therapeutenvariable wird systematisch variiert und in ihrem Einfluß auf Klientenvariablen untersucht.

Wir wollen jetzt den Verhaltenstherapeuten betrachten, so wie er real in der verhaltenstherapeutischen Praxis anzutreffen ist, seine typischen Merkmale, seine Ausbildung, seine beruflichen Sozialisationsbedingungen, seine Arbeitsbedingungen und die damit verbundenen Probleme.

Die meisten der in der BRD gegenwärtig praktizierenden Verhaltenstherapeuten sind Diplompsychologen, einige wenige Ärzte, Sozialarbeiter oder Lehrer, mit einer mehr oder weniger formalen Zusatzausbildung in Verhaltenstherapie, die bis vor kurzem nur in den USA oder in Großbritannien möglich war. Obwohl die Ausbildung zum Verhaltenstherapeuten auch in der BRD bereits seit einer Reihe von Jahren Gegenstand heftiger fachlicher Diskussionen und Auseinandersetzungen um Kompetenzen und Zuständigkeiten ist (vgl. dazu auch *Keupp* und *Zaumseil*, 1978; Kongreßbericht DGVT I/79), bieten sich erst in den letzten Jahren solche Ausbildungsmöglichkeiten vereinzelt auch in der BRD.

Verhaltenstherapeuten gehören also zunächst einmal zur größeren Gesamtpopulation der Psychologen, speziell zu der der Klinischen Psychologen. Wie der Großteil Klinischer Psychologen entstammen auch die Verhaltenstherapeuten vorwiegend der Mittelschicht (*Swan* und *Mc Donald*, 1978). Verhaltenstherapeuten unterscheiden sich nicht wesentlich von ihren Kollegen anderer psychotherapeutischer Schulrichtungen, was die Heterogenität ihrer persönlichkeitsspezifischen Merkmale, ihre Bedürfnisse, Wünsche und Erwartungen, aber auch die gesellschaftlichen und institutionellen Bedingungen ihrer Ausbildung und Arbeit sowie ihre beruflichen Sicherheits- und Selbständigkeitsbestrebungen anbelangt. Trotz dieser Heterogenität weisen Psychologen, als eine Gesamtgruppe gesehen, doch signifikante Unterschiede zu anderen Berufsgruppen auf. Bereits zu Beginn ihres Studiums unterscheiden sich die künftigen Psychologen in einer Reihe spezifischer Charakteristika signifikant von Studenten anderer Fachrichtungen, wobei ein enger ursprünglicher Zusammenhang zwischen diesen Persönlichkeitsmerkmalen und der Wahl des Studienfaches bestehen dürfte. So sind Psychologiestudenten erfolgsmotivierter als Studenten anderer Fachrichtungen. Sie zeigen als wissenschaftliche Haltung eine ausgeprägte Fortschrittsgläubigkeit, ihr konkretes Studienverhalten ist durch generell geringeren Arbeitseinsatz gekennzeichnet, in ihrer hochschulpolitischen Orientierung sind sie eher progressiv ausgerichtet (*Breuer* et. a. 1975; *Keil* und *Piontkowski*, 1973; *Kleiber*, 1976, 1978). Diese bereits zu Beginn des Studiums bestehenden spezifischen Merkmale erfahren im Verlauf der Sozialisation zum Psychologen und dann zum Psychotherapeuten eine weitere fachspezifische Differenzierung, Akzentuierung, aber auch Veränderung.

Die berufliche Sozialisation des Psychotherapeuten

Bei diesem Prozeß der beruflichen Sozialisation durchläuft der Psychotherapeut ‚in spe' zwei Sozialisationsumwelten, die sich bezüglich ihrer Struktureigentümlichkeiten und Anforderungen an den Sozialisanden erheblich voneinander unterscheiden: Hochschule und Praxis. Wie noch zu zeigen sein wird, verlangen diese zwei konträren Sozialisationswelten von den Betroffenen häufig miteinander unvereinbare Einstellungen, Verhaltensmerkmale und Lernprozesse und konstellieren damit beim Übergang des Psychotherapeuten von einer dieser Sozialisationswelten zur anderen eine Vielzahl von Problemen und Konflikten. So werden dem Psychologiestudenten während seines Hochschulstudiums zwar in der Regel detaillierte theoretische und technische Kenntnisse seines Faches vermittelt, jedoch wird er dabei weder auf die gesellschaftlichen und institutionellen Bedingungen, unter denen er später in der Praxis arbeiten muß, noch auf die Probleme und Schwierigkeiten der realen komplexen Berufspraxis vorbereitet. Bei seiner universitären Ausbildung bleiben wichtige praktische und rechtliche Probleme, mit denen er später in der Praxis ständig konfrontiert wird, weitgehend ausgeklammert, z.B. Fragen, wie die an der Universität erlernten Therapietechniken auf die komplexen Gegebenheiten der realen Alltagspraxis zu übertragen sind, wo eine kurative anstelle einer präventiven Orientierung der Gesundheitsvorsorge vorherrscht, wo es an Personal, Geld- und Sachmitteln mangelt, wo eine Vorselektion der Klienten durch Institutionen stattfindet, lange Wartelisten den Psychologen unter Zeitdruck bringen und ihn zwingen, Klienten abzuweisen beziehungsweise ihnen nicht genügend Termine anbieten zu können. Ebenso ist der Therapeut in der Praxis zumeist gezwungen, auf Beobachtungen im realen Lebenskontext der Klienten sowie auf Effektivitätskontrollen und damit auch auf Feedback für die eigene Arbeit zu verzichten. Auf Probleme krankenversicherungsrechtlicher Fragen, des Umgangs mit Behörden und Sozialträgern zur Erschließung finanzieller und materieller Ressourcen für die Therapie seiner Klienten wird der Klinische Psychologe bei seiner universitären Ausbildung ebensowenig vorbereitet wie auf rechtliche Probleme, die sich in der Praxis stellen können, z.B. Probleme, die sich aus dem Umstand ergeben, daß es für den Klinischen Psychologen bislang noch kein Zeugnisverweigerungsrecht gibt und daß die Klientenakten vor strafprozessualer Beschlagnahme nicht geschützt sind, etc. (vgl. dazu auch *Amelang* und *Tiedemann,* 1972; *Boyer* et al. 1977; *Brandstätter* und *Bernitzke,* 1978; *Breuer,* 1979; *Breuer* und *Falk-Seeger*, 1979; *Kleiber*, 1978).

Diese große Diskrepanz zwischen Hochschulausbildung und den

realen Gegebenheiten der Praxis, die nicht nur für den Verhaltenstherapeuten, sondern gleichermaßen für alle Klinischen Psychologen gilt, erfordert beim Übergang von der Hochschule in die Praxis eine Umorientierung bezüglich einer Vielzahl von Ziel- und Wertvorstellungen, von Einstellungen und Handlungskompetenzen, die bei nicht wenigen Berufsanfängern zu einem sogenannten „Praxisschock" führt. Die ersten Jahre der Berufsausübung sind für den Klinischen Psychologen, vorausgesetzt er findet überhaupt eine Anstellung, mit schmerzlichen und frustrierenden Bemühungen verbunden, für die Vielzahl der Schwierigkeiten und Konflikte, mit denen er in der beruflichen Praxis konfrontiert wird, eigene Bewältigungsstrategien zu entwikkeln. Diese Lösungsstrategien sind zum einen Ausdruck individueller, persönlichkeitsspezifischer Charakteristika, zum anderen aber auch durch institutionsspezifische Probleme und Strukturen vorgegeben. *Kleiber* (1978) weist z.B. darauf hin, daß in Institutionen, die starken Zwängen zur Aufnahme von Klienten unterliegen, z.B. in Landeskrankenhäusern, typische Problemlösungsstrategien vorherrschen, wie z.B. häufiger Stellenwechsel oder aber Arbeitsverlagerung auf die Ausbildung von sogenannten „Mediatoren" (Krankenschwestern, Pflegern etc.).

Zur Behebung der durch die Kluft zwischen Hochschulausbildung und Praxis verursachten Verunsicherungen, Konflikte und Probleme, insbesondere der Berufsanfänger, wird immer wieder die Forderung nach einer stärker berufs- beziehungsweise praxisbezogenen Orientierung des Studiums gestellt. Eine solche praxisbezogene Orientierung der universitären Ausbildung setzt jedoch detaillierte Kenntnisse der spezifischen Bedingungs- und Problemstrukturen der realen Arbeitsfelder voraus. Zu untersuchen sind also nicht nur die spezifischen Determinanten der universitären Ausbildung und die Grenzen, die sich durch den gegenwärtigen Entwicklungsstand der Wissenschaft Psychologie ergeben, sondern auch die gesellschaftlichen und institutionellen Bedingungen, unter denen der Klinische Psychologe nach seiner Ausbildung arbeiten muß, z.B. die gesellschaftlich und institutionell bedingte Priorisierung kurativer gegenüber präventiver Hilfsangebote, die gesellschaftlich und institutionell vorgegebenen Labelings- und Stigmatisierungsprozesse des „Krankheitsverlaufs" des Klienten, die durch Geld-, Zeit- und Sachmittelmangel bedingten Zwänge, denen der Klinische Psychologe bei seiner Arbeit in Institutionen, aber auch in der freien Praxis ausgesetzt ist, spezifische Struktureigentümlichkeiten bestimmter Arbeitssituationen, wie z.B. „ertragsorientierter" vs. „klientenorientierter" Charakter des Psychotherapiemarktes, etc. All diese Probleme und Aspekte wurden bislang weder in der Therapieforschung noch bei der universitären Ausbildung berücksichtigt. Erst wenn sie hinreichend untersucht sind, wird es möglich werden, die Ausbildungssituation der Praxissituation strukturähnlicher zu machen und damit dem Idealziel der „Sozialisation zum wissenschaftlichen Handeln" (*Kleiber*, 1978) näher zu kommen. Oft werden z.B. gruppendynamische Übungen oder andere Maßnahmen zur Verbesserung des Arbeitsklimas am Arbeitsplatz des Klinischen Psychologen nicht ausreichen, sondern es wird notwendig sein, ganz spezifische gesellschaftliche und institutionelle Zwänge zu beseitigen.

Zwei Eingriffsebenen bieten sich bei der Veränderung der beruflichen Sozialisation des Klinischen Psychologen also an: (1) Die Hochschulebene: Hier werden inhaltliche und ausbildungsorganisatorische Veränderungen notwendig werden, wobei auch die Studien- und Prüfungsordnungen neu zu überdenken und zu reformieren sind. (2) Die Praxisebene: Gedacht ist hier an die Verwirklichung eines gemeindenahen psychosozialen Ausbildungs-, Dienstleistungs- und Forschungsmodells, bei dem Prävention, Beratung, Behandlung, Rehabilitation und Bewertung in den Händen eines Teams von Psychologen, Ärzten, Soziologen, Sozialarbeitern, Pflegepersonal liegen. In einem solchen integrierten Modell sind nicht nur die Bedürfnisse der Betroffenen zu berücksichtigen, sondern es sollten auch Prinzipien der Selbsthilfe, der Nachbarschaftshilfe etc. zum Tragen kommen (vgl. dazu auch *Keupp* und *Zaumseil*, 1978).

Für eine Verbesserung der Ausbildungs- und Arbeitsbedingungen des Klinischen Psychologen ist es also dringend notwendig, diesen komplexen Problembereich einer eingehenden Bearbeitung durch die Therapieforschung zu unterziehen und auch bei der universitären Ausbildung zu berücksichtigen. Leider gibt es dazu auf beiden Ebenen bisher noch kaum Ansätze. Eine Ausnahme bildet das Buch von *Keupp* und *Zaumseil* (1978), in dem ein großes Autorenkollektiv den Versuch unternimmt, den klinisch-psychologischen Arbeits- und Ausbildungsprozeß systematisch mit verschiedenen sozialen Einflußgrößen in Beziehung zu setzen und Möglichkeiten für eine alternative berufliche Identitätsfindung aufzuzeigen. In dem Buch werden nicht nur institutionelle Strukturen untersucht, in denen klinisch-psychologisch gearbeitet wird, sondern es wird z.B. auch danach gefragt, wie Sozialpolitik und spezifische Finanzierungssysteme die Möglichkeiten und Grenzen psychotherapeutischer Tätigkeit bestimmen, wie die Therapeut-Klient-Interaktion durch den jeweiligen institutionellen Bezugsrahmen beeinflußt wird, und vieles mehr.

Zum Problem der Selbsterfahrung bei der Ausbildung zum Verhaltenstherapeuten

Galt der soeben besprochene Problemkreis der beruflichen Sozialisierung zum Psychotherapeuten gleichermaßen für alle Psychotherapeuten, respektive Klinischen Psychologen, so soll jetzt noch ein Aspekt angesprochen werden, in dem sich Verhaltenstherapeuten von der Mehrzahl ihrer Kollegen anderer psychotherapeutischer Richtungen unterscheiden, und zwar der Aspekt der Selbsterfahrung.

Die Ausbildung der Verhaltenstherapeuten war bislang fast ausschließlich methodologisch-technologisch orientiert, der Aspekt der Selbsterfahrung weitgehend ausgeklammert. Erst in jüngster Zeit wird bei den Verhaltenstherapeuten immer häufiger die Forderung laut, bei der Ausbildung und Weiterbildung neben der Vermittlung psychotherapeutisch-technischer Methodenkenntnisse und Fertigkeiten auch therapierelevante Interaktions- und Kommunikationsfähigkeiten einzuüben, vor allem aber dem Auszubildenden durch Selbsterfahrung zu helfen, seine persönlichkeitsspezifischen Konflikt- und Reaktionsmuster und deren Einfluß auf das psychotherapeutische Geschehen und den Klienten reflektieren, verarbeiten und kontrollieren zu lernen (vgl. dazu auch *Jaeggi*, 1980; *Kleiber*, 1978; *Mahoney*, 1977; *Ringler*, 1980 a, 1980 b; *Zimmer*, 1978 a). In der Ausbildung zum Verhaltenstherapeuten soll also auch Selbsterfahrung und Therapie des Therapeuten angeboten werden. Von *Mahoney* (1978) liegen dazu bereits Vorschläge vor, die auf eigenen Supervisionserfahrungen bei der Ausbildung seiner Studenten basieren. Weitere Anregungen und Hinweise finden sich bei *Grawe*, (1980), *Jager* et al. (1978), *Ringler* 1980 b und in den Mitteilungen der DGVT 1977.

Die Notwendigkeit des Einbezugs des Selbsterfahrungsaspektes und des Umgangs mit eigenen Konflikten und Problemen bei der Ausbildung und Weiterbildung der Verhaltenstherapeuten wird sich wie ein roter Faden durch die folgenden Ausführungen ziehen und sich unter den verschiedensten Gesichtspunkten immer wieder als dringende Aufgabe und Forderung stellen. Ich möchte die Diskussion dieses wichtigen Fragenbereiches an den Schluß des Buches stellen, weil ich glaube, daß der Leser mögliche Lösungsstrategien für diesen Problemkomplex intensiver mitdurchdenken kann, wenn die Problematik durch Informationen und praktische Beispiele transparenter und anschaulicher für ihn geworden ist.

In diesem Zusammenhang wäre auch das Problem der *Laientherapeuten* anzusprechen (vgl. dazu unten S. 99).

2.2 Der Klient

In der Psychotherapieforschung ist es im allgemeinen üblich, bezüglich der Klienten-Variable zwei Aspekte zu unterscheiden:

(1) Das psychische Problem, mit dem der Klient in die Therapie kommt, d.h. alle autonomen, motorischen, emotionalen, vorstellungsmäßigen und kognitiven Reaktionen des Klienten, die von ihm oder seiner Umgebung als störend und therapiebedürftig bezeichnet werden. Mit diesem Aspekt ist bereits das Problem der Zieldefinition und Zielbestimmung in der Psychotherapie angesprochen, auf das ich später noch ausführlich zurückkommen werde.

(2) Alle sonstigen Charakteristika des Klienten. Damit sind eine Reihe von Dimensionen angesprochen, in denen sich Klienten voneinander unterscheiden können und die sich beim gegenwärtigen Stand der Psychotherapieforschung als relevant für Ablauf und Ergebnis der psychotherapeutischen Intervention erwiesen haben, z.B. Geschlecht, Alter, Intelligenz, Motivation, Einstellungen und Erwartungen, Schul- und Berufsausbildung, sozioökonomischer Status, emotionale Erregbarkeit, allgemeine Angstbereitschaft, Introversion vs. Extraversion, etc.

Dabei zeichnet sich bei allen psychotherapeutischen Schulrichtungen ein immer stärker werdender Trend ab, den Forschungsgegenstand „Klient“ nicht als isolierte Beobachtungseinheit zu behandeln, sondern seine Verschränkung mit sozio-kulturellen und ökonomischen Faktoren in Rechnung zu stellen.

Ökonomisch-soziale Selektion der Klienten

Leider gibt es bislang noch keine gezielten Untersuchungen darüber, welche Klienten in die Verhaltenstherapie kommen. Ganz sicher findet jedoch, bedingt durch das bestehende System psychosozialer und psychotherapeutischer Versorgung, eine ökonomisch-soziale Selektion der Klienten statt, bei der sozial unterprivilegierte Schichten ganz eindeutig benachteiligt sind (*Breuer* und *Falk-Seeger*, 1979). Es bestehen mangelnde Informationen bezüglich psychotherapeutischer Hilfsangebote und deren Finanzierungsmöglichkeiten, sowie Schwierigkeiten, das mannigfaltige, verwirrende und widersprüchliche Angebot des Psychotherapiemarktes zu beurteilen und eine optimale Behandlung für die eigene Problematik auszuwählen. Darüber hinaus haben viele Klienten Schwellenängste vor Institutionen und Behörden, aber auch Vorurteile, Angst vor drohender sozialer Stigmatisierung sowie vor den Reaktionen der sozialen Umgebung, wenn diese von den Therapieabsichten erfährt. Diese und eine Reihe anderer Gründe führen dazu, daß viele Klienten, monate- oder gar jahrelang mit Medikamenten vollgestopft, von einem Arzt zum anderen wandern, bis sie schließlich resigniert, mutlos und voller Mißtrauen, nicht selten mit iatrogener Chronifizierung bei einem Psychotherapeuten landen. Die Hilflosigkeit vieler Ärzte im Umgang mit psychoneurotischen und psychosomatischen Störungen kommt also noch erschwerend hinzu. So wurde in einer Arbeit von *Reimer* et al. (1979) nachgewiesen, daß es im Durchschnitt fünf Jahre bei Männern und siebeneinhalb Jahre bei Frauen dauert, bis die Psychogenese ihrer Störung erkannt wird. In dieser Zeit hat sich der Zustand der Betroffenen weitgehend chronifiziert und die Prognose damit erheblich verschlechtert.

Besonders hart betroffen sind hier vor allem Klienten aus unterprivilegierten Schichten, die nicht nur ökonomisch benachteiligt sind, sondern aufgrund ihrer bisherigen Sozialisationsbedingungen auch weniger Informationsmöglichkeiten haben, ängstlicher, weniger durchsetzungsfähig und geübt im Umgang mit Autoritäten, Behörden und Institutionen sind. Hinzu kommt, daß die traditionellen psychotherapeutischen Methoden für die Unterschichtklienten wenig geeignet sind und daß im ganz besonderen Maße für diese Klientengruppe das gilt, was *Keupp* (1978) treffend formuliert hat, „. . . daß das bestehende System psychosozialer und psychotherapeutischer Versorgung charakterisierbar ist durch eine mangelnde Integration in den sozialen Lebenszusammenhang derer, die Hilfeleistungen brauchen, durch Dominanz professioneller Interessen über die Bedürfnisse der Klienten und durch eine Zergliederung der alltagsweltlichen Problemlagen durch parzellierte Zuständigkeiten und Kompetenzen der unkoordiniert intervenierenden Institutionen. Ein problemsensibler Zugang in die Lebenswelt der Betroffenen ist dadurch weitgehend verstellt" (*Keupp*, 1978, S. 187).

Gerade bei den sozial unterprivilegierten Schichten aber sind die Streßbelastungen durch die spezifischen Arbeits- und Lebensbedingungen besonders stark und damit Risiko und Anfälligkeit für psychische Störungen besonders hoch (*Hubbertz*, 1979; *Keupp*, 1974; *Keupp* und *Zaumseil*, 1978), so daß gerade hier therapeutische Hilfe dringend notwendig wäre. Es wird deshalb immer eindringlicher von verschiedenen Seiten gefordert, Beratungs- und Therapieeinrichtungen sowie die Behandlungsmethoden an den konkreten Bedürfnissen, den Lebens- und Arbeitsbedingungen und den realen Möglichkeiten der Hilfesuchenden auszurichten. Wesentliches Orientierungsprinzip sollte dabei die Prävention sein, und zwar unter Berücksichtigung verfügbarer Bewältigungsstrategien der Betroffenen und der Mobilisierung von Selbsthilfepotentialen (*Breuer* und *Falk-Seeger*, 1979; *Goldstein*, 1978; *Keupp* und *Zaumseil*, 1978).

Von verhaltenstherapeutischer Seite ist dazu bereits eine Reihe von Lösungsmöglichkeiten vorgeschlagen worden, und erste Ansätze zur Bewältigung der Problematik sind zu verzeichnen (*Ackermann*, 1979; *Böhm* et al. 1979; *Goldstein*, 1978; *Jaeggi*, 1977; *Keupp* und *Zaumseil*, 1978; *Rakete*, 1979; *Tharp* und *Wetzel*, 1975; *Wachter-Hennig*, 1979).

Prognostische Probleme

Die Frage nach den therapeutischen Erfolgsaussichten ist bereits seit langem ein vieluntersuchtes psychotherapeutisches Forschungsproblem. Es wurde immer wieder die Frage gestellt, bei welchen Klienten mit welcher Störung und welchen spezifischen Charakteristika eine psychotherapeutische Behandlung besonders erfolgversprechend ist. Es konnte in einer Reihe von Untersuchungen gezeigt werden, daß Klienten um so mehr von einer psychotherapeutischen Behandlung profitieren, je weniger gestört, je intelligenter, je jünger, je motivierter sie sind und je weniger psychotische Züge sie aufweisen. Günstigere Prognosen haben außerdem Klienten mit höherem sozioökonomischen Status und mit besserer Schul- und Berufsausbildung (*Garfield*, 1971; *Luborsky* et al. 1971). Im Zusammenhang mit diesen Forschungsbefunden wurde der Begriff des YAVIS-Klienten (*Schofield*, 1964) geprägt. Dieser Begriff setzt sich aus den englischen Anfangsbuchstaben für jung (young), attraktiv (attractive), redegewandt (verbal), intelligent und erfolgreich (successful) zusammen.

Von der traditionellen Psychotherapie wurde und wird der YAVIS-Kliententyp, der sich weitgehend mit dem Ober- und Mittelschicht-Kliententyp deckt, ganz eindeutig bevorzugt. So haben z.B. Klienten mit niedrigem sozio-ökonomischen Status, mit schlechter Schul- und Berufsausbildung, mit nur mittelmäßiger Intelligenz, ebenso wie ältere sowie stark gestörte Klienten zumeist wenig Chancen, für eine psychoanalytische Behandlung angenommen zu werden. Es stellt sich die Frage, ob diese Bevorzugung des Yavis-Klienten auch von der Verhaltenstherapie praktiziert wird und ob die von der traditionellen Psychotherapie formulierten prognostischen Kriterien auch für den verhaltenstherapeutischen Ansatz Gültigkeit haben. Zur Beantwortung beider Fragen sind gezielte empirische Untersuchungen dringend notwendig. Beim gegenwärtigen Wissensstand läßt sich lediglich feststellen, daß der verhaltenstherapeutische Ansatz infolge seiner spezifischen Struktur und Vorgehensweise therapeutische Hilfe auch für solche Klientengruppen anbieten kann, die bislang von der traditionellen Psychotherapie ausgeschlossen waren.

Aufgrund von Beobachtungen bei meiner eigenen Arbeit und der verhaltenstherapeutischer Kollegen sowie aufgrund von Informationen, die sich aus der verhaltenstherapeutischen Literatur entnehmen lassen (z.B. aus Fallschilderungen, Forschungsberichten etc.), möchte ich die Behauptung aufstellen, daß von Verhaltenstherapeuten auch viele „Nicht-YAVIS-Klienten" behandelt werden, und zwar durchaus mit gutem Erfolg. Ich wage sogar die Spekulation, daß solche Klienten mitunter die Chancen einer verhaltenstherapeutischen Behandlung intensiver nutzen als andere Klienten. Klienten über 45 sind z.B. in meiner eigenen Praxis keine Seltenheit, und ich mache mit ihnen immer wieder, und zwar auch bei langbestehenden und chronischen Störungen, gute therapeutische Erfolgserfahrungen. Bei Intelligenzgeminderten muß der Verhaltenstherapeut sein praktisches Vorgehen zwar sehr sorgfältig den Möglichkeiten und Fähigkeiten des Klienten anpassen (z.B. einfache und klare Beschreibungen und praktische, leicht verständliche Anleitungen geben, immer wieder von neuem geduldig Informationen wiederholen, etc.), dafür wird er von solchen Klienten jedoch zumeist auch durch besondere Offenheit und Arbeitsbereitschaft belohnt. Ich hatte mehrere hirngeschädigte Klienten in Therapie, die mit rührendem Eifer und durchaus erfolgreich an ihren Problemen gearbeitet haben. Verbal ungeübte Klienten profitieren mitunter mehr von ihrer Verhaltenstherapie als redegewandte Intellektuelle. Während erstere zumeist stillschweigend die Ärmel hochkrempeln und sich ohne viel Aufhebens an die Arbeit machen, vergeuden letztere ihre Geistesgaben häufig erst einmal damit, Vermeidungsstrategien zu entwickeln und zu erproben.

Ich möchte noch einmal klarstellen, daß es sich hier um subjektive Eindrücke und Erfahrungen handelt. Empirische Erhebungen und gezielte Untersuchungen zu diesem Fragenkomplex sind dringend notwendig. Wir brauchen Informationen darüber, welche Klienten zu uns in die Verhaltenstherapie kommen, welche therapeutischen Chancen sie beim gegenwärtigen verhaltenstherapeutischen Vorgehen tatsächlich haben, welche Klienten noch benachteiligt sind und wie der verhaltenstherapeutische Ansatz weiterentwickelt und gegebenenfalls modifiziert werden muß, um den Bedürfnissen derjenigen Therapiebedürftigen gerecht zu werden, die bislang vernachlässigt wurden. Erste Ansätze dazu liegen bereits vor. *Goldsteins* verhaltenstherapeutischer Ansatz der *Strukturierten Lerntherapie* (*Goldstein*, 1978) gilt dem bisher vernachlässigten „Mister Nicht-Yavis" (*Goldstein*, 1978, S. 6), einem Gegentyp des Yavis-Klienten. Nach Ansicht von *Gold-*

stein ist er dadurch gekennzeichnet, daß er typischerweise der Unter- oder Arbeiterschicht angehört, zumeist im mittleren Lebensalter oder älter ist, äußerlich alltäglich oder unattraktiv wirkt, wortkarg, geistiger Durchschnitt, beruflich erfolglos oder Außenseiter ist. Sein Leidensdruck wird durch ein unmittelbares und konkretes Problem bewirkt, oft im Zusammenhang mit einer Umweltkrise. Häufig schreibt er sein Problem körperlichen Ursachen zu und erwartet Medikamente sowie konkrete praktische Hilfestellungen. Die Dauer seiner Behandlung ist eher kurz, das therapeutische Ergebnis unbefriedigend.

Goldstein weist nach, daß die Schwierigkeiten des Nicht-YAVIS-Klienten mit den traditionellen psychotherapeutischen Verfahren nicht sosehr in den Klienten selbst liegen, sondern vielmehr in der Kombination von Klient, Therapeut und Behandlungsansatz. In seiner Strukturierten Lerntherapie versucht *Goldstein* den Bedürfnissen und Möglichkeiten dieser Klientengruppe, die für ihn weitgehend identisch ist mit der Gruppe sozial Benachteiligter, besser gerecht zu werden. Weitere Forschungsbemühungen in dieser Richtung sind notwendig.

2.3 Therapeut und Klient als Dyade

Bisher hatten wir Klient und Therapeut als zwei getrennte Systeme betrachtet. Bei ihrem Zusammentreffen in der therapeutischen Situation entsteht daraus eine Dyade von ganz spezifischer Eigenart und Dynamik, geprägt durch die gesamten bisherigen Lernerfahrungen der beiden Interaktionspartner, ihre Persönlichkeitsstruktur, ihre Erwartungen, Einstellungen, Ziele, Handlungspläne, Kommunikationsfähigkeiten, die spezifische Therapiesituation sowie die je einmalige Kombination, die durch das Zusammentreffen der jeweiligen Partner entsteht. Dabei findet eine intensive wechselseitige Beeinflussung und Verschränkung der beiden Interaktionspartner statt, resultierend in einem für diese beiden Partner ganz spezifischen Beziehungs- und Interaktionsmuster. Beide Partner gehen mit ganz bestimmten Erwartungen und Handlungsentwürfen in die therapeutische Situation hinein. Was sie dort am Beziehungspartner und an der Situation wahrnehmen, beeinflußt in einem Kreisprozeß wiederum die Bewertung ihrer Handlungen und ihre weiteren Ziele. Zwischen den Wahrnehmungen, Zielen und Handlungen der beiden Interaktionspartner besteht also eine reziproke Kausalität. Jeder der beiden Interaktionspartner determiniert das Verhalten des anderen.

Am umfassendsten wurden die komplexen Beziehungsaspekte zwischen Therapeut und Klient, ihre Dynamik und ihre therapeutischen Möglichkeiten, bisher von der Kommunikationstherapie und der Strategischen Therapie (*Haley*, 1978 a, 1978 b; *Watzlawick*, 1977; *Watzlawick* et al. 1969) berücksichtigt und genutzt. Die Kommunikationstheorie unterscheidet zwischen einem Inhaltsaspekt und einem Beziehungsaspekt der Kommunikation. Auf der Inhaltsebene vermitteln sich die Interaktionspartner die *Daten*. (Beispiel: „Ich war mit meinen Ängsten schon bei mehreren Ärzten, aber keiner konnte mir helfen.“) Auf der Beziehungsebene teilen sie sich mit, wie diese Daten aufzufassen sind. Die inhaltliche Botschaft wird dabei qualifiziert durch Mimik, Gestik, Körperhaltung, Tonfall etc. und durch den Kontext, in dem sie erfolgt. (Beispiel: flehender Blick, bittende Handbewegung als Signal „Hilf mir, tu was für mich!“)

Unter Umständen kann der Beziehungsaspekt größeren Einfluß auf den Interaktionspartner haben als der geäußerte Kommunikationsinhalt. Beide Aspekte können sich ergänzen und gegenseitig stützen. Sie können sich aber durchaus auch widersprechen. (Beispiel: auf der Inhaltsebene „das hast du großartig gemacht!“, auf der Beziehungsebene: verächtliches Herabziehen der Mundwinkel, spöttischer Blick und Tonfall.) Beide Partner haben damit eine Reihe von

Möglichkeiten, einander zu kontrollieren und zu beeinflussen, oft auf sehr subtile Weise. Zahlreiche Mißverständnisse, Wahrnehmungsfehler und Konflikte sind dabei möglich.

Im Idealfall gelingt den Interaktionspartnern eine klare und unmißverständliche Kommunikation. Sie haben ähnliche Erwartungen, Ziele und Bedürfnisse, was die therapeutische Situation, ihre Rollenverteilung in diesem Geschehen und ihre gegenseitige Beziehung anbelangt, und entsprechen oder aber ergänzen sich in ihren Handlungsentwürfen und Plänen. In diesem Fall werden sie sich zumeist sympathisch finden und offen und relativ konfliktfrei miteinander umgehen können. Eine solche Beziehung ist eine gute Grundlage für eine fruchtbare therapeutische Arbeit.

Es kann aber auch zu Kommunikationsschwierigkeiten, zu Mißverständnissen und Konflikten zwischen Klient und Therapeut kommen. Dies um so eher, je unterschiedlicher oder gar gegensätzlicher die Erwartungen, Ziele und Bedürfnisse beider Partner sind und je mehr sie sich bei der Verwirklichung ihrer Handlungsentwürfe im Wege stehen. Kommunikations- und Interaktionsschwierigkeiten zwischen Klient und Therapeut können auch dadurch entstehen, daß ein Klient zwischen widersprüchlichen Zielen hin- und hergerissen ist, sehr zwiespältige interaktionelle Pläne hat und vielleicht noch dazu auf den zwei Kommunikationsebenen unterschiedliche Signale sendet. Immer dann, wenn es zu Kommunikations- und Interaktionsschwierigkeiten zwischen Therapeut und Klient kommt, muß mit Widerstand beim Klienten gerechnet werden. Auf die Vielfalt der Erscheinungsformen von Widerständen im verhaltenstherapeutischen Geschehen, auf ihre möglichen Ursachen sowie auf die Probleme des therapeutischen Umgangs mit solchen Phänomenen, werde ich im Kapitel „Mit Widerständen umgehen" näher eingehen.

Einer meiner Klienten klagte neben einer Vielzahl von Problemen auch über ernsthafte soziale Kontaktschwierigkeiten. Er war überzeugt, daß kein Mensch ihn verstünde, niemand auf ihn und seine schwierige Lebensgeschichte Rücksicht nehme und die Welt im übrigen nur aus lauter egoistischen, kalten, abweisenden und unzuverlässigen Menschen bestehe. Es war ihm unverständlich, warum alle Menschen, die er kennenlernte, nach kurzer Zeit den Kontakt mit ihm wieder abbrachen und regelrecht die Flucht vor ihm ergriffen. Andererseits gab er zu, daß er öfter zu hören bekomme, er sei aggressiv, anmaßend, provozierend und anspruchsvoll.

Dieser Klient war sozial völlig isoliert. Er lebte allein, hatte keinerlei Bekannte oder gar Freunde und berichtete von ernsthaften Schwierigkeiten am Arbeitsplatz, wo er mit Kollegen und Vorgesetz-

ten immer wieder zusammenstieß und bereits mehrfach versetzt oder gekündigt worden war. Sein Verhalten in unserem ersten Kontaktgespräch gab bereits wichtige und aufschlußreiche Hinweise auf seine sozialen Schwierigkeiten generell. Auf der inhaltlichen Ebene bat er mich ganz klar und deutlich um Hilfe, und gab mir Informationen über seine gegenwärtigen Probleme und über seine bisherige Lebensgeschichte. Er war das uneheliche Kind einer Prostituierten, war in seiner Kindheit in Heimen herumgestoßen worden und hatte nie die Geborgenheit und Wärme einer echten menschlichen Beziehung kennengelernt. Sein Hunger nach einer solchen Beziehung, sein Nachholbedarf an Liebe und Zuwendung schienen unersättlich. Auf der Beziehungsebene vermittelte er mir ganz andere Informationen, was mich zunächst irritierte und zunehmend gereizter und gespannter machte. Seine Mimik, Gestik, Körperhaltung und Stimme waren schroff, verächtlich, spöttisch und provozierend. Sie signalisierten mir unmißverständlich, daß ich keine Chance hätte, an ihn heranzukommen, daß er mich zappeln und auflaufen lassen würde und daß ich im übrigen genausowenig wert sei wie der ganze Rest der Menschheit. Als ich das Ende der vereinbarten 50 Minuten unseres ersten Kontaktgespräches signalisierte, blieb er zunächst demonstrativ sitzen und amüsierte sich könglich über meine zunehmende Unruhe. Schließlich mußte ich ihn regelrecht „hinauswerfen", da der nächste Klient bereits wartete. Er verließ die Praxis unter Fluchen und Schimpfen auf die „Scheißtherapeutin", die Anteilnahme heuchle, aber wenn es dann darauf ankomme, ihn einfach abserviere.

Was war passiert? Dieser Klient hatte aufgrund seiner vergangenen Lerngeschichte einen enormen Nachholbedarf an liebevoller Zuwendung, gleichzeitig aber auch starke Ängste, zurückgestoßen, abgelehnt und verlassen zu werden. Er hatte sich im Laufe der Jahre eine Überlebensstrategie aufgebaut, deren Hauptdevise lautete: „Trau keinem, laß keinen an dich heran, zeig's ihnen!" Da es für ihn außerordentlich bedrohlich, schmerzlich und demütigend war, „ohne Grund" zurückgewiesen und abgelehnt zu werden, und eine große Erwartungsangst bei ihm in dieser Richtung bestand, zog er es vor, seine Sozialpartner mit maßlosen Forderungen und Aggressionen so lange zu provozieren, bis diese sich sozusagen von ihm gezwungen sahen, ihn hinauszuwerfen. Der Klient hatte mit dieser Strategie die Gewißheit, daß er die Kontrolle über das Interaktionsgeschehen behalten hatte, und fühlte sich gleichzeitig in seiner Weltanschauung und Lebensmaxime „Trau keinem, verlaß dich auf keinen!" bestätigt. Er überforderte seine Sozialpartner also nicht nur mit unersättlichen Ansprüchen und verschreckte und verärgerte sie durch seine aggressiven Provokationen, sondern er irritierte und verwirrte sie auch durch die widersprüchlichen Signale, die er ihnen auf den beiden Kommunikationsebenen zukommen ließ.

Was bei unserer ersten Kontaktnahme, aber auch in den späteren Therapiesitzungen noch eine ganze Weile lang als typisches Interaktionsmuster zwischen uns ablief, war auch charakteristisch für seine sonstigen sozialen Interaktionsversuche. Wo lag mein eigener Anteil an diesem Interaktionsgeschehen? Ich hatte ihm, wie ich mir nach der Sitzung retrospektiv klarmachte und was er mir später auch bestätigte, in diesem ersten Kontaktgespräch zunächst sowohl auf der inhaltlichen als auch auf der Beziehungsebene deutlich meine Hilfe und Anteilnahme zugesichert. Irritiert und gereizt durch seine widersprüchlichen Signale und verschreckt durch die Unersättlichkeit und Ansprüchlichkeit, die ich bei ihm spürte, zog ich mich im Verlauf des Gespräches immer mehr von ihm zurück. Meinen Rückzug und die Gründe dafür verbalisierte ich ihm jedoch nicht offen, sondern ließ sie lediglich durch Mimik, Gestik, Körperhaltung, Stimme etc. in unsere Kommunikation einfließen. Dies wiederum führte bei ihm zu der ihm bereits vertrauten schmerzlichen Erfahrung „Schon wieder jemand, der mich zurückstößt". Seine Enttäuschung und Wut darüber wurden besonders dadurch gesteigert, daß er das Gefühl hatte, sich mir durch die Preisgabe seiner Lebensgeschichte und seiner gegenwärtigen Misere entblößt und ausgeliefert zu haben. Als ich schließlich sogar noch auf das nahe Ende der Sitzung hinwies, war das Maß für ihn voll. Er war der Ansicht, daß ich echtes Mitgefühl für ihn nur dadurch beweisen könne, daß ich den anderen Klienten nach Hause schicken und ihm statt dessen meine Zeit widmen würde, da er sie dringender brauche als der andere.

Dem Leser wird inzwischen klargeworden sein, daß eine therapeutische Arbeit, die diese Dynamik zwischen Klient und Therapeut ausklammert, zum Scheitern verurteilt ist. Entweder wird der Klient die Therapie abbrechen, oder der Therapeut weist den Klienten als nicht therapierbar zurück, oder aber beide verstricken sich in einen frustrierenden und zermürbenden Kampf um die Kontrolle über das Interaktionsgeschehen. Wird die Problematik und das spezifische Interaktionsmuster identifiziert und werden ihre Zusammenhänge aufgedeckt, so besteht die Chance, daß diese für die sozialen Kontaktsituationen des Klienten typische gestörte Interaktionsmuster und die zugrundeliegenden Ängste, Konflikte und Verhaltensdefizite bearbeitet und aufgelöst werden können. Bei dem geschilderten Fall bestand ja das Hauptproblem, für das der Klient therapeutische Hilfe suchte, gerade in seinem gestörten Kommunikations- und Interaktionsverhalten. Die therapeutische Situation, die Interaktion zwischen ihm und der Therapeutin, bot deshalb als „typisches Beispiel" für sein Problemverhalten ideale Bedingungen, seine Interaktionsprobleme und Beziehungsschwierigkeiten im Hier und Jetzt der Therapiesituation aufzudecken und zu bearbeiten.

Das Beispiel dieses Klienten macht noch einen anderen Punkt deutlich: die Forderung an den Therapeuten, dem Klienten seine eigenen Ziele, Pläne, Handlungstendenzen, aber auch seine emotionale Befindlichkeit, soweit sie relevant für die Therapiesituation sind, klar und deutlich zu kommunizieren. Nur so können Mißverständnisse und die Gefahr, daß sich der Klient enttäuscht und verletzt zurückzieht, vermindert werden. So ist es zum Beispiel besser, daß der Therapeut dem Klienten ehrlich eingesteht, wenn er sich in einer Sitzung sehr müde und abgespannt oder gar durch ernste Probleme und Sorgen absorbiert fühlt, statt seine innere Abwesenheit zu vertuschen. Der Klient wird sie dennoch spüren und verletzt und beunruhigt sein, weil er die Gründe dafür nicht kennt und unter Umständen bei sich selbst sucht. Ebenso wichtig ist es, daß der Therapeut Ärger und Unmut in der therapeutischen Situation nicht hinunterschluckt, sondern offen anspricht. Er unterstützt damit nicht nur eine offene und klare Kommunikation zwischen sich und dem Klienten, sondern übernimmt damit auch positive Modellfunktion für den Klienten.

Im bisherigen lerntheoretischen und verhaltenstherapeutischen Konzept wurde die wechselseitige Beziehung und Dynamik zwischen Therapeut und Klient kaum berücksichtigt. Im Mittelpunkt des Interesses standen die Therapietechniken. Fragen nach der therapeutischen Beziehung als notwendiger Grundlage des Einsatzes von Therapietechniken ebenso wie Fragen nach den Möglichkeiten und Bedingungen der therapeutischen Beziehung als Instrument zur Verhaltensänderung waren weitgehend ausgeklammert. Dementsprechend fehlen bislang von verhaltenstherapeutischer Seite auch gezielte empirische Untersuchungen zu diesem Problemkreis. Erst in jüngster Zeit zeichnen sich verhaltenstherapeutische Ansätze ab, die sich intensiv mit der wechselseitigen Interaktion zwischen Therapeut und Klient beschäftigen und die therapeutische Beziehung gezielt und systematisch als diagnostisches und therapeutisches Instrument einzusetzen versuchen (*Grawe*, 1977, 1980; 1980; *Grawe* und *Dziewas*, 1978).

Die fruchtbare Weiterentwicklung der Verhaltenstherapie der kommenden Jahre wird meines Erachtens im entscheidenden Maße davon abhängen, ob es ihr gelingen wird, den kommunikativ-interaktionellen Aspekt, die therapeutische Beziehung zwischen Klient und Therapeut, in ihren Ansatz zu integrieren und therapeutisch zu nutzen. Dabei wird eine Reihe wichtiger Fragen und Probleme zu beantworten sein. Z.B.: Auf welche Weise kann die Beziehung zwischen Therapeut und Klient im Rahmen eines verhaltenstherapeutischen Ansatzes gezielt als diagnostisches und therapeutisches Instrument eingesetzt und genutzt werden? Welche Variablen sind dabei in Rechnung zu stellen? Welche Beziehung besteht zwischen diesen Variablen und dem effektiven Einsatz der Therapietechniken? Welche spezifischen dyadischen Therapeut-Klient-Kombinationen lösen welche Prozesse aus und führen zu welchen therapeutischen Ergebnissen? etc.

Dabei werden auch Fragen nach den nicht-verbalen Interaktionsanteilen und ihrer Funktion bei therapeutischen Veränderungsprozessen relevant. Befunde der Kommunikationsforschung zeigen, daß nicht-verbale Signale, z.B. Gestik, Mimik, Tonfall, Lautstärke, Pausen, Blickkontakt, Körperhaltung etc. eine entscheidende Funktion bei der Abstimmung und gegenseitigen Steuerung des Verhaltens der Kommunikationspartner im interaktionellen Geschehen haben (*Argyle*, 1975; *Duncan* und *Fiske*, 1977; *Scheflen*, 1976). Solche nicht-verbalen Prozesse spielen ganz sicher auch im verhaltenstherapeutischen Geschehen eine wichtige Rolle. Ihre entscheidenden Anteile gilt es zu identifizieren, um sie therapeutisch nutzbar machen zu können.

Fragen nach der Bedeutsamkeit spezifischer dyadischer Therapeut-Klient-Kombinationen

Ein anderer wichtiger Problemkreis betrifft Fragen nach der Bedeutsamkeit spezifischer dyadischer Therapeut-Klient-Kombinationen. Ganz sicher ist es für Ablauf und Ergebnis einer Therapie entscheidend, daß eine optimale Zuordnung von Therapeut und Klient zustande kommt. Wie aber sieht eine solche optimale Kombination aus? Wie wir später noch sehen werden, ist es wichtig, daß sich Therapeut und Klient mögen und daß sie sich in den entscheidenden therapierelevanten Einstellungen, Erwartungen und Bedürfnissen entsprechen oder ergänzen. Ähnlichkeiten bezüglich ihrer Lebens- und Weltanschauung, ihres sozio-ökonomischen Hintergrundes, ihrer Bildung, ihrer Sprache etc. spielen dabei eine ebenso wichtige Rolle wie ihre Übereinstimmung bezüglich der Therapiekonzeptualisierung und der Rollenverteilung in dem therapeutischen Geschehen.

Es liegt auf der Hand zu fragen, welche Bedeutung dem Alter und Geschlecht bei der optimalen Zuordnung von Therapeut und Klient zukommt. Ganz sicher ist hier mit vielschichtigen Bedingungen zu rechnen. Je nach individueller Vorgeschichte, Problematik und Therapiesituation mag für den einen Klienten ein älterer Therapeut angemessener und auch erwünschter sein, für einen anderen Klienten wiederum ein jüngerer. So werden bei Erziehungsschwierigkeiten mit Kindern und Jugendlichen sowie bei Partnerschaftsproblemen in der Regel Therapeuten bevorzugt, von denen der Klient aufgrund ihres Alters annehmen kann, daß sie bereits einige eigene Erfahrungen mit solchen Problemen gesammelt haben. Für die Bearbeitung von Autoritätsproblemen und sozialen Ängsten wünschen sich Klienten häufig einen Therapeuten der eigenen Generation.

Ebenso vielschichtig sind die Bedingungen bei der Variable Geschlecht. So mag für bestimmte Klienten und bestimmte Probleme die Zuordnung zu einem gleichgeschlechtlichen Therapeuten günstiger sein, für andere wiederum die Zusammenarbeit mit einem gegengeschlechtlichen Therapeuten. So kann z.B. für Jugendliche, besonders dann, wenn ihre Problematik durch Schwierigkeiten bei der Rollenidentifizierung bedingt oder mitbedingt ist, ein Therapeut des gleichen Geschlechts therapeutisch nützlicher sein als ein gegengeschlechtlicher.

Lazarus (1979) zum Beispiel macht seine Entscheidung, wann er eine Klientin zu einer Therapeutin und wann zu einem Therapeuten schickt, davon abhängig, welches Rollenmodell für eine entscheidende Veränderung bei der betreffenden Klientin notwendig zu sein scheint. So hat z.B. eine schüchterne, gehemmte unsichere Frau, die sich gegen ein Selbstsicherheitstraining sträubt, weil sie es als unvereinbar mit „Weiblichkeit" erlebt, bei einer Therapeutin unter Umständen größere Chancen, ihr Rollenkonzept zu überprüfen und zu korrigieren und zu erkennen, daß gesunde Durchsetzungsfähigkeit und Selbstbehauptung durchaus nicht gleichbedeutend sind mit „Härte", „Aggressivität", „Rücksichtslosigkeit" und „Rivalität".

Leider gibt es bislang kaum gezielte empirische Untersuchungen zu diesem Fragenkomplex. In einer Arbeit von *Graupe* (1975) finden sich Hinweise, daß Klienten von weiblichen Therapeuten die Therapie seltener frühzeitig abbrechen und daß bei gleichgeschlechtlichen Therapeut-Klient-Dyaden eine längere Therapiedauer festzustellen ist als bei gegengeschlechtlichen Dyaden.

Lazarus (1979) untersuchte anhand von mehr als 100 eigenen Fallprotokollen die Frage, ob die sexuelle Anziehungskraft eine Wirkung auf den Behandlungserfolg hat. Er konnte keinerlei signifikante Muster bezüglich Dauer und Ergebnis der Therapie entdecken. Eine Ausnahme gab es dabei: Bei Frauen, die starke positive Gefühle für *Lazarus* äußerten, schienen diese Gefühle die Therapie zu stören. Ich habe bei meiner eigenen therapeutischen Arbeit gegensätzliche Erfahrungen gemacht. Männliche Klienten, die mehr oder weniger deutlich äußerten, daß sie sich erotisch zu mir hingezogen fühlten, machten in der Regel sehr rasche und gute therapeutische Fortschritte. Ich schien ein besonders effektiver sozialer Verstärker für sie zu sein. Allerdings war auffallend, daß sie sehr viel empfindlicher und sensibler auf mein Verhalten und auf unsere gegenseitige Beziehung reagierten als andere Klienten. So beantwortete z.B. ein solcher Klient die Nachricht, daß ich geheiratet hatte, mit einem kurzfristigen Rückfall. Er begann nach längerer Abstinenz wieder Alkohol zu konsumieren. Ein anderer Klient konnte sich in dem gleichen Zusammenhang plötzlich vorübergehend nicht mehr entspannen und äußerte mehrere Sitzungen lang das Bedürfnis, im Zimmer auf und ab zu gehen, weil es ihn besser beruhige.

Das sind jedoch alles subjektive Eindrücke und Erfahrungen. Gezielte empirische Untersuchungen im verhaltenstherapeutischen Kontext sind dazu dringend notwendig. Es steht jedoch fest, daß es gerade bei Klienten, deren therapeutisches Problem in sozialen Interaktionsschwierigkeiten besteht, und bei Klienten, die intensive Gefühle für ihren Therapeuten entwickeln, ganz besonders notwendig ist, das interaktionelle Geschehen zwischen Therapeut und Klient in den therapeutischen Prozeß miteinzubeziehen. Solche Gefühle und Interaktionen, besonders dann, wenn sie sich als störend für die Beziehung zwischen Therapeut und Klient und die therapeutische Arbeit erweisen, sollten unbedingt identifiziert und bearbeitet werden. Dazu ist es notwendig, daß der Therapeut seine eigenen Reaktionstendenzen, Ängste und Konflikte in diesem Bereich kennt und daß er gelernt hat, mit solchen therapeutischen Problemsituationen einfühlsam, umsichtig, realitätsorientiert und therapeutisch angemessen umzugehen. Eine intensive Selbsterfahrung im Rahmen der therapeutischen Ausbildung ist dazu unumgänglich.

Die Therapeut-Klient-Dyade unter dem Aspekt der Macht und Kontrolle

Für alle psychotherapeutischen Ansätze gilt, daß das psychotherapeutische Geschehen und die dabei beteiligten Interaktionsvorgänge zwar generell zur umfassenden Kategorie sozialer Beeinflussungs- und Interaktionssituationen zählen und als solche auch den gleichen Gesetzmäßigkeiten unterliegen, daß sie jedoch darüber hinaus eine Reihe spezifischer inhaltlicher und struktureller Besonderheiten aufweisen, die für normale, alltägliche dyadische Beziehungen nicht charakteristisch sind.

Ein wesentliches Unterscheidungsmerkmal der psychotherapeutischen Situation zu vielen anderen sozialen Interaktionssituationen besteht in dem sozialen Machtgefälle zwischen Therapeut und Klient (vgl. dazu auch *Bergold,* 1974; *Keupp* und *Bergold,* 1972). Aufgrund seiner Ausbildung und seiner beruflichen Erfahrungen verfügt der Therapeut über wesentlich umfassendere und detailliertere Kenntnisse zur Analyse und Behandlung psychischen Leidens als der Klient. Dieser Wissensvorsprung gibt ihm in der Funktion eines Experten Macht über den Klienten („expert power"). Darüber hinaus ist der Therapeut von der Gesellschaft legitimiert, abweichendes Verhalten zu korrigieren, was ihn mit zusätzlicher Macht über den Klienten ausstattet („legitimate power"). Diese Macht des Therapeuten über den Klienten wird bei der Aufnahme der therapeutischen Beziehung um so größer sein, je stärker der Leidensdruck des Klienten ist, je stärkeren Zwängen dieser durch seine soziale Umwelt ausgesetzt ist, je weniger Behandlungsalternativen der Klient sieht, je größer der Wissensvorsprung des Therapeuten ist und vor allem, je hilfloser der Klient in seiner vergangenen Lerngeschichte Machtinstanzen ausgeliefert war.

Jedes therapeutische Handeln, ganz gleich im Rahmen welcher theoretischen Schulrichtung es geschieht, schließt Macht und Kontrolle über den Hilfesuchenden ein. Aufgrund der spezifischen Struktur der Verhaltenstherapie, ihrer Zielsetzung und Behandlungsstrukturierung, treten die Aspekte der Macht und Kontrolle beim verhaltenstherapeutischen Vorgehen sehr viel deutlicher zutage als bei anderen Therapieformen. Dies hat viele Kritiker der Verhaltenstherapie dazu verführt, ungerechtfertigt gegen die Verhaltenstherapie den Vorwurf manipulativer Kontrolle des Klienten zu erheben (*Laing,* 1969; *Metzger,* 1979; *Mitscherlich,* 1970; *Szasz,* 1978). Auf diesen Problemkreis wird in einem späteren Kapitel noch ausführlich eingegangen. Hier soll jedoch bereits festgehalten werden, daß es bislang noch keine allgemeingültigen Rezepte und Regeln zum Abbau der therapeutischen Macht gibt. Der größtmögliche Schutz gegen den Mißbrauch von Macht in der therapeutischen Situation dürfte darin bestehen, daß der Therapeut diese Gefahr nicht ableugnet oder bagatellisiert, sondern dem Klienten hilft, als ein Teilziel der Therapie Machtbeziehungen und -strukturen in und außerhalb der Therapiesituation (z.B. in Gesellschaft und Institutionen) zu erkennen, zu analysieren und, wenn möglich, abzubauen oder sich vor ihnen anderweitig zu schützen.

Ein weiteres entscheidendes Charakteristikum der psychotherapeutischen Situation ist ebenfalls durch den asymmetrischen Charakter der dyadischen Beziehung bedingt: Nur einer der Interaktionspartner, der Klient, spricht über seine Probleme, darf seine Bedürfnisse in den Vordergrund stellen, bekommt Zuspruch, Anteilnahme, Hilfe, während der andere Interaktionspartner, der Therapeut, sich selbst als Person ganz zurückstellen und auf die Bedürfnisse des Klienten ausrichten muß. Diese asymmetrische Beziehungsstruktur der therapeutischen Interaktion scheint Bedingungen zu schaffen, die für die Bearbeitung vieler psychischer Störungen unabdingbar sind und die in dyadischen Beziehungen, die dem Prinzip der Gegenseitigkeit unterliegen, wie z.B. Freundschaften, Selbsthilfegruppen etc., nicht oder nur sehr begrenzt möglich sind. Eine solche asymmetrische Beziehung, wie sie, von wenigen Ausnahmen abgesehen (z.B. der Mutter-Kind-Beziehung im idealen Fall), über einen längeren Zeitraum nur in der psychotherapeutischen Situation möglich scheint, bringt jedoch eine Reihe von Problemen mit sich.

Das Therapeut-Klient-Verhältnis als berufliche Beziehung

Eines der Hauptprobleme besteht darin, daß eine solche Beziehung sozusagen „erkauft" werden muß, da der Psychotherapeut ja in der Regel von seiner therapeutischen Arbeit lebt. Damit ist der Problemkreis des Psychotherapeut-Klient-Verhältnisses als berufliche Beziehung angesprochen. Im Gegensatz zu Aussprachemöglichkeiten unter Freunden und zu Selbsthilfegruppen, bei denen sich die Interaktionspartner nach dem Prinzip der Gegenseitigkeit in einer im Idealfall gleichgewichtigen und ausbalancierten Beziehung abwechselnd Hilfe leisten, wird bei der psychotherapeutischen Interaktion eine „Dienstleistungsbeziehung" eingegangen. Entsprechend einem zuvor geschlossenen Vertrag stellt der Therapeut dem Klienten seine erworbenen Spezialqualifikationen und seine Zeit gegen Honorar zur Verfügung. Die psychotherapeutische Arbeit ist für den Psychotherapeuten ganz klar und eindeutig Berufsarbeit. Damit wird die Psychodynamik des psychotherapeutischen Geschehens mit der Dynamik des Warentauschs, die für berufliche Beziehungen charakteristisch ist, gekoppelt. Auf die aus dieser doppelten Zweckstruktur resultierende Problematik hat sehr eindrücklich *Wilkening* (1978) verwiesen.

Der berufliche Aspekt der psychotherapeutischen Beziehung bedingt eine bestimmte Distanz und gewisse Einschränkungen in der Beziehung zwischen Klient und Therapeut. So ist der Kontakt, im Gegensatz zu Freundschafts- und Familienbeziehungen, notwendigerweise zeitlich begrenzt und streng an genau vereinbarten Terminen orientiert. Auch wenn zwischen Klient und Therapeut ein herzliches Verhältnis besteht und beide sich mögen, bleibt die Beziehung doch auch weiterhin ein „Tauschgeschäft": der Therapeut stellt sich für eine genau definierte Zeit dem Klienten gegen Bezahlung zur Verfügung. Obwohl sich diese Beziehungsstrukturierung für viele Klienten als durchaus gangbar und für den Therapieerfolg nicht hinderlich oder abträglich erwiesen hat, ist doch zu fragen, ob es nicht bestimmte Klientengruppen gibt, für die eine solche Beziehungsstruktur von vornherein eine Lösung ihrer Problematik erschwert, wenn nicht sogar verhindert. Zu denken wäre hier vor allem an Klienten mit psychotischen Zügen, die vielleicht für die Bearbeitung ihrer Problematik gerade eine Bezugsperson brauchen, die ihnen uneingeschränkt und bedingungslos zur Verfügung steht (vgl. dazu auch *Foudraine*, 1973). Aus eigener Erfahrung kann ich berichten, daß bestimmte Klienten, die aufgrund ihrer spezifischen Vorgeschichte einen enormen Nachholbedarf an emotionaler Zuwendung, Wärme und Akzeptierung haben, die aus dem beruflichen Aspekt resultierende Struktureigentümlichkeit und zeitliche Begrenztheit der therapeutischen Interaktion und Beziehung besonders schwer akzeptieren und verkraften.

Ein weiteres durch diese Tauschbeziehung bedingtes Problem besteht in der Gefahr, daß die Klienten im Interessenkonflikt des Therapeuten zwischen eigenen persönlichen und beruflichen Interessen und den Interessen des Klienten benachteiligt werden. So sind in unserem gegenwärtigen System psychosozialer und psychotherapeutischer Versorgung ganz eindeutig die sozio-ökonomisch schwächeren Schichten benachteiligt, die ein Therapeut in freier Praxis, wenn er von seiner Arbeit leben muß, oft aus finanziellen Gründen gar nicht annehmen kann. Auch bestehen trotz aller kollektiven und berufsständischen Regeln bezüglich sachgerechten angemessenen Berufshandelns in der Regel von seiten des Klienten, der Gesellschaft und der psychotherapeutischen Berufsorganisationen wenig Möglichkeiten, auszuschließen, daß ein Therapeut im Interessenkonflikt im Zweifelsfall die Interessen des Klienten hinter die eigenen Interessen zurückstellt. So kann er etwa bei Mangel an Arbeit die Therapie verlängern, er kann „unbequeme", „uninteressante" oder wenig solvente Fälle vorzeitig abschieben oder gar nicht erst annehmen, etc. Damit ist die Frage nach den Kontrollmechanismen angesprochen. *Wilkening* (1978) hat darauf hingewiesen, daß die „Marktpartner" sich im Sinne der „Logik des Warentauschs" gegenseitig kontrollieren sollten, um einen möglichen Machtmißbrauch einer Seite durch die Korrektur- und Sanktionsmöglichkeiten der anderen Seite zu verhindern. Die gegenwärtige Sachlage auf dem Psychotherapiemarkt ist jedoch so, daß ein Laie gar nicht in der Lage ist, das vielfältige und verwirrende, oft widersprüchliche Therapieangebot zu beurteilen und durch seine Wahl selektiven Druck auszuüben und sich durch diese Kontrolle vor Machtmißbrauch durch den Therapeuten, aber auch vor Scharlatanerie zu schützen.

Die besprochene Problematik gilt nicht nur für die Verhaltenstherapie, sondern auch für die anderen gegenwärtigen Psychotherapieansätze. Im folgenden wollen wir uns anschauen, wie die spezifische Interaktion zwischen Therapeut und Klient in der Verhaltenstherapie aussieht und was sie charakterisiert. Wir werden dazu das konkrete verhaltenstherapeutische Geschehen betrachten, und zwar so, wie es von den einzelnen verhaltenstherapeutischen Autoren beschrieben wird, aber auch wie es sich verschiedenen Beobachtern präsentiert.

2.4 Das verhaltenstherapeutische Vorgehen

Zum konkreten verhaltenstherapeutischen Vorgehen liegt bereits eine Reihe detaillierter Beschreibungen einzelner Autoren vor (*Kallinke* et al. 1979; *Kanfer* und *Goldstein*, 1977; *Kanfer* und *Phillips*, 1975; *Lazarus*, 1978; *Mahoney*, 1977; *Meichenbaum*, 1979; *Meyer* und *Chesser*, 1970; *O'Leary* und *Wilson*, 1975; *Wolpe*, 1969; *Yates*, 1970). Ich möchte hier einige exemplarisch auswählen und skizzieren, um an ihnen den Variationsreichtum, aber auch die Gemeinsamkeiten der gegenwärtigen verhaltenstherapeutischen Praxis aufzuzeigen. Um den Rahmen der vorliegenden Arbeit nicht zu sprengen, muß ich mich dabei auf einige wenige beschränken, andere ebenso prominente Vertreter der Verhaltenstherapie unerwähnt lassen.

Die Multimodale Verhaltenstherapie von Lazarus

Zu einem der wichtigsten Vertreter der Verhaltenstherapie zählt *Lazarus* (1971, 1975, 1978; *Lazarus* und *Fay*, 1977). Er gilt neben *London* (1964, 1972) als einer der führenden Vertreter eines therapeutisch-*technischen* Eklektizismus. Technischer Eklektizismus (im Gegensatz zum therapeutischen) deshalb, weil *Lazarus* die Ansicht vertritt, daß eine erfolgreiche Psychotherapie voraussetzt, daß der Therapeut bereit ist, auch Verfahren und Techniken anderer Denkschulen oder gar solche ohne theoretische Fundierung anzuwenden, solange nur empirisch nachweisbar ist, daß diese Verfahren therapeutisch wirksam sind. Für *Lazarus* ist das einzige Kriterium der wissenschaftlichen Rechtfertigung therapeutischen Handelns der empirische Nachweis der Effektivität dieser Therapietechnik. Die theoretische Fundierung dieser Techniken kann seiner Meinung nach dabei vernachlässigt werden. Zwar leugnet *Lazarus* nicht seine eigene persönliche Vorliebe für den kognitiven Ansatz, vor allem für die Soziale Lerntheorie von *Bandura* (1969) sowie für den diagnostischen und verhaltensanalytischen Ansatz von *Kanfer* und *Saslow* (1969), vertritt aber insgesamt die Meinung, daß ein zu starkes Engagement für eine bestimmte theoretische Richtung oder Denkschule die Gefahr in sich birgt, daß der Therapeut bei seiner Arbeit in Versuchung gerät, den theoretischen Unterbau seines Denksystems bestätigen und stärken zu wollen und dabei durch Selektivität der Wahrnehmung wichtige therapeutische Möglichkeiten außer acht läßt. *Lazarus'* Verzicht auf eine theoretische Fundierung des therapeutischen Handelns blieb nicht ohne Kritik (*van Quekelberghe*, 1979 a, 1979 b). Der Standpunkt des technischen Eklektizismus bei *Lazarus* steht im engen Zusammenhang mit seiner therapeutischen Vorgehensweise, die unter dem Begriff der *Multimodalen Verhaltenstherapie* in die Literatur eingegangen ist. *Lazarus* unterscheidet dabei sieben verschiedene Dimensionen, Modalitäten genannt, die alle gleichermaßen bei der Therapie berücksichtigt werden müssen, soll der therapeutische Erfolg dauerhaft sein. Diese Dimensionen, die untereinander in Wechselwirkung stehen und sich gegenseitig beeinflussen, faßt *Lazarus* unter dem Begriff *„Basic ID"* zusammen: *B*ehavior (Verhalten), *A*ffect (Gefühl), *S*ensation (Empfindung), *I*magery (Vorstellung), *C*ognition (Kognitionen), *I*nterpersonal (interpersonelle Prozesse), *D*rug (neurologische und biochemische Faktoren).

Ein dauerhaftes therapeutisches Resultat steht nach Ansicht von *Lazarus* im direkten Verhältnis zur Anzahl der therapeutisch berücksichtigten und angesprochenen Modalitäten und erfordert damit die Kombination einer Vielzahl unterschiedlicher therapeutischer Techniken und Strategien, um möglichst alle Modalitäten in den Griff zu bekommen. Die Suche nach einem Allheilmittel oder einer einzigen therapeutischen Modalität wird damit hinfällig. Entsprechend dem soeben skizzierten Standpunkt von *Lazarus* umfaßt sein therapeutisches Vorgehen: (1) die Spezifizierung der Ziele und Problembereiche, (2) die Spezifizierung der Therapietechniken, (3) die systematische Messung des relativen Erfolgs dieser Techniken.

Lazarus betrachtet dabei das gesamte therapeutische Geschehen eher als einen Lern- und Entwicklungsprozeß als einen Heil- oder Behandlungsprozeß. Das wichtigste Ziel ist dabei, den Klienten zu ermutigen, neue angemessenere Verhaltensweisen einzuüben und Selbstkontrolle über sein Verhalten zu erlangen. Eine gute Beziehung zwischen Therapeut und Klient hält *Lazarus* dabei für außerordentlich wichtig.

Der Selbstkontroll-Selbstmanagement-Ansatz von Kanfer

Entscheidende Impulse für die Weiterentwicklung der Verhaltenstherapie brachte auch der Selbstkontroll- und Selbstmanagement-Ansatz von *Kanfer* (*Hartig*, 1974, 1975 b; *Kanfer*, 1977; *Kanfer* und *Karoly*, 1972; *Kanfer* und *Phillips*, 1975; *Kanfer* und *Saslow*, 1969). Diesem Ansatz liegt die Annahme zugrunde, daß ein Klient sein Verhalten selbst verändern kann, indem er einmal neue Fertigkeiten erlernt und diese einsetzt, zum anderen indem er seine Umweltbedingungen kontrolliert und verändert. Eines der Hauptkennzeichen dieses verhaltenstherapeutischen Vorgehens besteht darin, daß alle therapeutischen Funktionen nach und nach vom Klienten selbst übernommen werden. Das Ausmaß, in dem zu Beginn des therapeutischen Programms noch Fremdkontrolle eingesetzt wird, variiert im individuellen Fall, und zwar als eine Funktion des spezifischen Verhaltensproblems, der Bereitschaft des Klienten zur Selbstkontrolle sowie seiner Fähigkeit beziehungsweise Geübtheit darin.

Auf den theoretischen Unterbau des Selbstkontroll- und Selbstmanagement-Ansatzes von *Kanfer* sowie auf die zahlreichen experimentellen und empirischen Belege dazu kann im Rahmen des vorliegenden Buches nicht näher eingegangen werden. Wir verweisen dazu auf die oben erwähnte Fachliteratur.

Nach *Kanfer* (1977, S. 402 ff.) sind die meisten Selbstmanagementprogramme durch folgende Schritte gekennzeichnet (die spezifische Abfolge kann dabei von Fall zu Fall variieren):

Schritt 1: Erstellen einer Verhaltensanalyse. Sie beschreibt das spezifische Problemverhalten, die positiven und negativen Verstärker und die Möglichkeiten, die soziale Umwelt des Klienten bei der Verhaltensänderung miteinzubeziehen.

Schritt 2: Beobachten und Selbstüberwachen des Zielverhaltens.

Schritt 3: Erstellen eines Verhaltensänderungsplanes. Dazu gehört: Vereinbarung eines Vertrages mit klarer Zieldefinition, Angabe der Laufzeit des Programmes, Festlegung der Konsequenzen bei der Zielerreichung und Bestimmung der Methoden für die Verhaltensänderung.

Schritt 4: Information des Klienten über die den geplanten Behandlungstechniken zugrundeliegenden Annahmen und wissenschaftlichen Erkenntnisse.

Schritt 5: Regelmäßige Überprüfung der Fortschritte und eventueller Stillstände oder Rückfälle anhand des Vertrags.

Schritt 6: Protokollieren und Überprüfen der qualitativen und quantitativen Verhaltensänderungsdaten.

Schritt 7: Erstellen eines Selbstverstärkungs-Programmes.

Schritt 8: Übertragung des neuerlernten Verhaltens auf die reale Alltagswelt des Klienten.

Schritt 9: Regelmäßige Gespräche über die Behandlungswirkungen, die Mittel der Verhaltensänderungen und die Situationen, auf die die Methoden in Zukunft angewandt werden können.

Schritt 10: Verstärkung durch den Therapeuten für alle Aktivitäten, mit denen der Klient Verantwortung für die Durchführung des Programmes oder für die Veränderung anderer problematischer Verhaltensweisen übernimmt.

Die Kognitive Verhaltenstherapie von Mahoney

Zum Schluß wollen wir uns noch das Vorgehen bei der *Kognitiven Verhaltenstherapie* von *Mahoney* (1977) anschauen. *Mahoney* gilt als einer der führenden Vertreter der Verhaltenstherapie der Gegenwart. Seinem Ansatz liegt ein umfassendes kognitives Lern- und Handlungsmodell zugrunde, in dem komplexe Lösungsvorgänge und kognitive Vermittlungsprozesse eine zentrale Stellung einnehmen. Auch *Mahoney* geht von der Annahme aus, daß der Mensch ein komplexer differenzierter Organismus ist, der *aktiv* sein eigenes Wachstum und seine Entwicklung mitgestaltet. Analog einer Feedback-Schleife steht er dabei in ständiger Wechselwirkung mit seiner Umgebung, von der er nicht nur kontrolliert wird, sondern auf die er ebenfalls wieder Kontrolle ausübt. Verhaltensänderungen werden dabei nicht nur durch Umweltgegebenheiten, sondern auch durch physiologische Bedingungen des Organismus, durch die vergangene Lerngeschichte und eine Vielzahl kognitiver, emotionaler und vermittelnder Vorgänge (z.B. selektive Aufmerksamkeit, Antizipieren von Konsequenzen, etc.) beeinflußt. Dabei findet eine selektive Filterung, Transformierung, Kategorisierung und Speicherung der Erfahrungsdaten statt. *Mahoney* betrachtet die Arbeit mit jedem einzelnen Klienten als ein neues klinisches Experiment, bei dem individuelle Ziele und eventuell auch ganz neue klinische Verfahren notwendig werden können. Sein Hauptziel besteht nicht nur darin, dem Klienten umfassende und wirksame Bewältigungsfertigkeiten zu vermitteln, sondern ihn auch zu einer „wissenschaftlichen Denkhaltung" zu motivieren, d.h. ihn sozusagen als „personal scientist" (Wissenschaftler für die eigene Person) auszubilden, so daß er lernt, die funktionalen Zusammenhänge seines Verhaltens selbst zu analysieren und dementsprechend Verhaltensänderungen einzuleiten und aufrechtzuerhalten. Das therapeutische Vorgehen *Mahoneys* umfaßt dabei:

(1) *Orientierung:* Der Klient erhält zunächst, seinen individuellen Bedürfnissen und Eigenheiten angepaßt, eine kurze Einführung in die kognitive Verhaltenstherapie als einer Lehre des Problemlösens, wobei die Annahme „angeborener Persönlichkeitsdefizite" sowie die Annahme „unlösbarer Konflikte" in Frage gestellt wird. Statt dessen wird dem Klienten eine aktive und eigenverantwortliche Rolle beim therapeutischen Geschehen zugewiesen. Der Therapeut wirkt dabei als „technischer Berater", der dem Klienten mit seinem theoretischen Wissen und seinen praktischen Erfahrungen durch Instruktion, Modellernen und graduelle Handlungsanweisungen hilft, angemessenere Fertigkeiten zu erwerben. Therapeutische Fehlschläge werden dabei lediglich als „untaugliche Lösungen" betrachtet, die in einer

selbstkorrigierenden Schleife erneut dem Problemlösungsprozeß eingegeben werden.

(2) *Problemdefinition:* Der Klient wird angeleitet, seine Probleme klar zu spezifizieren und konkrete Veränderungsziele aufzustellen.

(3) *Problemanalyse:* Danach erfolgt die Datenerhebung und -analyse, mit deren Hilfe funktionale Zusammenhänge des Problemverhaltens aufgezeigt und entsprechende Lösungshypothesen formuliert werden. Dabei legt *Mahoney* besonderen Wert darauf, den Klienten in einem quasi sokratischen Dialog zu ermutigen, durch Selbstbeobachtung und Selbstexploration die problematischen Zusammenhänge und möglichen Lösungsansätze selbst zu finden.

(4) *Lösungsversuche:* Bei diesem Schritt werden Lösungsmöglichkeiten und sich dabei anbietende therapeutische Strategien formuliert und diskutiert (z.B. Systematische Desensibilisierung, Entspannungsübungen, etc.)

(5) *Persönliches Experimentieren:* Um Verlauf und Angemessenheit der zum Einsatz gelangenden therapeutischen Strategien überprüfen zu können, werden fortlaufend Daten gesammelt.

(6) *Evaluierung:* Diese Daten werden einer Kontrolle und Bewertung unterzogen und das therapeutische Vorgehen gegebenenfalls modifiziert.

(7) *Schrittweise Rücknahme des Therapeuten:* Gegen Ende der „Klinischen Lehrzeit" wird der Therapeut schrittweise „ausgeblendet" und seine Funktionen dem Klienten selbst übertragen.

Das verhaltenstherapeutische Geschehen aus der Sicht äußerer Beobachter

Bei den bisherigen Ausführungen wurde deutlich, daß Verhaltenstherapie nicht die starre mechanische Anwendung einer Batterie von Techniken bedeutet, sondern daß sie einer Problemlösungsstrategie vergleichbar ist, bei der für jeden einzelnen Klienten, entsprechend seiner Problemlage, seinen Bedürfnissen und Möglichkeiten, ein individuelles, „maßgeschneidertes" Therapieprogramm entwickelt, angewandt, fortlaufend überprüft, ergänzt und verbessert wird.

Es wurde weiter deutlich, daß der Verhaltenstherapeut neben umfassenden psychotherapeutisch-technischen Kenntnissen und Fertigkeiten auch über gute soziale Kommunikations- und Interaktionsfähigkeiten verfügen muß. Auf die Kluft zwischen Theorie und Praxis, speziell im Hinblick auf die Beziehungsvariablen im verhaltenstherapeutischen Geschehen, weist eine Reihe empirischer Befunde hin. So gaben die von *Swan* und *Mc Donald* (1978) befragten Verhaltenstherapeuten an, daß die von ihnen am häufigsten angewandten Strategien und Techniken solche zur Verbesserung der therapeutischen Beziehung seien. Sie gaben weiter an, aus Mangel an wissenschaftlich fundierten Handlungsanweisungen bei ihrer Arbeit eklektisch vorzugehen und notgedrungen Anleihen bei anderen therapeutischen Richtungen zu machen.

Zu ähnlichen Ergebnissen kamen *Breuer* und *Falk-Seeger* (1979). Sie stellten in einer Befragung fest, daß die Therapeut-Klient-Beziehung in ihrer Bedeutung für den Behandlungserfolg bei praktisch tätigen Psychologen mit wachsender Erfahrung immer gewichtiger zu werden scheint. „Ingesamt tritt das Bemühen um ein ‚sauber-regelgerechtes' Realisieren von Berater/Therapeuten-Verhalten unter ‚schulmäßig-methodischem' Aspekt in der Sicht der Psychologen in seiner Bedeutung auf die Dauer gegenüber dem Bemühen um eine gute interaktive und problemthematische Beziehung zum Klienten augenscheinlich in den Hintergrund" (*Breuer* und *Falk-Seeger*, 1979, S. 265).

Die beiden soeben angeführten empirischen Untersuchungen zeigen, daß es möglich ist, bei der Erkundung des realen verhaltenstherapeutischen Geschehens, für uns speziell der Therapeut-Klient-Beziehung, den Therapeuten selbst zu befragen. Weitere mögliche Informationsquellen sind die betroffenen Klienten sowie äußere, möglichst neutrale Beobachter. Leider gibt es bislang nur einige wenige Forschungsbeiträge speziell zum Problem der Therapeut-Klient-Beziehung in der Verhaltenstherapie, die von diesen Informationsquellen Gebrauch machen.

Eine psychoanalytisch orientierte Forschergruppe (*Klein*, et al. 1969) beobachtete eine Woche lang *Joseph Wolpe* und *Arnold Lazarus*, zwei prominente Vertreter der Verhaltenstherapie, bei ihrer therapeutischen Arbeit, hörte Tonbandaufzeichnungen von deren therapeutischen Sitzungen an, nahm an Mitarbeiterbesprechungen teil, interviewte vereinzelt Klienten und führte Fachdiskussionen mit den beiden Verhaltenstherapeuten. Das für *Klein* und seine Mitarbeiter eindrucksvollste Ergebnis dieser Untersuchung war die Beobachtung, daß beide Verhaltenstherapeuten im hohen Maße von ihren interpersonalen Fähigkeiten Gebrauch machten (Intuition, Einfühlungsvermögen, Wärme, Suggestion, Information, Vermittlung theoretischer und sprachlicher Konzepte, etc.), um als Grundlage für den wirksamen Einsatz der spezifischen therapeutischen Techniken eine gute Therapeut-Klient-Beziehung aufzubauen.

Staples und seine Mitarbeiter (*Staples* et al. 1975) kamen in einer empirischen Vergleichsstudie zwischen Verhaltenstherapeuten und psychoanalytisch orientierten Therapeuten zu dem Ergebnis, daß beide Therapeutengruppen im gleichen Ausmaß eine warme und akzeptierende Behandlungsatmosphäre schufen, die Verhaltenstherapeuten jedoch insgesamt aktiver und kontrollierender in das therapeutische Geschehen eingriffen, was Inhalt und Sprechzeit anbelangte. Auch gaben sie häufiger Ratschläge und Anweisungen und legten ihre eigenen Wertvorstellungen offener zutage als ihre psychoanalytisch orientierten Kollegen.

Zu ähnlichen Ergebnissen kamen *Brunink* und *Schroeder* (1979), die in ihrer Untersuchung den Arbeitsstil von Verhaltenstherapeuten mit dem von Psychoanalytikern und Gestalttherapeuten verglichen. Alle Psychotherapeuten waren freundlich und interessiert und versuchten, ein gutes therapeutisches Klima zu schaffen. Es fand sich eine erstaunliche Ähnlichkeit zwischen Verhaltenstherapeuten und Psychoanalytikern, mit der Ausnahme, daß Verhaltenstherapeuten stärker zu direktiver Führung neigten und häufiger emotionale Zuwendung, Ermutigung, Unterstützung und Lob gaben.

Das verhaltenstherapeutische Geschehen aus der Sicht des Klienten

Als ein weiterer Zugangsweg zu dem, was sich tatsächlich in den psychotherapeutischen Sitzungen abspielt, bietet sich, wie bereits erwähnt, die Klientenbefragung an. Es liegt nahe, den Klienten selbst als den Hauptbetroffenen zu befragen, wie er das psychotherapeutische Geschehen, den Therapeuten und ihre gegenseitige Beziehung zueinander, erlebt hat, was aus seiner Sicht wichtig und entscheidend für eine Veränderung seines Erlebens und Verhaltens war, was ihm weniger hilfreich erschien, etc. Zwar muß das, was der Klient aus seiner Sicht als besonders hilfreiche Aspekte der Therapie erlebte, nicht unbedingt auch das sein, was ihm nun tatsächlich half, doch kann der Klient als Hauptbeteiligter und sehr intim Betroffener ganz sicher wertvolle und von theoretischen Streitfragen unbeeinflußte Informationen über das therapeutische Geschehen bringen.

Obwohl die Klientenbefragung also wichtige Informationen über die psychotherapeutische Situation und die therapeutische Beziehung erbringen könnte, wurde dieser Forschungsweg bisher erst relativ selten beschritten. Speziell zur Verhaltenstherapie liegen nur ein paar vereinzelte Klientenbefragungen vor (*Elliott*, 1979; *Ford*, 1978; *Llewelyn* und *Hume*, 1979; *Ryan* und *Gizynski*, 1971). Interessant ist in diesem Zusammenhang die Veröffentlichung der Tagebuchaufzeichnungen einer Klientin (*Evans* und *Robinson*, 1978), die, zunächst ohne Wissen ihres Therapeuten, unmittelbar nach und zwischen den einzelnen verhaltenstherapeutischen Sitzungen ihre Beobachtungen, Gefühle, Phantasien und Träume zu Papier brachte. Diese Aufzeichnungen sind ein faszinierendes Dokument dafür, daß die Interaktion zwischen Klient und Therapeut, ihre Beziehung zueinander, auch im verhaltenstherapeutischen Geschehen von außerordentlicher Bedeutsamkeit ist.

Llewelyn und *Hume* (1979) legten 49 Klienten, die zuvor entweder eine Verhaltenstherapie oder eine psychoanalytisch orientierte Therapie erhalten hatten, einen Fragebogen vor, in dem sie um Aussagen gebeten wurden, welche Aspekte der Therapie ihnen besonders geholfen hätten. Sowohl die Klienten mit der psychoanalytisch orientierten Behandlung als auch die Klienten mit der Verhaltenstherapie kamen übereinstimmend zu dem Ergebnis, daß der entscheidende Faktor für sie die Beziehung zwischen ihnen und ihrem Therapeuten war. Die technischen Aspekte der Therapie, wie z.B. Systematische Desensibilisierung, Entspannungsübungen etc., hielten sie für weniger wichtig.

Zu ähnlichen Ergebnissen kamen *Ryan* und *Gizynski* (1971). Sie konnten zeigen, daß für eine erfolgreiche verhaltenstherapeutische Behandlung die therapeutische Beziehung zwischen Klient und Therapeut von außerordentlicher Bedeutsamkeit ist. Als wirksame Variablen erwiesen sich dabei: Wärme und gegenseitiges Sich-Mögen, Vertrauen des Therapeuten in das, was er tut, und seine Fähigkeit, dieses Vertrauen auf den Klienten zu übertragen.

Ford (1979) untersuchte in einer klinisch-experimentellen Studie im Rahmen eines verhaltenstherapeutischen Selbstbehauptungstrainings die Determinanten sowie den Vorhersagewert der Wahrnehmung der therapeutischen Beziehung durch den Klienten. Es zeigten sich große individuelle Unterschiede zwischen den einzelnen Verhaltenstherapeuten bezüglich ihrer Fähigkeiten, eine gute Beziehung zum Klienten herzustellen, und zwar unabhängig vom Geschlecht des Therapeuten und unabhängig davon, mit welcher spezifischen verhaltenstherapeutischen Technik die Therapeuten jeweils arbeiteten. Es zeigte sich weiter ein eindeutiger Zusammenhang zwischen der vom Klienten wahrgenommenen Beziehung zu seinem Verhaltenstherapeuten und kurzzeitigen Änderungen in der Selbstwahrnehmung und im Verhalten des Klienten. Die Art der Beziehung zwischen Klient und Verhaltenstherapeut hatte in dieser Studie jedoch keinen Einfluß auf eine längerfristige Aufrechterhaltung der in den verhaltenstherapeutischen Sitzungen eingeleiteten Veränderungen beim Klienten. Der Autor folgert, daß dazu eventuell zusätzlich ganz spezifische therapeutische Interventionen notwendig sind, wie z.B. ein Training in Selbstmanagement-Fertigkeiten, Veränderungen in der sozialen Umgebung des Klienten, etc.

Die Art der therapeutischen Beziehung, wie sie vom Klienten wahrgenommen wurde, hatte in dieser Untersuchung außerdem Vorhersagewert in bezug auf einen eventuellen frühzeitigen Abbruch der Therapie durch den Klienten. Die von den Klienten dieser Untersuchung wahrgenommene gute therapeutische Beziehung ließ sich auf ganz spezifische Verhaltensweisen des Therapeuten zurückführen, die nach Ansicht von *Ford* den von *Rogers* für eine gute Klient-Therapeut-Beziehung geforderten Variablen vergleichbar sind (vgl. dazu *Mitchell* et al. 1977). Interessant ist in diesem Zusammenhang, daß in dieser Untersuchung das Verhalten derjenigen Therapeuten, die nach Meinung ihrer Klienten eine gute therapeutische Beziehung herstellten, nicht statisch war, sondern sich von Sitzung zu Sitzung systematisch veränderte und sich dabei den sich ändernden Zielen und Bedürfnissen des Klienten während der verschiedenen Zeitpunkte der Therapie anzupassen schien. Die spezifischen Untersuchungsergebnisse zu diesem Aspekt legen die Schlußfolgerung nahe, daß in den ersten Stunden der Therapie die Art der Beziehung zwischen Klient und Therapeut darüber zu entscheiden scheint, ob ein Klient überhaupt in der Therapie bleibt oder ob er frühzeitig abbricht. Im späteren Verlauf der Therapie scheint die Wahrnehmung von Erfolgserlebnissen in bezug auf das Therapieziel ein wichtiger Faktor zu sein.

Insgesamt kommt *Ford* in seiner Untersuchung zu dem Schluß, daß eine gute therapeutische Beziehung Veränderungen erleichtern kann, jedoch für den psychotherapeutischen Erfolg allein nicht ausreicht.

Ich möchte noch einmal kurz auf das zuletzt genannte interessante Teilergebnis von *Ford* (1978) zurückkommen, daß eine gute therapeutische Beziehung in dieser Untersuchung unter anderem dadurch charakterisiert war, daß sich der Therapeut in seinem Verhalten im Verlauf der Therapie den sich ändernden Bedürfnissen seines Klienten anzupassen schien. Ich glaube, daß hier ein sehr wichtiger Punkt in bezug auf das Geheimnis psychotherapeutischer Erfolge angeschnitten ist. Ganz sicher ist es für eine gute therapeutische Beziehung zwischen Klient und Therapeut, und damit letzten Endes für den Therapieerfolg, außerordentlich wichtig, daß der Therapeut nicht einfach stur und mechanisch *sein* therapeutisches Programm mit dem Klienten abwickelt, sondern daß er ein feines Gespür für die Nöte und Bedürfnisse seines Klienten, für seine konkreten Problembewältigungsmöglichkeiten und für eventuelle Veränderungen derselben im Verlauf der Therapie hat und daß er bereit und fähig ist, sich den jeweiligen Bedürfnissen und Möglichkeiten des Klienten anzupassen und sein therapeutisches Handeln entsprechend auszurichten. Dabei werden im Verlauf der Therapie auch immer wieder andere Rollen- und Beziehungsaspekte zum Tragen kommen und die Interaktion zwischen Therapeut und Klient charakterisieren. So ist es in der Anfangsphase einer Psychotherapie ganz besonders wichtig, daß der Klient sich von seinem Therapeuten voll akzeptiert fühlt und daß er viel Ermutigung, Stützung und Verstärkung erhält. Viele Klienten haben, wenn sie das erste Mal in die Therapie kommen, eine lange Leidensgeschichte hinter sich, in der sie wegen ihrer psychischen Probleme von ihrer sozialen Umgebung immer wieder als „krank", „abnorm", „willenlos" oder gar als „Säufer", „Perverser" etc. abgestempelt und geächtet wurden. Ihre Selbstachtung ist dementsprechend gering. Indem der Therapeut ihnen mit Respekt und Achtung begegnet, ihnen zeigt, daß er ihre Qualitäten sieht und schätzt und ihnen deutlich zu verstehen gibt, daß er ihre psychischen Probleme als Resultat ihrer Lern- und Lebensgeschichte betrachtet und als Risikofaktor, der allen menschlichen Lebensläufen inhärent ist, schafft er nicht nur die notwendige Grundlage für eine gute therapeutische Beziehung, sondern stärkt auch das Selbstvertrauen des Klienten und damit dessen Möglichkeiten zur aktiven Problembewältigung.

In dem Maße, in dem der Klient im Verlauf der Therapie angstfreier, selbstsicherer, geübter im Umgang mit Problemen und Konflikten und damit insgesamt belastbarer wird, werden Anforderungen an ihn nicht nur möglich, sondern sind therapeutisch sogar sinnvoll und angezeigt. Der Therapeut wird ihm immer schwierigere Aufgaben und Verantwortungsbereiche übertragen, wird zunehmend Rückmeldung und konstruktive Kritik einsetzen, Fremdverstärkung sowie Stützung und Anleitung des Klienten behutsam ausblenden und Selbstbewältigungs- und Selbstkontrollansätze des Klienten fördern. Für alle Stadien der Therapie jedoch gilt, daß die Anforderungen immer an den Bedürfnissen und Möglichkeiten des Klienten ausgerichtet sein sollten.

Gerade der zielorientierte aktive Charakter der Verhaltenstherapie, aber auch die oft unrealistisch hohen Ansprüche an sie in bezug auf Ersparnis an Therapiezeit und Kosten im Vergleich mit anderen therapeutischen Richtungen bergen die Gefahr in sich, daß der Therapeut, wohlmeinend, aber blind für die tatsächlichen Bedürfnisse des Klienten, diesen zu Leistungen antreibt und ihm nicht genügend Zeit läßt, neue Informationen und Erfahrungen innerlich zu verarbeiten, bevor er sie in Aktivitäten umsetzt. Insbesondere bei Klienten mit einer Leistungsproblematik kann sich dieses Drängen des Therapeuten sehr negativ auf die Therapie auswirken. Widerstände, Therapiemißerfolge oder gar Therapieabbrüche sind die Folge.

Auch hier dürfte die Möglichkeit zur Selbsterfahrung im Rahmen der Therapieausbildung dem Therapeuten die Chance geben, in der Rolle als Hilfesuchender am eigenen Leibe zu erfahren, daß alle Veränderungen eine gewisse Eigengesetzlichkeit haben und Zeit und Geduld erfordern. Erst wenn der Therapeut an sich selbst erlebt hat, wie wichtig es ist, Informationen, „aha-Erlebnisse", Erfahrungen in sich hineinsinken zu lassen, zu durchdenken, von allen Seiten zu durchleuchten, innerlich zu verarbeiten, bevor man wirklich zum Umsetzen des Erfahrenen in Aktivitäten bereit ist, wird er auch sensibler, aufmerksamer und aufgeschlossener für solche Bedürfnisse bei seinen Klienten sein.

Dieser Aspekt des an den Bedürfnissen des Klienten orientierten therapeutischen Handelns wird auch in einer Untersuchung von *Ringler* (1977) angesprochen. In dieser empirischen Arbeit, in der der Einfluß von demokratischem und autoritärem Therapeutenverhalten auf Erfolg, Erfolgserwartungen und Selbst-Attribution bei der Desensibilisierung von Prüfungsangst untersucht wurde, diskutiert *Ringler* unter anderem auch die Hypothese, ob ein zu Beginn der Therapie direktiver Therapeut, der sich zunehmend nicht-direktiv verhält, erfolgreicher ist.

Ein zusammenfassender Überblick über den Problemkreis der therapeutischen Beziehung aus der Sicht des Klienten, Theorien, Untersuchungsmethoden und Ergebnisse bisheriger Studien dazu finden sich bei *Gurman* (1977). Nach *Gurmans* Zusammenschau der bisher vorliegenden Ergebnisse zu diesem Problemkreis besteht ein eindeutiger Zusammenhang zwischen der vom Klienten wahrgenommenen therapeutischen Beziehung und dem Therapieergebnis. Dabei scheint das, was ein Therapeut in der Interaktion mit seinem Klienten tatsächlich tut, sehr viel entscheidender für die vom Klienten wahrgenommene Qualität der therapeutischen Beziehung zu sein als das, was dem Klienten in bezug auf Prestige, Expertentum, Erfahrung etc. seines Therapeuten mitgeteilt wird.

Die Arbeit von *Gurman* zeigt außerdem auf, daß wenig Übereinstimmung zwischen Klient, Therapeut und äußeren Beobachtern in bezug auf die wahrgenommene Qualität der therapeutischen Beziehung und auf die therapeutischen Bedingungen besteht. Klient, Therapeut und äußerer Beobachter sind demnach als drei substantiell ganz unterschiedliche Informationsquellen zu betrachten, die jede für sich relativ einzigartige Daten bezüglich bestimmter Aspekte des psychotherapeutischen Geschehens erbringen. Dabei erlaubt die Beurteilung der Qualität der therapeutischen Beziehung durch den Klienten eine ebenso gute, wenn nicht bessere Vorhersage therapeutischer Veränderungen wie die Einschätzung durch einen nicht teilnehmenden äußeren Beobachter.

Weitere systematische Untersuchungen zu diesem Problemkreis sind dringend notwendig. Mit Hilfe systematischer Zeitreihenstudien und Mikroanalysen wäre dabei zu untersuchen, welche spezifischen Moment-zu-Moment-Verhaltensweisen des Therapeuten den Klienten auf welche Weise beeinflussen und ‚vice versa'. Darüber hinaus wäre interessant, welche Interaktionen zwischen den Verhaltensweisen des Therapeuten und den spezifischen verhaltenstherapeutischen Techniken und Zielen bestehen.

2.5 Beziehungen und Interaktionen im verhaltenstherapeutischen Geschehen

2.5.1 Der erste Kontakt

Ebenso wie bei anderen therapeutischen Richtungen läuft auch bei der Verhaltenstherapie ein Großteil des therapeutischen Geschehens als Interaktion zwischen dem Therapeuten und dem Klienten ab. Dem ersten Kontakt zwischen beiden Interaktionspartnern kommt dabei entscheidende Bedeutung zu. Hier werden bereits die Weichen für den gesamten weiteren Verlauf der Therapie gestellt. Es werden nicht nur erste Informationen über die Problematik des Klienten erhoben, erste Zielsetzungen formuliert und erste Arbeitsverträge geschlossen, sondern es finden auch entscheidende Motivationsprozesse statt.

Bereits in den ersten Sitzungen wird der Verhaltenstherapeut von den Möglichkeiten Gebrauch machen, falsche Vorstellungen des Klienten in bezug auf die Entstehung, Aufrechterhaltung und Beseitigung psychischer Störungen zu korrigieren. Er wird versuchen, den Klienten, der entweder mit Riesenerwartungen und passiven Konsumneigungen oder aber mit Resignation, Mißtrauen oder Abwehr zu ihm kommt, zu einer aktiven problembewältigenden Mitarbeit zu motivieren.

Es entscheidet sich im Erstkontakt zwischen Therapeut und Klient zumeist nicht nur, ob der Klient überhaupt in der Therapie bleibt, sondern es findet auch eine wichtige Strukturierung der Beziehung zwischen den Interaktionspartnern statt, die häufig über den gesamten weiteren Zeitraum der Therapie beibehalten wird. So konnten *Lennard* und *Bernstein* (1960) zum Beispiel zeigen, daß therapeutische Dyaden nach den ersten Sitzungen zu einem ganz spezifischen Interaktionsmuster übergingen, das für den Rest der Sitzungen konstant blieb.

Verhaltenstherapie als Gesprächssituation

Zwar spielen bei dem Interaktions- und Kommunikationsgeschehen zwischen Klient und Therapeut auch nicht-verbale Prozesse (z.B. Gestik, Mimik, Körperhaltungen etc.) eine wichtige Rolle (*Fretz* et al. 1979), entscheidenden Anteil hat jedoch der sprachliche Austausch zwischen Klient und Therapeut. Für alle Psychotherapieformen, auch für die Verhaltenstherapie, ist damit eine effektive Gesprächsführung für Ablauf und Ergebnis der psychotherapeutischen Bemühungen von außerordentlicher Bedeutung. Von der Verhaltenstherapie wurde dieser Aspekt bisher vernachlässigt. Zwar verfügt sie neben einem reichen Inventar von Interventionsmethoden für die verschiedensten Probleme bereits über eine Reihe strukturierter inhaltlicher Orientierungsschemata und Gedächtsnishilfen für die diagnostische Informationssammlung (z.B. *Kanfer* und *Grimm*, 1977; *Kanfer* und *Phillips*, 1975; *Kanfer* und *Saslow*, 1969; *Schulte*, 1974), jedoch nicht für die formale Gesprächsführung und die Interaktionsstrukturierung. So gibt es für den praktisch tätigen Verhaltenstherapeuten keinerlei Richtlinien dafür, wie er mit ganz bestimmten Reaktionen des Klienten umgehen soll, z.B. mit Fragen des Klienten, die sein Privatleben, seine persönlichen Gefühle, Gedanken, Phantasien und Probleme betreffen, mit Vorwürfen und verbalen Aggressionen des Klienten, mit Selbstmorddrohungen, Erpressungsversuchen oder anderen Krisensignalen, um nur einige wenige Beispiele zu nennen. Der Verhaltenstherapeut hat infolge des Fehlens solcher Richtlinien zwar einen viel breiteren Ermessensspielraum und damit mehr Möglichkeiten zu eigenen kreativen Lösungsansätzen als seine Kollegen anderer therapeutischer Richtungen, aber die Nachteile überwiegen. Ganz abgesehen davon, daß das Fehlen allgemeingültiger und verbindlicher Regeln zur Interaktionsstrukturierung im verhaltenstherapeutischen Geschehen mit den sonstigen strengen Forderungen der Verhaltenstherapie nach Wissenschaftlichkeit, Objektivität und Kontrolle in Theorie und Praxis überhaupt nicht zu vereinbaren ist, sind die Praktiker, insbesondere die Anfänger, dadurch auch völlig überfordert. Sie haben keinerlei Hilfe und Anleitung, wie sie mit schwierigen Situationen und Klienten umgehen sollen und wie sie eine für Verlauf und Ergebnis der Therapie optimale Gestaltung der Therapeut-Klient-Beziehung erreichen und absichern können. Dilettantismus und einem für den Klienten gefährlichen Experimentieren sind damit Tür und Tor geöffnet. Dem Verhaltenstherapeuten bleibt also bislang nichts anderes übrig, als sich im Laufe seiner Praxis seinen eigenen Stil der Gesprächsführung und des Umgangs mit den verschiedensten Klienten und Problemen zurechtzuzimmern. Dies tut er bislang vorwiegend in Anlehnung an gesprächspsychotherapeutische Ansätze und allgemeine praktische Ratschläge und Hinweise, die er verstreut in der verhaltenstherapeutischen Literatur findet.

Allerdings dürfte es auch in Zukunft nicht leicht sein, allgemeingültige und verbindliche Richtlinien für die Interaktionsstrukturierung bei der verhaltenstherapeutischen Gesprächsführung aufzustellen. Der Grund dafür liegt in der spezifischen Eigenart und Struktur des verhaltenstherapeutischen Ansatzes. Hier sind Diagnose, Therapie und Effizienzkontrolle auf eine sehr viel engere Weise miteinander verbunden als bei anderen therapeutischen Ansätzen. Eine effektive Gesprächsführung hat in der Verhaltenstherapie also immer mehrere, zum Teil sehr unterschiedliche Funktionen zu erfüllen, wobei je nach Situation und Funktion jeweils ganz spezifische verbale Verhaltensmuster und Interaktionsstile des Verhaltenstherapeuten erforderlich werden können.

Zunächst ist die verhaltenstherapeutische Gesprächsführung unter *diagnostischen* Gesichtspunkten zu betrachten. Hier dient der verbale Austausch zwischen Klient und Therapeut der Erhebung konkreter Informationen über die Entstehung und Aufrechterhaltung des Problemverhaltens des Klienten und über deren funktionale Zusammenhänge. Vier Anforderungen sind nach *Fiedler* (1974) in dieser diagnostischen Phase an den Verhaltenstherapeuten gestellt:

„(1) die Konkretheit der Einzelinformationen zu erhöhen;
(2) die Einzelinformationen in einen funktionalen Bezugsrahmen zu stellen;
(3) die Gültigkeit der Einzelinformationen zu optimieren sowie
(4) das System sich ergänzender Einzelinformationen zu einem umfassenden Bedingungsmodell zusammenzufügen" (*Fiedler*, 1974, S. 131).

Wenn der Verhaltenstherapeut sich bei diesen diagnostischen Aufgaben nur am klientenzentrierten Modell der psychotherapeutischen Gesprächsführung orientiert, wird er, wenn überhaupt, nur auf sehr zeitraubende und unökonomische Weise zu den notwendigen Daten kommen. Hier sind statt dessen ganz konkrete, detaillierte und gezielte Fragen an den Klienten notwendig.

Eine effektive verhaltenstherapeutische Gesprächsführung ist auch bei der Formulierung und Festlegung der *therapeutischen Ziele* und den eventuell damit verbundenen Vereinbarungen bezüglich bestimmter Arbeitsverträge zwischen Klient und Therapeut notwendig.

Ein weiterer außerordentlich wichtiger und komplexer Funktionsbereich der verhaltenstherapeutischen Gesprächsführung ist der der *Motivierung* des Klienten. Hier werden nicht nur Erwartungen des Klienten im Hinblick auf seine Problematik und die auf ihn zukommenden therapeutischen Aufgaben zu modifizieren sein, sondern der Klient muß auch auf mögliche Rückfälle und Fehlschläge im Verlauf der Therapie vorbereitet sowie generell für eine aktive, problembewältigende Arbeitshaltung motiviert werden.

Unter speziell *therapeutischen* Gesichtspunkten kommt der verhaltenstherapeutischen Gesprächsführung einmal die Aufgabe zu, den Klienten generell über Art und Ablauf des therapeutischen Vorgehens zu informieren, zum anderen ihm darüber hinaus detaillierte und konkrete Handlungsanweisungen für die Durchführung ganz spezifischer verhaltenstherapeutischer Techniken zu geben. Z.B.: Wie soll er Daten über sein Problemverhalten sammeln? Wie diese aufzeichnen und in eine Häufigkeitskurve übertragen? Wie soll er im Rollenspiel erprobtes und eingeübtes Sozialverhalten auf Situationen in seinem alltäglichen Lebenskontext übertragen? etc.

Die verschiedenen Aspekte verhaltenstherapeutischer Gesprächsführung stehen dabei in enger Wechselwirkung. So können unter Umständen allein durch die Informationssammlung und Datenerhebung motivationale Prozesse in Gang gesetzt werden, die zu entscheidenden therapeutischen Ergebnissen führen. Festzustellen, wieviel Schokolade und Süßigkeiten man tatsächlich tagtäglich in sich hineinstopft, kann bewirken, daß der betreffende Klient spontan beschließt, ab sofort auf diese Dickmacher ganz zu verzichten. Einem anderen Klienten wird vielleicht bei der Beobachtung und Aufzeichnung seiner Sozialängste bewußt, wie stark er bisher Sozialsituationen gemieden hat und wie sehr er dadurch nicht nur seine soziale Isolierung, sondern auch seine Ungeübtheit im Umgang mit anderen Menschen verstärkt hat. Diese Erkenntnis kann seine Bereitschaft wecken, sich diesen Angstsituationen in Zukunft zu stellen und intensiv an den damit verbundenen Problemen zu arbeiten.

Einem anderen Klienen geht bei der Datensammlung in der diagnostischen Phase vielleicht zum ersten Mal in seinem Leben auf, daß er neben dem Verhaltensdefizit, das ihn in die Therapie brachte, auch über eine Reihe positiver Fähigkeiten und Fertigkeiten verfügt, auf die er mit Recht stolz sein kann. Diese Entdeckung kann ihm helfen, mit mehr Selbstvertrauen und Mut an die therapeutischen Aufgaben heranzugehen.

Für viele Klienten hat die Informationserhebung in der diagnostischen Phase außerordentlich angsterleichternde und desensibilisierende Wirkung. So kann bereits das Aussprechen beängstigender, quälender oder beschämender Gedanken und Phantasien in Gegenwart eines freundlichen, anteilnehmenden, akzeptierenden und beruhigenden Therapeuten außerordentlich angstreduzierend wirken. Nicht selten können bei der Informationserhebung auch Mißverständnisse geklärt und dem Klienten damit bereits ein großer Teil an Ängsten und Belastungen genommen werden. Viele Klienten sind zum Beispiel außerordentlich erleichtert, wenn sie vom Therapeuten erfahren, daß auch andere Menschen ganz ähnliche Schwierigkeiten wie sie haben und daß sie deshalb noch lange nicht „verrückt", „abnorm" oder „schizophren" sind und eigentlich in die Nervenheilanstalt gehörten. Zu erfahren, daß persönliche Verhaltensweisen, Kognitionen und Phantasien, die man bisher als unerklärlich, krank oder unheimlich erlebt hat, durch mangelnde oder falsche Lernerfahrungen bedingt und durchaus zu korrigieren sind, kann nicht nur von starken Ängsten entlasten, sondern auch Mut machen, sich diese Verhaltensweisen und Kognitionen genauer anzuschauen und zu lernen, mit ihnen angemessener umzugehen. So zeigt sich in der Praxis immer wieder, daß viele Klienten erst nach einigen therapeutischen Erfolgen in der Lage sind, gezielt und detailliert Informationen über bestimmte Ängste und Probleme zu geben, weil sie erst jetzt ausreichend Mut und Selbstvertrauen haben, diese für sie heiklen und beunruhigenden Punkte anzusprechen und sich selbst einzugestehen. Häufig sind es auch Scham und mangelndes Vertrauen zum Therapeuten, die in der Anfangsphase der Therapie dazu führen, daß der Klient wichtiges Material zunächst noch verschweigt und zurückhält. Therapieerfolge und wachsendes Selbstvertrauen, aber auch zunehmendes Vertrauen zum Therapeuten im Verlauf der therapeutischen Intervention können dazu führen, daß der Klient plötzlich Mut bekommt, Probleme anzusprechen, die er zuvor als unlösbar erlebt und deshalb verschwiegen hat, für die er jetzt aber zunehmend Bewältigungschancen sieht. So habe ich bei meiner eigenen praktischen Arbeit bereits mehrmals Klienten getroffen, die zunächst standhaft beteuerten, lediglich Sozialängste und Selbstbehauptungsschwierigkeiten zu haben. Im späteren Verlauf der Therapie, als sie diese Probleme bereits gut im Griff hatten, beichteten sie mir dann eines Tages, daß sie bisher ein anderes „etwas heikles Problem" unterschlagen und verschwiegen hätten: ihre sexuellen Störungen. Sie äußerten den Wunsch zu klären, ob eine therapeutische Bearbeitung dieser Problematik möglich und erfolgversprechend sei.

Insgesamt läßt sich für die verhaltenstherapeutische Gesprächsführung, so wie sie gegenwärtig von den meisten Verhaltenstherapeuten praktiziert wird, feststellen, daß sie wesentlich mehr direktive, informative und suggestive Elemente enthält als die Gesprächsführung anderer therapeutischer Richtungen. Dies wurde in mehreren empirischen Untersuchungen bestätigt (*Brunink* und *Schroeder*, 1979; *Klein* et al. 1969; *Sloane* et al. 1975; *Staples* et al. 1975). Eine eingehende theoretische und empirische Erforschung des Problembereichs der Gesprächsführung speziell im verhaltenstherapeutischen Kontext ist jedoch dringend notwendig. Erste Ansätze dazu finden sich bei *Fiedler* (1974). Neben Versuchen, den Ablauf verbaler Interaktionsprozesse im konkreten verhaltenstherapeutischen Geschehen an Hand von Sitzungsprotokollen und Tonbandaufzeichnungen zu dokumentieren (*Krumboltz* und *Thoresen,* 1969; *Wolpe*, 1970 a, b, c, d; 1971 a, b, c,), liegt bereits auch eine Reihe experimenteller Untersuchungen zum verbalen Kommunikationsgeschehen zwischen Klient und Therapeut vor. Es wurden dabei unter anderem folgende Aspekte untersucht: Spezifität oder Mehrdeutigkeit der übermittelten Nachrichten, Verhaltensstil des Therapeuten, Streß durch die therapeutischen Sitzungen, Beziehungen zwischen strukturellen Merkmalen der Verbalisationen beider Partner, wie z.B. Verbalisationslänge, Pausen etc. Beispielhaft für solche Untersuchungen sind vor allem die Arbeiten der Gruppe um *Saslow* und *Matarazzo* (*Matarazzo* et al. 1968; *Saslow* und *Matarazzo*, 1959).

Schewior (1977) unternahm in einem Erkundungsexperiment den Versuch einer phänomenologischen Analyse verhaltenstherapeutischer Interaktionen, indem er Therapeutenäußerungen konkreter verhaltenstherapeutischer Abläufe einer Klassifizierung unterzog.

Interessant ist in diesem Zusammenhang auch der Ansatz der *Interaktionellen Verhaltenstherapie* von *Grawe* und seinen Mitarbeitern (*Grawe*, 1977, 1980; *Grawe* und *Dziewas*, 1978). Die Autoren gehen bei ihrem Ansatz unter Anlehnung an *Miller* et al. (1960) von einem Modell der Organisation menschlichen Verhaltens in hierarchisch strukturierten Plänen aus. Interaktionsmuster sind demnach gekennzeichnet durch zwei aufeinander bezogene, sich gegenseitig durch Verstärkung aufrechterhaltende Pläne der Interaktionspartner. Die Interaktion des Klienten mit dem Therapeuten oder mit einer ganzen Therapiegruppe bietet Möglichkeiten zum Beobachten und Identifizieren des interaktionellen Repertoires eines Klienten sowie der Analyse seiner wichtigsten interaktionellen Pläne und der damit verbundenen Störungen und problematischen Verhaltensweisen. *Grawe* unterscheidet dabei zwischen der herkömmlichen funktionalen Verhaltensanalyse und der *vertikalen Verhaltensanalyse*. Bei der vertikalen Verhaltensanalyse wird die Funktion des Verhaltens in bezug auf übergeordnete Pläne, die das Verhalten steuern, analysiert. Durch den Bezug auf ein gemeinsam übergeordnetes Ziel wird ein funktionaler Bedeutungszusammenhang zwischen einzelnen Verhaltensweisen erarbeitet, die unter Umständen ganz unterschiedlichen Lebensbereichen angehören und vom Klienten bislang nicht als zusammengehörig erlebt wurden.

Dieser Ansatz setzt voraus, daß der Therapeut nicht nur über ein flexibles Interaktionsrepertoire verfügt, sondern seine eigenen interaktionellen Pläne auch gut kennt und sie bei seiner Interaktion mit dem Klienten in Rechnung stellen kann. Eine intensive Selbsterfahrung im Rahmen der verhaltenstherapeutischen Ausbildung und Fortbildung wird damit unumgänglich.

2.5.2 *Gegenseitige Erwartungen und Einstellungen*

Einen wichtigen Platz im psychotherapeutischen Geschehen nehmen die Einstellungen und Erwartungen von Klient und Therapeut ein. Erwartungen und Einstellungen sind Resultat der individuellen und kollektiven Lerngeschichte eines Individuums. Sie umfassen eine Vielzahl vermittelnder Prozesse kognitiver und emotionaler Art und haben entscheidenden Einfluß auf die selektive Aufmerksamkeit, auf die Antizipation von Konsequenzen und damit letzten Endes auch auf das spezifische Verhalten des betreffenden Individuums in einer bestimmten Situation.

So sind weder Klient noch Therapeut, wenn sie in der therapeutischen Situation aufeinandertreffen, eine „tabula rasa", sondern sie haben beide beim Eintritt in die therapeutische Interaktion, so wie bei jeder anderen sozialen Interaktion auch, ganz bestimmte Erwartungen und Einstellungen. Diese können im Verlauf der Therapie gefestigt, aber auch abgebaut oder modifiziert werden. Geprägt sind diese Einstellungen und Erwartungen durch die ganz individuellen bisherigen Erfahrungen von Klient und Therapeut beim Umgang mit psychischen Problemen und mit psychosozial-psychotherapeutischen Hilfeleistungen.

Für den Psychotherapeuten sind dabei wichtig: seine bisherigen Erfahrungen, seine Erfolge und Mißerfolge im Hinblick auf die verschiedensten psychischen Störungen und Klientengruppen. Entscheidend sind dabei auch sein Vertrauen in die Angemessenheit und Wirksamkeit seines therapeutischen Ansatzes, seine Erwartungen in bezug auf die Mitarbeit und Motivation des Klienten, auf dessen Persönlichkeit, sozio-ökonomischen Status, Grad der Gestörtheit und nicht zuletzt auch seine gesamten bisherigen Erfahrungen bezüglich sozialer Interaktionen.

Was den Klienten anbelangt, so sind die Einstellungen und Erwartungen, mit denen er in die Therapie kommt, bestimmt durch seine ganz individuellen Vorerfahrungen, die er im Hinblick auf seine persönliche psychische Problematik bisher mit Familienangehörigen, Freunden, Bekannten, Vorgesetzten und der weiteren Umgebung, insbesondere aber auch mit Vertretern von Heilberufen (z.B. Ärzten, Psychologen, Sozialarbeitern etc.), mit Behörden und anderen Machtträgern (z.B. Krankenkassen, Sozialämtern etc.) gemacht hat. Letztlich spielen aber auch kollektive und sozial-schichtenspezifische Stereotype bezüglich „psychischer Krankheit" und deren Behandlung eine entscheidende Rolle. So zeigen Untersuchungen, daß Mittelschichtklienten in der Regel therapeutische Interventionen bevorzugen, die Einsicht vermitteln und Ursache-Wirkungszusammenhänge aufdecken. Klienten aus unterprivilegierten Schichten hingegen erwarten ein aktives Eingreifen vom Therapeuten und sehen sich selbst als passiven Empfänger medizinischer Verordnungen und Maßnahmen.

Die Einstellungen und Erwartungen, mit denen Klient und Therapeut in die therapeutische Situation treten, betreffen zunächst einmal generell die therapeutischen Erfolgschancen, sind aber auch auf ganz spezifische Verhaltensweisen und Reaktionen gerichtet, die beide Therapiepartner im Verlauf der therapeutischen Interaktion voneinander erwarten, erhoffen oder befürchten. Sie umfassen also Rollenerwartungen. Beim Therapeuten entscheiden sie nicht selten über Annahme oder Ablehnung bestimmter Klienten oder Klientengruppen und im Einzelfall über die Zielsetzung sowie die Wahl ganz spezifischer therapeutischer Strategien. Ein Therapeut, der bisher schlechte Erfahrungen bei der Therapie von Arbeitsstörungen gemacht hat und der eventuell sogar eigene ungelöste Probleme auf diesem Gebiet hat, beschließt vielleicht, einen Studenten mit Prüfungsängsten und Lernstörungen an einen Kollegen zu überweisen. Ausgesprochen ängstliches und gehemmtes Verhalten eines Klienten führt vielleicht dazu, daß der Therapeut aufgrund vergangener Erfahrungen mit Klienten, die ähnliche Ängste zeigten, bei der therapeutischen Arbeit zunächst auf Rollenspiele und andere Techniken des Selbstbehauptungstrainings verzichtet und statt dessen erst einmal Selbstvertrauen und Mut des Klienten durch solche therapeutischen Vorgehensweisen stärkt, die weniger fordernd und beängstigend sind, z.B. positive Verstärkung bestehender Fähigkeiten, Ermutigung, Anerkennung, Verstärkung positiver Selbstverbalisationen, etc.

Ein junger unerfahrener Therapeut, für den Leute über Fünfzig bereits „zum alten Eisen" gehören und der zudem Schwierigkeiten hat, sich in die Lebensumstände, Probleme und Konflikte einer älteren „Nur-Hausfrau" einzufühlen, weist z.B. eine einundsechzigjährige Klientin, die seit fünfzehn Jahren unter chronischen Schlafstörungen leidet und der jetzt wegen zunehmendem Schlafmittelmißbrauch von einem umsichtigen und vernünftigen Arzt zu einer psychotherapeutischen Konsultation geraten wurde, zurück, weil er der Ansicht ist, daß „da ja sowieso nichts mehr zu machen sei". Eine ältere Kollegin, die eine optimistischere Einstellung in bezug auf Lernbereitschaft und -fähigkeit, aber auch auf die Flexibilität und die Veränderungsmöglichkeiten älterer Menschen hat, und darüber hinaus bisher recht positive Erfahrungen bei ähnlich gelagerten Problemen wie dem der genannten Klientin gemacht hat, sieht durchaus und, wie sich später herausstellen wird, zu Recht therapeutische Chancen für diese Klientin und nimmt sie an.

Nun sind Prognosen in der Therapie sowieso ein sehr heikles und undurchsichtiges Kapitel. Zwar gibt es, wie bereits erwähnt, durchaus durch Forschungsergebnisse fundierte Hinweise darauf, welche Klienten mit welchen Merkmalen eine günstigere Prognose haben. Der praktisch tätige Verhaltenstherapeut wird jedoch immer wieder voller Überraschung feststellen müssen, wie viele Ausnahmen es von dieser Regel gibt. Da mich schwierige Probleme besonders reizen, weil ich sie als eine persönliche Herausforderung erlebe, kommt es gar nicht so selten vor, daß ich Klienten übernehme, die von Kollegen oder anderen Fachleuten als „aussichtslose Fälle" aussortiert wurden. Dabei mache ich immer wieder die Erfahrung, daß gerade die Arbeit mit diesen Klienten, von einigen Ausnahmen abgesehen, nicht nur erfolgreich, sondern auch ganz besonders lohnend und befriedigend ist.

Hingegen passiert es mir gar nicht so selten, daß ich Klienten übernehme, deren Problematik zunächst klar, überschaubar und therapeutisch leicht angehbar erscheint und wo denkbar günstige Bedingungen vorliegen, z.B. guter Gesundheitszustand, geordnete Familienverhältnisse, finanzielle Unabhängigkeit, fester Arbeitsplatz, gute Intelligenz, Leidensdruck etc., wo sich die therapeutische Arbeit jedoch dann als sehr schwierig, zäh und frustrierend erweist. Vielleicht ist diese persönliche Erfahrung ein besonders gutes Beispiel dafür, welche entscheidende Bedeutung Erwartungen und Einstellungen des Therapeuten für die Annahme oder Zurückweisung bestimmter Klienten haben können, insbesondere aber für den therapeutischen Erfolg. So kann ich mir durchaus vorstellen, daß meine positiven Erfahrungen mit schwierigen „aussichtslosen" Fällen zum Teil darauf zurückzuführen sind, daß ich mich gerade bei der Arbeit mit diesen Klienten besonders engagiere, daß die Klienten von meiner Zuversicht in bezug auf ihre therapeutischen Chancen angesteckt werden, daß ich ihnen sehr deutlich vermittle, wie sehr ich mich mit ihnen auch über kleinste Teilerfolge freue, und daß ich sie nicht mit Riesenerwartungen überfordere, sondern geduldiger warten kann als bei „leichten Fällen". Vielleicht liegt hier auch die Erklärung für das mitunter zähe Voranschreiten meiner therapeutischen Arbeit mit Klienten mit leichteren Störungen. Es ist durchaus denkbar, daß ich bei diesen Klienten aufgrund meiner Erwartungen zu ungeduldig bin, Fortschritte als zu selbstverständlich erwarte und hinnehme und dafür nicht ausreichend Verstärkung und positive Rückmeldung gebe.

Dem Leser wird inzwischen klargeworden sein, daß ein Therapeut, der mit anderen Erwartungen und Einstellungen als den soeben skizzierten an die therapeutische Arbeit mit den zwei genannten Klientenyypen herantritt, unter Umständen wieder ganz andere Erfahrungen machen wird. Auch hier sehe ich eine wichtige Aufgabe der künftigen Ausbildung und Weiterbildung der Verhaltenstherapeuten. Zur Selbsterfahrung sollte unbedingt auch das Bewußtmachen, In-Rechnung-Stellen und Umgehen mit den eigenen Einstellungen und Erwartungen in bezug auf die therapeutische Arbeit mit ganz bestimmten Klientengruppen gehören.

Die Erwartungen und Einstellungen von Therapeut und Klient stehen also in enger Wechselwirkung und können Ablauf und Ergebnis der Therapie entscheidend beeinflussen, und zwar sowohl im positiven wie auch im negativen Sinne. Positive Auswirkungen können die Einstellungen und Erwartungen zum Beispiel haben, indem sie gegenseitig Sympathie, Vertrauen und Offenheit ermöglichen und dadurch eine positive Arbeitshaltung und generell ein gutes Arbeitsklima fördern und damit letzten Endes erst Therapieerfolge möglich machen. Negative Auswirkungen können die Einstellungen und Erwartungen von Klient und Therapeut haben, indem sie zum Beispiel Mißtrauen, Vorurteile und Mißverständnisse bewirken und dadurch die Therapie blockieren oder gar zum Abbruch derselben führen. Es ist deshalb ein verständliches Anliegen aller therapeutischen Richtungen, die Einstellungen und Erwartungen des Klienten in den Griff zu bekommen und therapeutisch zu nutzen.

In der Form von „Placebo-Effekten" sind Einstellungen und Erwartungen des Klienten schon seit langem Forschungsgegenstand in der Medizin, aber auch in der Psychologie. Placebo-Effekte wurden bislang als allen therapeutischen Situationen zugehörige, sogenannte „unspezifische oder nicht-spezifische" Wirkfaktoren betrachtet, die mit Phänomenen wie Glaube, Hoffnung etc. erklärt wurden (vgl. dazu auch *Fish*, 1973; *Shapiro*, 1971) und die als methodologische Artefakte experimentell zu isolieren und kontrollieren sind. Inzwischen hat man die therapeutischen Chancen und Möglichkeiten solcher placebogener Vorgänge erkannt und begonnen, sie systematisch und gezielt therapeutisch einzusetzen. Dies aber erfordert detaillierte Kenntnisse über die beteiligten Variablen und ihre Interaktionen und macht eine solide experimentelle und theoretische Fundierung des Problemkreises unabdingbar.

Zumeist wird bei der Behandlung des Problembereiches davon ausgegangen, daß Placebo-Effekte letztlich ein ganzes Bündel der verschiedensten Klienten-, Therapeuten- und Situationsvariablen und deren Wechselwirkungen darstellen und nur schwer, wenn überhaupt, von den sogenannten „spezifischen" therapeutischen Wirkfaktoren, von denen man annimmt, daß sie die einzelnen therapeutischen Ansätze und Techniken charakterisieren, zu unterscheiden und zu trennen sind.

Erwartungs- und Einstellungseffekte unter dem Gesichtspunkt interpersonaler Wahrnehmung und Anziehung

Im Rahmen der Psychotherapieforschung wurden Erwartungs- und Einstellungseffekte bisher vorwiegend im Zusammenhang mit experimentellen Untersuchungen zur interpersonalen Wahrnehmung und Anziehung betrachtet. Es zeigte sich ein enger Zusammenhang zwischen kognitiver Ähnlichkeit der Interaktionspartner, interpersonaler Anziehungskraft und Kommunikationseffektivität. Personen, die man mag, werden als der eigenen Person ähnlicher erlebt als solche, die man nicht mag. Man schreibt ihnen eine Vielzahl positiver Eigenschaften und Fähigkeiten zu, ahmt sie eher nach, wird von ihnen stärker zu Lernprozessen motiviert, etc. (vgl. dazu auch *Goldstein*, 1971; *Lott* und *Lott*, 1972). All dies sind Wirkmechanismen, die auch für die psychotherapeutische Situation interessant sind.

Die Frage, wie die gegenseitige Sympathie zwischen Klient und Therapeut gefördert werden kann, beschäftigt deshalb schon seit langem die Vertreter der verschiedensten therapeutischen Richtungen. *Goldstein* (1977), ein Verhaltenstherapeut, schlägt z.B. in seiner Zusammenschau der Methoden zur Verbesserung therapeutischer Beziehungen unter anderem folgende Verfahren zur Verstärkung der Sympathie zwischen den beiden Therapiepartnern vor: Dem Klienten werden positive Eigenschaften seines Therapeuten beschrieben und, vice versa, dem Therapeuten wird Positives über seinen zukünftigen Klienten berichtet. Eine andere Möglichkeit sieht *Goldstein* darin, den Klienten darauf vorzubereiten, was ihn in etwa in den Therapiesitzungen erwartet, eventuell mit Hilfe von Tonband- oder Videoaufnahmen „typischer Therapiesitzungen". Ein weiterer Weg, Sympathie zu induzieren oder Antipathie abzubauen, besteht nach *Goldstein* darin, dem Klienten die Möglichkeit zu geben, einen oder mehrere andere Klienten, die den betreffenden Therapeuten mögen und eine positive Einstellung zu ihm haben, zu hören oder zu beobachten.

Interessant sind in diesem Zusammenhang auch die Vorschläge von *Goldstein* (1969), was der Therapeut konkret tun kann, um seinen Klienten mit einfühlendem Verständnis (Empathie) zu begegnen. Empathie zählt neben Wärme und Kongruenz zu der Triade von Therapeutenmerkmalen, die in Anlehnung an *Rogers* (1957) als wesentliche und unentbehrliche Bestandteile einer guten therapeutischen Beziehung gelten. Diese drei Therapeutenmerkmale dürften zu den Charakteristika gehören, die „gute Therapeuten" bereits vor Beginn ihrer therapeutischen Ausbildung besitzen. Sie sind jedoch im begrenzten Umfang auch lehrbar und vermittelbar. *Carkhuff* (1969) gibt folgende Richtlinien für Therapeuten, die Empathie wirkungsvoll einsetzen möchten:

(1) intensiv auf verbales und nicht-verbales Ausdrucksverhalten des Klienten konzentrieren;

(2) auf Reaktionen konzentrieren, die mit denen des Klienten austauschbar sind, d.h., gleichen Affekt und Inhalt ausdrücken;

(3) Antworten in einer Sprache formulieren, die im hohen Maße auf den Klienten abgestimmt ist;

(4) in einem Gefühlston reagieren, der dem vom Klienten vermittelten ähnlich ist;

(5) entgegenkommend verhalten;

(6) wechselseitige Kommunikationsbasis schaffen und sich dann probeweise erweiternd und klärend den Erlebnissen des Klienten auf höheren Stufen nähern (auf „Wellenlänge" eingestimmt auf tiefste Gefühle reagieren);

(7) darauf konzentrieren, was vom Klienten nicht ausgedrückt wird, und versuchen, das Fehlende auszufüllen, anstatt sich nur mit dem Vorhandenen zu beschäftigen;

(8) das Verhalten des Klienten als Richtschnur benutzen, um die Wirksamkeit der eigenen Reaktionen abzuschätzen.

Experimentelle Untersuchungen zum Problem der Einstellungen und Erwartungen im verhaltenstherapeutischen Prozeß

Obwohl bei den Verhaltenstherapeuten Übereinstimmung darüber besteht, daß Erwartungen und Einstellungen auch im verhaltenstherapeutischen Geschehen eine wichtige Funktion haben, und obwohl in der alltäglichen praktischen verhaltenstherapeutischen Arbeit bereits im weiten Umfang diesen Phänomenen Rechnung getragen wird, gibt es bislang erst relativ wenige gezielte, verhaltenstherapeutisch orientierte experimentelle Untersuchungen oder theoretische Einordnungsbemühungen dazu (*Johnson* und *Matross* 1977 a; *Wilkins*, 1977). So genügt es nicht, lediglich von globalen Erwartungs- und Einstellungswirkungen auszugehen, sondern die dabei beteiligten Variablen, ihre Wirkmechanismen und Interaktionen müssen genau experimentell identifiziert, isoliert und theoretisch eingeordnet werden. Nur wenn wir die zugrundeliegenden Prozesse kennen und sie kontrollieren können, lassen sie sich mit Nutzen und ohne Gefahr für den Klienten therapeutisch einsetzen.

Die *Systematische Desensibilisierung* ist die verhaltenstherapeutische Technik, die bisher am häufigsten hinsichtlich der Frage untersucht wurde, welchen Anteil und welche spezifischen Wirkungen die

Erwartungen und Einstellungen des Klienten auf Ablauf und Ergebnis der verhaltenstherapeutischen Intervention haben (*Borkovec*, 1972; *Davison* und *Wilson*, 1973; *Emmelkamp*, 1975; *Lick* und *Bootzin*, 1975; *Marcia* et al. 1969; *Paul*, 1966; *Wilkins*, 1973; *Wilson* und *Davison*, 1975). Diesen Untersuchungen liegt die Prämisse zugrunde, für die Vorgänge bei der Systematischen Desensibilisierung soziale Beziehungsfaktoren und damit auch Einstellungen und Erwartungen als alternatives Erklärungsmodell zu den Dekonditionierungsvorstellungen heranzuziehen. Methodologisch wurde dabei zumeist folgendermaßen vorgegangen: Die Klienten oder Versuchspersonen erhielten vor und/oder während der therapeutischen Behandlung verbale oder schriftliche Instruktionen, die ganz bestimmte Erwartungen und Einstellungen induzieren sollten.

Leider differieren die in diesem Zusammenhang durchgeführten experimentellen Untersuchungen erheblich voneinander, was das methodologische Vorgehen, die Meßmethodik, die Wahl der Klienten oder Versuchspersonen, die Art und Ausprägung der untersuchten Ängste, das Vorgehen bei der Beeinflussung der Einstellungen und Erwartungen etc. anbelangt. Einige dieser Untersuchungen sind darüber hinaus mit methodologischen oder mit Meßfehlern behaftet und nach Ansicht von *Wilkins* (1973) eher als Experimente zur Wirkung von Instruktionen zu betrachten. Entsprechend kontrovers und widersprüchlich sind auch die Ergebnisse dieser Untersuchungen.

So kommt *Borkovec* (1973) in einer Zusammenschau der Forschungsergebnisse zur Rolle der Erwartungen bei der Systematischen Desensibilisierung von Ängsten zu dem Ergebnis, daß die Wirksamkeit von Einstellungs- und Erwartungsvariablen und deren Manipulation auf den Erfolg der Systematischen Desensibilisierung auch eine Funktion des Ausmaßes der Angst eines Klienten zu sein scheint. Bei weniger ängstlichen Versuchspersonen hatten Instruktionen oder Erwartungsmanipulationen stärkere Wirkung auf die Angstminderung als bei Klienten mit ausgeprägten Ängsten.

Zusammenfassend läßt sich beim gegenwärtigen Stand der Forschung zu dem Problemkreis feststellen, daß Beziehungsvariablen und damit auch Einstellungen und Erwartungen nicht notwendigerweise ein kritischer Bestandteil der Systematischen Desensibilisierung sind. Sie können unter bestimmten Umständen, bei bestimmten Ängsten und bestimmten Klienten zwar die Behandlung erleichtern und den Therapieerfolg begünstigen, die Behandlungserfolge der Systematischen Desensibilisierung jedoch allein nicht erklären (*Davison*, 1973; *Davison* und *Wilson*, 1973). In diesem Zusammenhang wird gern die experimentelle Untersuchung von *Lang* et al. (1970) zitiert, in der sich ein Computer-Programm ohne Therapeut genauso wirksam bei der Systematischen Desensibilisierung von Ängsten erwies wie ein lebender Therapeut. Allerdings wurden bei dieser experimentellen Untersuchung nicht-klinische „Patienten“, d.h. Versuchspersonen eingesetzt, so daß sich eine Übertragung der Ergebnisse auf klinische Populationen und damit auf die alltägliche, praktische verhaltenstherapeutische Arbeit verbietet.

Auf welche Weise und unter welchen Bedingungen Einstellungen, Erwartungen und im weiteren Sinne Beziehungsvariablen generell bei der Systematischen Desensibilisierung von Ängsten beteiligt sind, das genau zu klären bleibt weiterhin eine Forschungsaufgabe. Die experimentellen Untersuchungen zur Rolle der Einstellungen und Erwartungen bei der Systematischen Desensibilisierung von Ängsten haben also bisher relativ wenig brauchbare Informationen für den praktisch tätigen Verhaltenstherapeuten gebracht. Weitere systematische Forschungen sind deshalb dringend notwendig. Dabei bieten sich als Forschungsfeld neben der Systematischen Desensibilisierung auch andere verhaltenstherapeutische Modifikationstechniken an, z.B. Aversionstherapie, Selbstkontrollverfahren, Kontingenzverträge etc.

Die Veränderung von Einstellungen und Erwartungen im psychotherapeutischen Prozeß

Im folgenden wollen wir uns mit der Notwendigkeit und den Möglichkeiten beschäftigen. Einstellungen und Erwartungen im psychotherapeutischen Kontext zu beeinflussen und zu modifizieren. Wie wir bereits aufzeigten, kommen Therapeut und Klient mit einer Vielzahl der unterschiedlichsten Einstellungen und Erwartungen in die Therapie und beeinflussen sich dabei gegenseitig und damit Ablauf und Ergebnis der Therapie.

Beim Klienten sind solche Wirkfaktoren der Einstellungen und Erwartungen: Vertrauen zum Therapeuten und auf die Wirksamkeit seiner Verfahren, Erwartungen hinsichtlich Art und Ablauf der therapeutischen Intervention und der beiden Therapiepartnern zukommenden Aktivitäten, Hoffnungen und Befürchtungen in bezug auf den Therapieerfolg, Anschauungen über die eigene Motivation zur Mitarbeit und über die eigenen Möglichkeiten und Fähigkeiten, sein Verhalten und Erleben zu verändern. Beeinflussend und formend wirken dabei auch die Einstellungen und Erwartungen der Bezugspersonen des Klienten, z.B. der Familienangehörigen, Freunde, Vorgesetzten etc.

Die Einstellungen und Erwartungen, mit denen der Klient in die Therapie kommt, können im Verlauf der therapeutischen Intervention Veränderungen erfahren, und zwar einmal ganz *spontan* durch neue Wahrnehmungen und Erfahrungen, die der Klient macht und die ihm helfen können, seine Einstellungen und Erwartungen an der Realität zu überprüfen und gegebenenfalls zu korrigieren. In einer Untersuchung von *Ringler* (1977) wurde zum Beispiel das Urteil, das sich die Versuchspersonen im ersten Kontakt mit dem Therapeuten geformt hatten, im Laufe der Behandlung revidiert, wobei eine demokratische Interaktionsstruktur im Gegensatz zu einer autoritären positivere Einstellungen zum Therapeuten und zur Therapie förderte.

Einstellungs- und Erwartungsänderungen in bezug auf Therapeut und Therapie können aber auch ganz *gezielt* und bewußt vom Therapeuten herbeigeführt und unterstützt werden. Das ist vor allem in solchen Fällen notwendig und angeraten, wo bestehende Einstellungsmuster die Therapie gefährden oder gar unmöglich machen. Ich denke hier vor allem an Mißtrauen, Angst, Mutlosigkeit, Resignation, passive Konsumhaltung, aber auch an zu hohe unrealistische Erwartungen an Therapeut und Therapie.

Laien kommen häufig mit sehr verschwommenen, unrealistischen und unzutreffenden Vorstellungen im Hinblick auf das zu erwartende psychotherapeutische Geschehen in die Therapie. Eine sachliche Information wird durch die heftigen und unsachlichen Auseinandersetzungen zwischen den Vertretern der verschiedenen Richtungen nicht gerade erleichtert. Das, was der Klient von Therapeut und Therapie erwartet, ist zumeist weit von dem entfernt, was tatsächlich möglich ist. So zeigte sich in einer empirischen Untersuchung zum Thema „Verhaltenstherapie und Patientenerwartungen" von *Halder* (1977) eine starke Diskrepanz zwischen den Laienerwartungen und den realen psychotherapeutischen Möglichkeiten. Die Klienten formulierten in dieser Untersuchung sehr hohe, zum Teil irreale Erwartungen nicht nur gegenüber der Verhaltenstherapie, sondern generell gegenüber allen psychotherapeutischen Behandlungsformen. Sie erhoben Anspruch auf unbegrenzte Wiederherstellung und Optimierung ihrer psychischen Verfassung, forderten sofort wirksame, praktische und unmittelbar plausibel erscheinende Ratschläge vom Therapeuten, etc.

Die Untersuchung konnte darüber hinaus auch individuelle, persönlichkeitsspezifische, vor allem aber schichtspezifische Unterschiede in den Einstellungen zur Therapie nachweisen. So erwarteten die Unterschicht-Klienten dieser Untersuchungen einen aktiven Therapeuten, der ihnen praktische Ratschläge gibt, Probleme für sie löst und ganz konkret bestimmte Dinge für sie regelt, z.B. durch Unterredungen mit Familienangehörigen, Interventionen bei Behörden, etc.

Diese Ergebnisse machen deutlich, daß Einstellungen zum großen Teil durch die spezifischen Sozialisationsbedingungen und die dabei erworbenen Problemlösungsstrategien geprägt sind. So entspricht das Bild, das sich der Unterschicht-Klient vom Psychotherapeuten und von seiner eigenen Rolle im psychotherapeutischen Geschehen macht, ganz eindeutig seinen bisherigen Erfahrungen im Rahmen des bestehenden medizinischen Versorgungssystems. Sein Beitrag beschränkt sich auf das passiv abhängige Konsumieren von Medikamenten oder anderen Hilfsmitteln. *Halder* weist darauf hin, daß die Erwartungen der Unterschicht-Klienten durchweg inkongruent sind mit den Wertmaßstäben, der therapeutischen Orientierung und dem konkreten therapeutischen Handeln der Psychotherapeuten, die ja in der Mehrzahl der Mittelschicht entstammen.

Die Diskrepanz zwischen Laienerwartungen und den tatsächlichen realen Möglichkeiten der Psychotherapie dürfte aber auch für andere Klientenschichten gelten, wenn auch in etwas anderer Form. Ganz sicher gibt es auch viele Mittelschicht- und Oberschicht-Klienten, die die eigenen aktiven Bewältigungsmöglichkeiten geringschätzen und Therapie und Therapeut mit irrealen und unrealistischen Heilserwartungen überfordern.

Es ist noch etwas umstritten, in welchem Ausmaß und auf welche Weise Diskrepanzen zwischen den Erwartungen von Klient und Therapeut sowie Enttäuschungen dieser Erwartungen Ablauf und Ergebnis der Therapie beeinflussen. Die Forschungsergebnisse dazu sind bisher uneinheitlich und widersprüchlich (*Duckro* et al. 1979). Zumindest aber können wir davon ausgehen, daß es für eine gute Zusammenarbeit und damit auch für das Ergebnis der Therapie nicht abträglich, sondern eher förderlich ist, wenn beide Partner positive realistische Erwartungen im Hinblick auf die Therapie und ihre Möglichkeiten, in bezug auf den Partner und seine Rolle in dem therapeutischen Geschehen, aber auch auf den eigenen Beitrag haben, und wenn die Einstellungen und Erwartungen von Therapeut und Klient dabei nicht zu sehr voneinander abweichen.

Unter all den bisher diskutierten Gesichtspunkten wird die Notwendigkeit für den praktisch tätigen Verhaltenstherapeuten verständlich, sich bereits in den ersten Kontaktnahmen mit dem Klienten zu bemühen, vorhandene Einstellungs- und Erwartungsmuster zu identifizieren und gegebenenfalls zu modifizieren. Es liegt bereits eine Reihe verhaltenstherapeutisch orientierter, theoretischer und empirischer Arbeiten vor, die sich mit Möglichkeiten und Methoden solcher Einstellungsveränderungen beschäftigen (*Borkovec,* 1973; *Goldstein,* 1977; *Goldfried* und *Davison,* 1976; *Johnson* und *Matross,* 1977 b; *Mahoney,* 1977; *Paul,* 1966; *Rosenthal* et al. 1977; *Wilson* und *Evans*, 1977; *Woy* und *Efran*, 1972). In diesen Arbeiten wird mehr oder weniger konkret angegeben, was der Therapeut tun kann, um dem Klienten zu einer positiven, realistischen aufgabenorientierten Haltung zu verhelfen und Mißtrauen, Angst, Entmutigung und Resignation abzubauen. Als wesentlicher Bestandteil wird dabei neben dem Bemühen um eine freundlich-akzeptierende und für die Probleme des Klienten aufgeschlossene Arbeitshaltung des Therapeuten vor allem der Versuch genannt, in der Anfangsphase der Therapie eine gemeinsame Konzeptualisierung zu finden.

Gemeinsame Konzeptualisierung und Strukturierung der therapeutischen Situation für den Klienten

Eine solche gemeinsame Konzeptualisierung versucht man dadurch zu erreichen, daß der Therapeut dem Klienten die therapeutische Situation genau strukturiert. Diese Strukturierung umfaßt einmal ganz konkrete und detaillierte Informationen über die mögliche Entstehung, Aufrechterhaltung und Modifizierung der spezifischen Problematik des Klienten. So kann es z.B. für einen Klienten außerordentlich befreiend und angsterleichternd sein, wenn er erfährt, daß seine Ängste, seine Konzentrationsstörungen, Sprech- und Lesestörungen und seine fast völlige Aktivitätseinschränkung nicht, wie von einigen Ärzten irrtümlich diagnostiziert, Anzeichen einer schizophrenen Erkrankung sind, sondern das Ergebnis des Versuchs, starke Ängste durch Zwangshandlungen zu kontrollieren. Wenn der Klient außerdem noch gemeinsam mit dem Therapeuten an Hand seiner Lerngeschichte zurückverfolgen kann, wie diese Ängste und Zwänge erstmals beim Zurechtgewiesenwerden durch einen sehr strengen und autoritären Chef begannen und sich dann allmählich immer weiter ausdehnten und zuletzt selbst ganz intime Bereiche berührten, werden die vom Therapeuten vorgeschlagenen Strategien zur Behandlung der Störung nicht nur plausibler und verständlicher für ihn, sondern es wird auch seine Zuversicht, seine Einsatzbereitschaft und sein Vertrauen zum Therapeuten und auf die Therapie positiv beeinflußt.

Die Strukturierung der therapeutischen Situation für den Klienten umfaßt außerdem eine konkrete und detaillierte Beschreibung und Erläuterung der vorgesehenen Behandlungsstrategien und Modifikationstechniken und der notwendigen Hilfsmittel. Dabei wird der Klient auch über seine Rolle und seine Verantwortung in diesem Geschehen unterrichtet, (vgl. dazu *Goldfried* und *Davison*, 1976; *Goldstein* et al. 1966; *Wilson* und *Evans*, 1977).

Ganz besonders wichtig aber ist es, den Klienten bei dieser Strukturierung auch auf mögliche Schwierigkeiten vorzubereiten und darauf, daß große „Durststrecken" zwischen dem Beginn der therapeutischen Arbeit und der Erreichung der Therapieziele zu bewältigen sind, die großen persönlichen Einsatz und viel Durchhaltevermögen erfordern. Dabei ist der Klient auch auf mögiche Rückfälle vorzubereiten. Ich versuche meinen Klienten in diesem Zusammenhang auch die positiven Aspekte von Rückfällen aufzuzeigen, indem ich ihnen klarmache, daß Rückfälle ihnen zeigen, was sie noch nicht genau im Griff haben, und daß Rückfälle, wenn sie analysiert werden, Informationen darüber liefern können, an welcher Stelle auf welche Weise noch an den Problemen zu arbeiten ist.

Das konkrete praktische Vorgehen der einzelnen Verhaltenstherapeuten bei dieser Strukturierung der Therapie für den Klienten variiert erheblich und dürfte darüber hinaus auch noch zusätzlich von spezifischen Charakteristika sowie von geäußerten oder vermuteten Bedürfnissen der einzelnen Klienten abhängen. *Fish* (1973) hat eine Vielzahl von Wegen und Möglichkeiten aufgezeigt, wie Klienten entsprechend ihrer individuumsspezifischen Interessen, Einstellungen, Weltanschauungen etc. mit dem verhaltenstherapeutischen Vorgehen und den zugrundeliegenden Annahmen vertrautgemacht werden können. Bei meiner eigenen Arbeit frage ich zum Beispiel bei der Therapie von Ängsten die betreffenden Klienten, wie sie vorgehen würden, wenn sie einem Kind, das große Angst vor Wasser hat, das Schwimmen beibringen wollten. An diesem Beispiel läßt sich dann sehr anschaulich Strategie und Rationale des verhaltenstherapeutischen Vorgehens bei der Angstbehandlung aufzeigen: schrittweise Annäherung an die Angststimuli, Bereitstellen und Einüben angstreduzierender und angstbewältigender Fertigkeiten, etc.

Klienten mit ausgesprochen negativen Selbstverbalisationen (z.B. „das schaffe ich nie", „ich bin und bleibe ein Versager", „was werden die anderen jetzt denken?", „jetzt habe ich mich wieder so blöd angestellt", etc.) und dementsprechend negativem Selbstbild, Minderwertigkeitsgefühlen und Versagensängsten, die man mit der Strategie der Einführung und Verstärkung positiver Selbstverbalisationen vertraut machen will, zeigen sich meist sehr beeindruckt, wenn man sie auffordert, sich vorzustellen, daß sie Tag und Nacht von einem „guten Freund" begleitet werden, der ihnen ohne Unterlaß diese negativen Bemerkungen ins Ohr flüstert. Sie bekommen plötzlich nicht nur eine Ahnung vom Zusammenhang zwischen ihren negativen Selbstverbalisationen und ihren Gefühlen ohnmächtiger Wut, Entmutigung, Resignation und Depression, sondern sind durch diese Erkenntnis auch eher bereit, in Zukunft etwas dagegen zu unternehmen, zum

Beispiel durch entsprechende Veränderung ihrer Selbstverbalisationen. Mütter, die ihre Kinder durch ein Übermaß an Fürsorglichkeit und Zuwendung „erdrücken“, zeigen oft eine erstaunliche Einsicht und Bereitschaft, ihr Verhalten beim Umgang mit ihrem Kind zu überprüfen und gegebenenfalls zu korrigieren, wenn man ihnen die Konsequenzen ihres überfürsorglichen Verhaltens an einem Beispiel aus dem Pflanzenreich klarmacht: daß eine Pflanze, die man aus lauter Besorgnis zu häufig und zu stark gießt, kümmert, welkt und unter Umständen eingeht.

Es gibt Therapeuten, die bei dieser Strukturierung des verhaltenstherapeutischen Geschehens sehr direktiv und didaktisch vorgehen, dem Klienten eventuell sogar die Lektüre bestimmter Einführungs- und Informationsschriften empfehlen. *Patterson* und seine Mitarbeiter zum Beispiel empfehlen bei ihrer verhaltenstherapeutischen Arbeit den Eltern verhaltensgestörter und aggressiver Kinder zunächst die Lektüre einer leichtverständlichen Einführung in die Grundlagen der Lerntheorie und die Modifikation kindlicher Verhaltensstörungen (*Patterson,* 1971; *Patterson* und *Guillon,* 1968, 1971). Für den deutschen Sprachraum liegt eine solche informative Schrift für Eltern von *Florin* und *Tunner* (1971) vor.

Während sich ein Teil der Verhaltenstherapeuten auf die Strukturierung des verhaltenstherapeutischen Geschehens für den Klienten beschränkt, gibt es Verhaltenstherapeuten, die versuchen, in partnerschaftlicher Zusammenarbeit mit dem Klienten eine gemeinsame Konzeptualisierung für die therapeutische Arbeit zu entwickeln.

Ziel der zukünftigen Forschungen zu diesem Problemkreis sollte es sein, genauer zu untersuchen, welche Art der Strukturierung und Konzeptualisierung für welche Klienten unter welchen Bedingungen für das Ergebnis der therapeutischen Arbeit am angemessensten und fruchtbarsten ist.

2.5.3 Informationen werden analysiert, Arbeitshypothesen formuliert

In dem Kapitel über das verhaltenstherapeutische Vorgehen wurde bereits deutlich, daß die Datensammlung, die Analyse dieser Informationen und die Formulierung der Arbeitshypothesen eine wichtige Rolle in der verhaltenstherapeutischen Arbeit spielen. Nach einer Erhebung von *Swan* und *Mac Donald* (1978) verbringen Verhaltenstherapeuten in der Regel etwa ein Viertel ihrer Arbeitszeit mit diesen Aufgaben.

Durch die enge Verknüpfung zwischen Diagnose, Therapie und Effizienzkontrolle in der Verhaltenstherapie ziehen sich Informationssammlung, Datenanalyse sowie Überprüfung und gegebenenfalls Korrektur und Neuformulierung der Arbeitshypothesen praktisch durch den gesamten verhaltenstherapeutischen Prozeß. In den vorangegangenen Kapiteln wurde bereits aufgezeigt, daß die gegenwärtigen verhaltenstherapeutischen Ansätze dadurch gekennzeichnet sind, daß sie den Klienten aktiv in die therapeutische Arbeit einbeziehen. Neben ethischen Bedenken, vor allem im Hinblick auf Probleme der Macht und Kontrolle, sind es vor allem praktisch-therapeutische Erwägungen, die dazu geführt haben, den Klienten als Partner des Therapeuten in das therapeutische Geschehen einzubeziehen und ihn bei der Planung und Durchführung der Therapie aktiv und eigenverantwortlich mitzubeteiligen. Endziel jeder psychotherapeutischen Intervention sollte es sein, den Klienten zu befähigen, auch in späteren Krisenzeiten, wenn die Therapie beendet und ein Therapeut nicht mehr verfügbar ist, eigenständig angemessene Lösungen für wiederauftretende oder neuauftretende Probleme und Konflikte zu finden. Jedoch nur dann, wenn der Klient in der Therapie gelernt hat, Konfliktmuster zu durchschauen, Beziehungsstrukturen zwischen Verhaltensstörungen und auslösenden oder verstärkenden Ereignissen aufzudecken und vorbeugend oder korrigierend einzugreifen, wird dies gelingen. Das setzt voraus, daß die Therapiezeit für ihn als Lehrzeit gestaltet wird, in der er die Möglichkeit erhält, sich die notwendigen Kenntnisse und Fertigkeiten anzueignen.

Speziell für die Datensammlung, die Analyse der Informationen und die Hypothesenformulierung braucht der Klient Grundkenntnisse der verhaltenstherapeutischen Annahmen über die Entstehung, Aufrechterhaltung und Korrektur von Verhaltensstörungen. Darüber hinaus braucht der Klient Erfahrungen, wie man Verhaltensbeobachtungen durchführt, Verhaltensprotokolle führt, diese auswertet, und eine Reihe anderer praktisch-technischer Fertigkeiten. Hier werden insbesondere Probleme der Selbstbeobachtung und Selbstprotokollierung relevant, auf die im Rahmen der vorliegenden Arbeit leider nicht eingegangen werden kann. Sie wurden an anderer Stelle ausführlich diskutiert (*Gottman* und *Mac Fall,* 1972; *Hartig,* 1974, 1975 a, 1975 b; *Johnson* und *White,* 1971; *Mahoney* et al. 1972).

Ging man in den ersten Jahren der Verhaltenstherapie davon aus, daß es ausreiche, dem Klienten praktisch-technische Ratschläge und Anweisungen für die Informationssammlung, Datenanalyse und Hypothesenformulierung zu geben, so zeigte sich im weiteren Verlauf der verhaltenstherapeutischen Entwicklung immer deutlicher, daß der Klient damit noch nicht ausreichend gerüstet ist. Vielmehr gilt es in Rechnung zu stellen, daß eine Vielzahl praktischer und situativer, vor allem aber motivationaler und generell emotionaler Faktoren ihn bei der Durchführung seiner Aufgaben behindern können. Deshalb wandte man sich in den letzten Jahren verstärkt der Beantwortung der Fragen zu, welche Faktoren dafür verantwortlich zu machen sind, wenn Klienten Schwierigkeiten oder Widerstände bei der Datensammlung und Datenanalyse zeigen, und wie mit diesen Problemen umzugehen ist. Hier liegt noch ein weites unerforschtes Gebiet für die Verhaltenstherapie, das dringend der Bearbeitung bedarf. Ich werde in dem Kapitel „Der Verhaltenstherapeut geht mit Widerständen um" ausführlicher auf diesen Problemkreis zurückkommen.

Der Verhaltenstherapeut hat also auch die Aufgabe, dem Klienten aus seinem Wissens- und Erfahrungsschatz die notwendigen Kenntnisse und Fertigkeiten zu vermitteln, und zwar so, daß der Klient sie entsprechend seinem individuellen Bildungsniveau, seinen Interessen und seiner Lebensanschauung auch verstehen und nutzen kann. Darüber hinaus wird es immer wieder notwendig, daß der Verhaltenstherapeut den Klienten motiviert und ermutigt, bei dieser oft recht mühsamen und unangenehmen Arbeit durchzuhalten und auftretende Probleme und Widerstände zu durchleuchten und zu beseitigen. Das erfordert vom Verhaltenstherapeuten nicht nur didaktisches Geschick, sondern auch ein feines Fingerspitzengefühl für die ganz spezifischen Bedürfnisse und Möglichkeiten der einzelnen Klienten. Dazu gehören in dieser therapeutischen Phase fundierte theoretische und psychotherapeutisch-technische Kenntnisse und Fertigkeiten, didaktisches Geschick sowie gute soziale Interaktions- und Kommunikationsfähigkeiten.

Für den technischen Aspekt dieser Arbeitsschritte ist er von seiner Ausbildung her sehr viel besser vorbereitet als für den Beziehungsaspekt. Darüber hinaus steht ihm eine Vielzahl von Schriften und Arbeitshilfen zur Verfügung, die ihm datailliert und konkret Anweisungen für die technische Durchführung der Informationssammlung, die Datenanalyse und die Formulierung der Arbeitshypothesen geben. Bei der Gestaltung des Kommunikations- und Interaktionsrahmens für diese Arbeitsabläufe aber ist er noch weitgehend auf sich selbst gestellt.

Der Verhaltenstherapeut im Rollenkonflikt: Forscher versus Kliniker

Im Zusammenhang mit Fragen der Informationserhebung, Datenanalyse und Formulierung der Arbeitshypothesen möchte ich noch einen anderen wichtigen Problemkreis ansprechen. Durch die enge

Koppelung von Diagnose, Therapie und Effizienzkontrolle in der Verhaltenstherapie wird der Verhaltenstherapeut zum Inhaber zweier sehr konträrer Rollen, die erhebliche Konflikte konstellieren. Er befindet sich bei der Ausübung seiner Arbeit gleichzeitig in der Rolle eines *Forschers* und in der eines *Klinikers* (vgl. dazu auch *Hartig*, 1975 a; *Kanfer* und *Goldstein*, 1977; *Kanfer* und *Phillips*, 1975; *London*, 1964). Seine Funktion als Forscher leitet sich von der Forderung her, bei der verhaltenstherapeutischen Arbeit nur solche Verfahren einzusetzen, die wissenschaftlich genau geplant und experimentell kontrolliert sind. Nur so ist die Prüfung von Hypothesen, die Überprüfung und Differenzierung des theoretischen Bezugsrahmens sowie die Verbesserung und Verfeinerung der verhaltenstherapeutischen Techniken möglich. Auch bei seiner alltäglichen praktischen Arbeit mit dem einzelnen Klienten steht der Verhaltenstherapeut deshalb immer vor der Forderung der wissenschaftlich-methodologischen Genauigkeit und Überprüfbarkeit. Das kann ihn in ernsthafte Schwierigkeiten und Konflikte bringen, denn er vertritt ja gleichzeitig als Kliniker auch die Bedürfnisse und Rechte seiner Klienten und steht vor dem Dilemma, daß sich die strengen wissenschaftlichen Forderungen in der alltäglichen klinischen Praxis nur sehr selten verwirklichen lassen. Häufig erweisen sich die Problemsituationen in der realen therapeutischen Arbeit als sehr viel komplexer und vielschichtiger als bei ihrer Abhandlung unter wissenschaftlich-experimentellem Aspekt. Der Praktiker hat deshalb oft Mühe, die Wissenserkenntnisse der verhaltenstherapeutischen Forschung auf die Probleme zu übertragen, die sich ihm bei seiner alltäglichen praktischen Arbeit stellen. Für eine Reihe therapeutischer Situationen und Probleme stehen darüber hinaus überhaupt noch gar keine wissenschaftlich fundierten Handlungsanweisungen zur Verfügung. Ich denke hier zum Beispiel an Probleme der verhaltenstherapeutischen Gesprächsführung generell, aber auch an den spezifischen Umgang mit Motivationsproblemen, mit emotionalen Verhaltensanteilen, an den Umgang mit Widerstandsphänomenen, etc. Hier bleibt dem Verhaltenstherapeuten in der Regel nichts anderes übrig, als unsystematisch, intuitiv und improvisierend vorzugehen. Notgedrungen muß er sich dabei seinen eigenen Stil zurechtzimmern und für den individuellen Fall eigene Lösungen finden. Von seiner Flexibilität und Kreativität, aber auch von seinem Wissen in bezug auf Forschungsergebnisse und Arbeitsstrategien anderer therapeutischer Richtungen und Ansätze und von der Plausibilität, die dort bereits vorhandene Lösungsansätze für ihn haben, wird es abhängen, in welchem Maße ein Verhaltenstherapeut Anleihen bei anderen Schulen macht.

Der Umstand, daß Verhaltenstheorie und verhaltenstherapeutische

Forschung eine Reihe von wichtigen Bereichen bisher vernachlässigt haben und der praktisch tätige Verhaltenstherapeut dadurch bei seiner alltäglichen Arbeit vor vielen ungelösten Fragen und Problemen steht, mag erklären, warum viele sich noch zusätzlich um theoretische Kenntnisse, vor allem aber praktische Erfahrungen in bezug auf andere therapeutische Ansätze (Gesprächspsychotherapie, Gestalttherapie, Psychoanalyse etc.) bemühen. Nun ist es, insgesamt gesehen, sehr positiv, wenn ein Psychotherapeut nicht rigide und systemblind nur auf seine Richtung fixiert ist, sondern wenn er bereit ist, seine Annahmen und sein bisheriges therapeutisches Handeln in Frage zu stellen, zu überprüfen und eventuell zu korrigieren, und wenn er dabei auch Informationen und Erkenntnisse heranzieht, die im Rahmen anderer Schul- und Denkrichtungen gewonnen wurden. Die fruchtbare Weiterentwicklung und Differenzierung eines therapeutischen Ansatzes hängt letzten Endes im starken Maße auch von einer solchen Offenheit und Flexibilität ab. Das eklektisch-improvisierende Vorgehen unter dem Zwang praktischer Notwendigkeiten birgt jedoch auch die Gefahr in sich, daß therapeutisches Handeln zu einem bloßen gedankenlosen und mechanischen Herumexperimentieren ohne Konzept und innere Logik wird, nach dem Motto: „Hilft das nicht, probieren wir halt mal das nächste!“ Ein solches Vorgehen würde nicht nur dem Klienten schaden, sondern auch die Glaubwürdigkeit der Verhaltenstherapie und ihren Anspruch auf Wissenschaftlichkeit in Frage stellen.

2.5.4. Das Therapieziel wird formuliert

Ein entscheidender Arbeitsschritt besteht in der Formulierung des Therapiezieles. Dabei wird die Beantwortung folgender Fragen relevant: Welche Veränderungen, in welchem Ausmaß und in welcher Richtung sollen erreicht werden? Wer ist zu behandeln (Klient, Sozialpartner, soziale Umgebung)? Von wem wird die Therapie durchgeführt (Therapeut, Sozialpartner)? Welche Methoden und Hilfsmittel gelangen dabei zum Einsatz? Wie wird der Therapieerfolg überprüft? Wann wird die Therapie beendet? etc.

Wer entscheidet über die Therapieziele?

Dieser Fragenkatalog macht bereits deutlich, daß diese Bestimmungsleistungen vom Klienten niemals allein erbracht werden können, wenn ihm dabei auch die Hauptentscheidung zukommen sollte, da er ja die Person ist, die am unmittelbarsten von dem therapeutischen Geschehen und seinen Auswirkungen betroffen ist. Ganz abgesehen von denjenigen Klienten, die aufgrund von Intelligenzminderungen oder psychotischen Störungen eigenständig eine solche Zielbestimmung gar nicht leisten können, dürfte auch für den größten Teil der übrigen Klienten gelten, daß eine optimale Zielbestimmung häufig erst durch die Therapie realisierbar wird, wenn störungsbedingte Behinderungen und Abhängigkeiten abgebaut sind, die den Klienten in seiner Entscheidungsfreiheit beeinträchtigen. Darüber hinaus sind dem Klienten bei der Zielbestimmung auch Grenzen gesetzt durch fehlendes oder mangelndes Wissen bezüglich der Entstehung, Aufrechterhaltung und Beseitigung psychischer Störungen, so daß er schon aus diesen Gründen auf die Unterstützung durch den Therapeuten nicht verzichten kann. Damit kommt auch dem Therapeuten bei der Zielbestimmung eine entscheidende Bedeutung zu. Wenn auch mancherorts noch heftig abgestritten wird, daß der Therapeut bei dieser Bestimmungsleistung mehr ist als ein neutraler technischer Berater oder ein Katalysator für die ureigensten Wünsche des Klienten, setzt sich doch zunehmend die Erkenntnis durch, daß der Therapeut, gleich welcher Schulrichtung, immer im entscheidenden Maße durch seine persönlichen Wertvorstellungen, sozialen Interessen, seine individuelle Lerngeschichte, aber auch durch sein spezifisches fachliches Wissen und Können und durch sein theoretisches Bezugssystem an der Zielbestimmung mitbeteiligt ist.

Die Mitwirkung des Therapeuten an der Zielbestimmung ist allein auch schon deshalb legitim, weil er nicht nur die Verantwortung für das therapeutische Geschehen und das Befinden des Klienten trägt, sondern auch die Verpflichtung hat, dem Klienten und der Gesellschaft nachzuweisen, daß seine therapeutischen Dienste nützlich, nicht schädlich und optimal sind. Ein solcher Nachweis aber ist immer nur auf der Grundlage von Forschungsarbeiten möglich, die ihrerseits wiederum ein theoretisches Bezugssystem voraussetzen. Damit sind bereits im voraus bestimmte therapeutische Rahmenziele festgelegt, die auch die praktische Arbeit im konkreten Einzelfall mitbestimmen.

Die eigentliche Entscheidung über die Therapieziele wird jedoch letzten Endes immer, und das wird häufig übersehen, von den Werturteilen und Normen der Gesellschaft determiniert, innerhalb derer das therapeutische Geschehen stattfindet. Der Streit der verschiedenen therapeutischen Schulrichtungen, welche Therapieziele optimal und legitim sind, ist deshalb auf diesem Hintergrund betrachtet auch sinnlos und unfruchtbar. Hinter der Frage nach den Kriterien optimaler therapeutischer Zielbestimmung steht immer die Frage, wie „psychische Gesundheit“ zu bestimmen ist. Abgesehen von den wenigen Verhaltensweisen, über die Einigkeit im Hinblick auf ihre soziale Unerwünschtheit besteht, weil sie Gefahr für Leben oder Gesundheit des Klienten oder seiner Sozialpartner bedeuten, ist ein Konsensus bezüglich psychischer Gesundheit beziehungsweise Normalität wohl auch kaum jemals zu erwarten (vgl. *Keupp*, 1974, 1979), weil die Definition psychischer Gesundheit unlösbar mit kulturell und gesellschaftlich determinierten Werturteilen und Normen verbunden ist. Diese aber unterliegen einem ständigen geschichtlichen Wandel, so daß auch die Frage nach dem, was in einer Gesellschaft als normal beziehungsweise abnorm gilt, und damit auch die Frage nach legitimen Therapiezielen, immer wieder neu zu durchdenken, zu diskutieren und zu beantworten ist. Ich habe bereits an anderer Stelle (*Hartig*, 1975 a) darauf hingewiesen, daß bei der Beantwortung dieser Frage von Psychologie und Psychiatrie nur begrenzte Hilfe möglich ist, da sie als Wissenschaften weder in der Lage noch legitimiert sind, diese Fragen, die ja Wertfragen sind, zu beantworten. Ihre Hilfe kann lediglich darin bestehen, im begrenzten Rahmen Möglichkeiten aufzuzeigen, „wie bereits vorgegebene Ziele zu verwirklichen sind, sowie die Zieldiskussion und Zielbestimmung wissenschaftlich vorbereiten und fundieren helfen, etwa im Sinne der von *Holzkamp* (1970) vorgeschlagenen ‚Kritischen Psychologie‘ durch sozialwissenschaftliche Klärung der Begriffe der Normalität, Anpassung, etc.“ (*Hartig*, 1975 a, S. 25).

Macht und Kontrolle in der Verhaltenstherapie

Bei all diesen Fragen, Problemen und Kontroversen bezüglich psychischer Gesundheit und therapeutischer Zielbestimmung geht es im Grunde um Probleme der Macht und Kontrolle. In den letzten Jahren setzt sich immer mehr die Erkenntnis durch, daß jede therapeutische Intervention, ganz gleich im Rahmen welchen theoretischen Bezugssystems sie stattfindet, Macht und Kontrolle impliziert. Immer wird der Therapeut bei seiner Arbeit durch sein Verhalten, seine Einstellungen und Wertvorstellungen Verhalten und Wertsysteme des Klienten beeinflussen. Darüber hinaus übt der Therapeut in seiner Funktion als gesellschaftlich und institutionell legitimierter Experte zur Korrektur sozial abweichenden Verhaltens immer auch Kontrolle und Macht über den Klienten aus. Die Verhaltenstherapie ist eine der wenigen therapeutischen Richtungen, die diese Tatsache nicht leugnet oder bagatellisiert (*Bandura*, 1975; *Davidson* und *Stuart*, 1975; *Hal-*

der, 1977; *Hartig*, 1975 a; *Kanfer* und *Phillips*, 1975; *Krasner*, 1962; *Mahoney*, 1977; *Trautner*, 1973; *Wilson* und *Evans*, 1976). Um so verwunderlicher ist, daß gerade gegen sie besonders heftig der Vorwurf manipulativer Kontrolle des Klienten und des Machtmißbrauchs erhoben wurde (vgl. dazu *Hartshorn*, 1978; *Laing*, 1969; *Metzger*, 1979; *Mitscherlich*, 1970; *Szasz*, 1978; *Wolpe*, 1978). Die Ursachen für diese ungerechtfertigten Angriffe liegen unter anderem sicher auch darin, daß, bedingt durch die spezifische Eigenart und Struktur des verhaltenstherapeutischen Vorgehens bei der Zielbestimmung, der therapeutischen Intervention und Erfolgsüberprüfung, der Einfluß des Therapeuten viel transparenter wird als bei anderen therapeutischen Schulrichtungen und auch viel offener und freimütiger zugegeben wird.

Statt Zeit und Kräfte in unfruchtbaren Erörterungen zu vergeuden, welche der gegenwärtig bestehenden therapeutischen Schulen nun eigentlich Macht und Kontrolle über den Klienten ausübt und in welchem Maße, sollten Anstrengungen unternommen werden, Abhängigkeiten, Kontrollen und Machtstrukturen im jeweiligen psychotherapeutischen Geschehen aufzudecken, zu analysieren und durchschaubar zu machen. Der Klient sollte dabei in partnerschaftlicher Zusammenarbeit mit dem Therapeuten lernen, Abhängigkeitsmuster und Machtbeziehungen in und außerhalb der therapeutischen Situation zu erkennen, abzubauen und durch die Therapie Handlungsalternativen (z.B. in Form von Selbstkontroll-Techniken) für solche Situationen zu erwerben. Dies setzt jedoch voraus, daß der Verhaltenstherapeut die therapeutische Beziehung nicht nur als ein instrumentell-technisches, sondern auch als ein kommunikatives System begreift (*Keupp* und *Bergold*, 1972). Das bietet ihm die Chance, gemeinsam mit dem Klienten zu überprüfen, ob und in welcher Weise, bedingt durch bestehende soziale Normen und sozio-ökonomische Strukturen, durch die therapeutische Interaktion Abhängigkeitsmuster in der Therapie und gegenüber gesellschaftlichen, institutionellen und sozialen Machtträgern aufrechterhalten oder vielleicht sogar verstärkt werden und wie diese abgebaut werden können.

Zwänge und Abhängigkeiten, denen der Therapeut unterliegt

Bei der Diskussion des Problemkreises der Macht und Kontrolle in der Therapie wird zumeist nur der Klient als das Opfer betrachtet. Es wird dabei übersehen, daß auch der Therapeut bei der Ausübung seines Berufes einer Vielzahl von Zwängen und Kontrollen sowie institutionell und gesellschaftlich bedingten Abhängigkeiten ausgesetzt ist, die zu ernsthaften Konflikten führen können. Konflikte entstehen insbesondere dadurch, daß die Anforderungen, die Klient und Gesellschaft an den Therapeuten stellen, häufig nicht mit seinen eigenen Interessen und Wertentscheidungen zu vereinbaren sind. Dadurch muß er ständig zwischen der Priorität verschiedener Werte abwägen. Wie soll er sich zum Beispiel verhalten, wenn er moralisch-ethische Bedenken gegen Therapieziele- und -wege hat, die Gesellschaft, Institutionen oder der Klient von ihm fordern? Was soll er tun, wenn er in religiösen Fragen anderer Ansicht oder anderen Glaubens ist, ja vielleicht sogar eine andere Überzeugung vertritt, was mögliche Zusammenhänge zwischen der Entstehung und Aufrechterhaltung bestimmter psychischer Störungen und ganz bestimmten weltanschaulichen oder religiösen Einstellungen und Praktiken anbelangt? Eine meiner Meinung nach annehmbare Lösung besteht darin, daß der Therapeut sich zunächst einmal selbst seine Einstellungen und Wertentscheidungen in bezug auf das in Frage kommende Problem bewußtmacht, diese dem Klienten dann klar aufzeigt und dabei auch auf die Relativität von Wertvorstellungen und Wertentscheidungen hinweist. Danach sollten Klient und Therapeut gemeinsam überlegen und abwägen, ob eine Zusammenarbeit für beide Teile ohne Konflikte möglich ist, oder aber ob besser versucht werden sollte, für den Klienten einen Therapeuten zu finden, der mit ihm in den betreffenden Fragen eine bessere Übereinstimmung zeigt. In erhebliche Rollenkonflikte kann der Therapeut auch dadurch geraten, daß er bei seiner Arbeit zumeist Klient und Gesellschaft beziehungsweise Institutionen gleichermaßen verpflichtet ist und daneben auch noch eigene Wertentscheidungen und Bedürfnisse in Rechnung zu stellen hat. Während Gesellschaft und Institutionen in erster Linie an der Produktivität und Wiedereingliederung ihrer Mitglieder interessiert sind, versucht der Klient sich mit Recht gegen eine eventuelle Scheinanpassung zu schützen, die auf Kosten seiner persönlichen Entwicklung, Integrität und Freiheit geht. In seiner Funktion als von Gesellschaft und Institutionen legitimierter und beauftragter Experte zur Korrektur sozial abweichenden Verhaltens kann der Therapeut leicht in Gefahr geraten, als Machtinstrument zur bloßen Stabilisierung und Stützung bestehender gesellschaftlicher Strukturen und Verhältnisse mißbraucht zu werden. Durch das gegenwärtig bestehende System psychosozialer und psychotherapeutischer Versorgung wird diese Problematik noch verschärft. Der Therapeut sollte deshalb immer wieder von neuem die Forderungen und Aufträge, die Gesellschaft und Institutionen ihm stellen, kritisch überprüfen und hinterfragen. Weiteren Zwängen und Abhängigkeiten ist der Therapeut auch dadurch ausgesetzt, daß seine therapeutische Arbeit für ihn und seine

Familie das Mittel zur Sicherung seines Lebensunterhalts darstellt. So ist der Therapeut bei seiner Arbeit oft schon aus wirtschaftlichen Gründen, insbesondere in Anbetracht der kritischen Lage, die gegenwärtig für Klinische Psychologen auf dem Arbeitsmarkt besteht, gezwungen, sich Wünschen, Erwartungen und Forderungen seiner Auftraggeber (Gesellschaft, Institutionen, Klienten) anzupassen, auch wenn diese mit seinen eigenen Wertvorstellungen und Bedürfnissen nach Selbstverwirklichung nicht in Einklang zu bringen sind.

In der vorangegangenen Diskussion konnten nur einige wenige der zahlreichen Probleme und Konflikte angesprochen werden, die sich im Zusammenhang mit dem Problemkreis der Macht und Kontrolle im psychotherapeutischen Geschehen stellen. Allgemeingültige Lösungen und Patentrezepte für dieses Problem gibt es nicht.

Was die Probleme und Konflikte speziell bei der Zieldefinition anbelangt, so bin ich der Ansicht, daß angemessene Lösungen und annehmbare Kompromisse nur dann gefunden werden können, wenn eine gute Kommunikation zwischen allen Beteiligten zustande kommt und jeder seinen eigenen Standpunkt offen und deutlich darlegt, so daß gegebenenfalls Einspruchs- und Korrekturmöglichkeiten für jeden der Beteiligten besteht. Für den Psychotherapeuten bedeutet das, daß er bei jedem Einzelfall konkret angeben sollte, welche Verhaltensweisen, in welcher Richtung, in welchem Ausmaß durch welche Mittel und von wem in der therapeutischen Intervention modifiziert, neu ausgeformt oder substituiert werden sollen.

Was speziell die Probleme der Macht und Kontrolle im psychotherapeutischen Geschehen betrifft, so hilft es ganz sicher nicht, den Kopf in den Sand zu stecken und diese Gefahr abzuleugnen oder zu bagatellisieren. Vielmehr ist es notwendig, daß Psychotherapeut und Klient gemeinsam solche Abhängigkeiten und Machtstrukturen und ihre Konsequenzen in und außerhalb der Therapie aufdecken, analysieren und Gegenmaßnahmen ergreifen. Auf die Möglichkeiten und auf die Chancen, die aus einer solchen gemeinsamen Problembewältigung für Klient, Therapeut und für den therapeutischen Prozeß erwachsen, habe ich bereits hingewiesen. So betrachtet, kann der Umgang mit den Problemen der Macht und Kontrolle therapeutisch sinnvoll und fruchtbar genutzt werden. Die Verhaltenstherapeuten sollten sich deshalb durch die ungerechtfertigten Angriffe und Vorwürfe nicht davon abbringen lassen, auch weiterhin auf Transparenz und Offenlegung ihrer therapeutischen Ziele, Interventionen und Arbeitsmittel zu bestehen. Der gegenwärtige Entwicklungstrend der Verhaltenstherapie mit seiner Betonung der Selbstkontrolle und Selbstregulation des Klienten bietet zusätzlichen Schutz gegen Gefahren des Mißbrauchs von Macht und Einfluß in der Verhaltenstherapie.

Praktische Probleme bei der verhaltenstherapeutischen Zielformulierung

Im Zusammenhang mit Fragen der therapeutischen Zielbestimmung wird der Verhaltenstherapie von ihren Gegnern häufig der Vorwurf gemacht, sie beseitige nur die Oberflächen-Symptomatik, jedoch nicht die zugrundeliegenden innerpsychischen Konflikte und eigentlichen Ursachen. Diese würden sich deshalb erneut in einem oder mehreren neuen Symptomen manifestieren (Symptomverschiebung). Auf das Problem der Symptomverschiebung und die damit verbundenen Kontroversen der verschiedenen Schulrichtungen wurde von verhaltenstherapeutischer Seite bereits ausführlich an anderer Stelle eingegangen (z.B. *Bandura,* 1969; *Buchwald* und *Young*, 1969; *Hartig,* 1975 a; *London*, 1972).

Auf den Vorwurf, die Verhaltenstherapie mißachte und vernachlässige die zugrundeliegenden innerpsychischen Konflikte und Ursachen der psychischen Störungen, möchte ich jetzt etwas näher eingehen. Klienten unterscheiden sich erheblich bezüglich der Klarheit und Konkretheit ihrer Ziele, mit denen sie in die Therapie kommen. So gibt es Klienten, die im ersten Kontaktgespräch sehr ratlos und hilflos reagieren, wenn sie auf ihr konkretes Anliegen angesprochen werden. Sie haben zumeist nur das vage Gefühl, daß irgend etwas mit ihnen nicht stimmt. Sie geben vielleicht auch noch verschwommene Meinungen und Kommentare ihrer Verwandten und Bekannten wieder (z.B.: „Deine Nerven sind kaputt", „Du bist hysterisch", „Du mußt dich nur zusammenreißen", „Du bekommst noch einen Nervenzusammenbruch" etc.), haben letztlich jedoch die Erwartung, „Der Herr Doktor wird schon herausfinden, was mir fehlt, und etwas dagegen tun".

Ich hatte sogar einmal eine Klientin in Therapie, die mit dem Ziel kam: „Ich möchte mir von Ihnen den Kopf zurechtrücken lassen, damit ich sehe, daß ich gar keine Probleme habe, sondern sie mir nur einbilde!" Wie bereits diese Bitte vermuten ließ und wie später ausführliche Gespräche und eine detaillierte Verhaltensanalyse bestätigten, hatte die Klientin sehr wohl eine Reihe ernsthafter Probleme, zum Beispiel starke Depressionen mit Selbstmordgedanken, psychosomatische Beschwerden, das Gefühl, nicht mehr real zu existieren und die Welt wie durch eine Glaswand zu registrieren, etc. Von ihrer Mutter bekam sie jedoch immer wieder die Botschaft übermittelt, daß sie die moralische Verpflichtung habe, zu zeigen, daß sie, die Mutter, gute Erziehungsarbeit geleistet hatte und ihre Lebensaufgabe der Selbstaufopferung für die Familie nicht umsonst war. Um zu beweisen, daß die Mutter „glückliche Kinder" erzogen habe, sei die

Klientin Zeit ihres Lebens verpflichtet, ein Leben ohne Konflikte und Probleme zu leben. Eines der Hauptziele, das diese Klientin dann im Verlauf der ersten therapeutischen Sitzungen selbst formulierte war: „mir zu erlauben, Konflikte und Probleme zu haben".

Es gibt auch Klienten, die ihre Problematik und damit auch ihre therapeutischen Ziele zwar in globale Begriffe fassen können, zum Beispiel: „ich habe Depressionen", „ich habe eine Angstneurose", „ich habe einen Minderwertigkeitskomplex". Sie haben jedoch Schwierigkeiten, dem Therapeuten konkret an praktischen Beispielen aus ihrem Alltagsleben aufzuzeigen, in welchen Situationen und auf welche Weise sich ihre Problematik äußert, zum Beispiel: ihre Depression in bezug auf die Stimmung (gereizt, aggressiv, weinerlich, tränenlos, ängstlich?), in bezug auf den Antrieb (unruhig-getrieben, apathisch, welche Aktivitäten werden überhaupt noch ausgeführt? kann die Klientin z.B. selbständig aufstehen und sich ankleiden, den Haushalt versorgen?), wie sieht es mit Sozialkontakten aus? sozialer Rückzug und Isolierung, Kontaktsucht? wie sieht es mit der Freizeitbeschäftigung aus? völlig eingestellt, ohne Kreativität?, liegen Schlafstörungen vor, wenn ja, welcher Art? Gibt es Eßprobleme? (Appetitlosigkeit, Übelkeit mit starker Gewichtabnahme, „Freßsucht", eventuell verbunden mit provoziertem Erbrechen) etc.

Daneben gibt es Klienten, die bereits sehr klare Vorstellungen von ihrer Problematik und den zugrundeliegenden Zusammenhängen haben und dem Therapeuten konkret ihre Therapieziele angeben können. Die von dem Klienten mitgebrachten Diagnosen und vermuteten Wirkzusammenhänge können, aber müssen nicht zutreffen. Häufig fassen sie nur einen Teil der Problematik. Sie sind in jedem Einzelfall immer noch konkret zu überprüfen, wobei auch eine detaillierte Verhaltensanalyse unerläßlich ist.

Eine meiner Klientinnen beteuerte mir zum Beispiel im ersten Kontaktgespräch, sie habe ganz klar und eindeutig eine „Höhenphobie", und alles, was sie brauche, sei eine „Systematische Desensibilisierung". Mit Hilfe psychoanalytischer Literatur und intensiven Nachdenkens habe sie die Ursachen für ihre Höhenphobie bereits selbst gefunden, nämlich ihre negativen frühkindlichen Erfahrungen und noch bestehende Konflikte mit der Mutter. Die Symptome seien jedoch durch diese Einsicht nicht verschwunden, und deshalb käme sie jetzt in Verhaltenstherapie. Die Klientin hatte bereits einige verhaltenstherapeutische Bücher gelesen und war in der festen Erwartung, daß wir bereits in der ersten Sitzung mit der Erstellung der Angsthierarchie beginnen würden. Statt dessen machte ich ihr den Vorschlag, ihre Problematik vor Inangriffnahme einer Systematischen Desensibilisierung zunächst erst noch einmal genauer zu untersuchen und zu durchleuchten. Sie stimmte zögernd, weil es ihr als unnötig und Zeitverschwendung erschien, meinem Vorschlag zu. Sie war dann außerordentlich verblüfft und irritiert, als sich bei der Verhaltensbeobachtung und -protokollierung herausstellte, daß ihre „Höhenphobie" auch in Kellerräumen und Untergeschossen auftrat, daß es Räume in ihrer Wohnung im vierten Stock gab (z.B. Küche und Wohnzimmer), wo sie völlig angstfrei war, und Räume, wo sie bereits in Panik geriet, wenn sie sich diese nur vorstellte (z.B. das Schlafzimmer). Ebenso verwirrte sie, daß Auftreten und Ausmaß ihrer Höhenphobie an ein und demselben Ort stark variierten. So konnte sie zum Beispiel an bestimmten Tagen den Balkon ihrer Freunde im zweiten Stock ohne Problem betreten, an anderen Tagen wiederum löste bereits der Blick auf diesen Balkon von einer sicheren Ecke des Wohnzimmers aus Panik bei ihr aus.

Im übrigen hatte das Beobachten und Aufzeichnen ihrer Ängste ihre anfängliche Begeisterung für die Systematische Desensibilisierung ihrer Höhenphobie erheblich gedämpft. Aufgefordert, genau auf ihre Gefühle, Selbstgespräche, Phantasien, Gedanken, Vorstellungen in solchen „höhenphobischen" Angstsituationen zu achten, hatte sie nämlich festgestellt, daß sie in solchen Situationen einen starken Drang verspürte, sich aus dem Fenster zu stürzen, was wiederum Panik auslöste. Sie fragte mich bestürzt, ob eine Desensibilisierung ihrer Höhenphobie denn nicht gefährlich sei. Würde sie, wenn sie durch die Desensibilisierung die Angst beseitigt hätte, denn nicht ihrem Impuls folgen und sich tatsächlich aus dem Fenster stürzen? Ich versicherte ihr, daß wir erst dann mit der therapeutischen Intervention beginnen würden, wenn wir mehr über die Zusammenhänge ihrer Problematik wüßten. Eventuell kämen wir dann sogar zu dem Schluß, daß eine Systematische Desensibilisierung bei ihr gar nicht angezeigt, sondern andere therapeutische Maßnahmen angemessener seien. Ich äußerte die Ansicht, daß ihre Ängste in den „höhenphobischen" Situationen ganz sicher eine sinnvolle Funktion hätten, nämlich die, sie zu schützen, und daß es vielleicht klüger wäre, wenn wir unsere Aufmerksamkeit zunächst einmal mehr auf ihren Drang, sich aus dem Fenster zu stürzen, konzentrieren würden. Die Klientin begann, interessiert und gewissenhaft Informationen darüber zu sammeln, welche Ereignisse, Gedanken, Gefühle, Phantasien, Selbstverbalisationen etc. diesem Impuls, sich aus dem Fenster zu stürzen, vorausgingen. Wir nahmen an Hand dieser Informationen gemeinsam eine Verhaltensanalyse vor und kamen zu der Hypothese, daß die Höhenphobie ihre „Lösung" war, mit belastenden und spannungsauslösenden Situationen fertig zu werden. Der Drang, sich aus dem Fenster zu stürzen beziehungsweise den Raum zu verlassen, und die begleitende Angstsymptomatik (Panik, Herzklopfen, Enge im Hals, Schweißausbruch, zitternde weiche Knie, Schwindelgefühl, Leere im Kopf, Übelkeit etc.) traten zum Beispiel auf, wenn sie sich von Kollegen und Vorgesetzten ungerecht behandelt fühlte, ihren Ärger aber hinunterschluckte, wenn sie sich bei Gesprächen mit Freunden nicht beachtet oder ironisch abgeschoben fühlte, wenn die Schwiegereltern sie einengten oder kontrollierten, wenn die Klientin befürchtete, ihr Mann könne sexuelle Forderungen stellen, und in einer Vielzahl anderer Spannungssituationen. Die Verhaltensanalyse ergab Ängste und Spannungen in einer Vielzahl sozialer Situationen und eine Reihe von Verhaltensdefiziten in diesem Bereich. Das ursprüngliche Therapieziel der Klientin: „Beseitigung der Höhenphobie durch eine Systematische Desensibilisierung", wurde deshalb im vollen Einverständnis mit der Klientin umformuliert in konkrete therapeutische Teilziele und Aufgaben: Training im Wahrnehmen und Benennen der eigenen Gefühle (statt „Höhenphobie": Wut, Ärger, Enttäuschung, Neid, Langeweile, Angst vor ganz konkreten Anforderungen), Akzeptieren der eigenen Wünsche, Gefühle und Bedürfnisse, Selbstsicherheits- und Selbstbehauptungstraining, um sich angemessener als bisher mit Sozialpartnern auseinanderzusetzen, Bearbeiten der sexuellen Ängste und Probleme im Rahmen einer Partnerschaftsberatung.

In dem Maße, in dem es der Klientin gelang, ihre eigenen Gefühle und Bedürfnisse in bestimmten Situationen zu erkennen, zu akzeptieren und sich bei deren Verwirklichung mit ihren Sozialpartnern auseinanderzusetzen, ohne Ärger und Groll zu schlucken, verschwand auch der Drang, sich aus dem Fenster stürzen zu müssen. Eine Desensibilisierung der Höhenphobie war deshalb auch nur noch ganz am Rande und im begrenzten Rahmen für einige generalisierte Ängste in bezug auf große Höhen (z.B. Ausblick vom Fernsehturm, Flugzeug benutzen, etc.) notwendig.

Der Verhaltenstherapeut wird also in der Regel zunächst einmal im ersten Kontaktgespräch gemeinsam mit dem Klienten ein vorläufiges Rahmenziel formulieren, in dem vereinbart wird, die aktuellen Beschwerden und Probleme genauer unter die Lupe zu nehmen, d.h. zu beobachten und zu protokollieren, wann und auf welche Weise sich die Problematik des Klienten konkret in seinem Alltagsleben äußert. Diese Daten werden analysiert und nach Wirkmechanismen und Wirkzusammenhängen durchleuchtet. Das Resultat sind Hypothesen über die Entstehung, Aufrechterhaltung und mögliche Beseitigung der Störungen des Klienten. Erst wenn diese Hypothesen vorliegen, wird es möglich, detaillierte Therapieziele zu vereinbaren. Aber auch diese sind im Verlauf der Therapie immer wieder zu überprüfen und gegebenenfalls zu korrigieren.

Es gibt sogar Probleme, für die bei Beginn der Therapie noch keine Endzielformulierung möglich ist, sondern wo im Verlauf der Therapie sequentiell immer wieder neue Teilziele formuliert und bearbeitet werden. Ich denke hier an Problemfälle wie den folgenden:

Eine meiner Klientinnen befand sich bei Beginn der Therapie in dem heftigen Konflikt, ob sie sich von ihrem Ehemann, der trank und sie und die drei Kinder laufend mißhandelte und bedrohte, der jedoch zu keiner Entziehungskur oder Therapie bereit war, trennen oder aber aus Mitleid und Schuldgefühlen bei ihm ausharren sollte. Ihr Therapieziel bestand zunächst darin, mit diesem Konflikt fertig zu werden und zu einer Lösung zu kommen. Als sie sich im Verlauf der Therapie zur Scheidung entschloß, formulierte sie ihr nächstes Teilziel: Bearbeiten der Ängste, Schuldgefühle und der Trauer, die im Zusammenhang mit der Scheidung auftreten. Das nächste Teilziel lautete: Bearbeiten der Sozialängste und Verhaltensdefizite, die sie bei ihren Aufgaben als alleinstehende Mutter und bei der beruflichen Wiedereingliederung behinderten. Als sie bezüglich dieser Ziele Land in Sicht sah, formulierte sie ihr letztes therapeutisches Teilziel: untersuchen, was sie in der vergangenen Partnerbeziehung falsch gemacht hat, um diese Fehler bei möglichen neuen Partnerschaften vermeiden zu können. Die Zielformulierung läuft beim konkreten verhaltenstherapeutischen Vorgehen also in der Regel so ab, daß anfängliche Globalziele des Klienten nach Vorliegen der Verhaltensanalyse und den entsprechenden Hypothesen bezüglich Entstehung, Aufrechterhaltung und möglicher Korrektur der Störungen des Klienten präziser und konkreter gefaßt und differenzierter formuliert werden. *Ein Alkoholiker, dessen Globalziel zunächst lautet: totale Abstinenz vom Alkohol, entscheidet sich im Verlauf der Therapie zum Beispiel für die Ziele: soziale Kontaktängste bearbeiten, Verhaltensdefizite im sozialen Kommunikations- und Interaktionsbereich beseitigen, Durchsetzungsfähigkeit und Selbstbehauptung verbessern, Konzentrations- und Arbeitsstörungen angehen, Spannungen mit dem Ehepartner bearbeiten, an beruflicher Rehabilitation arbeiten.*

Eine Klientin, die unter zwanghaftem Erbrechen, entsprechender Magersucht und der Angst, eines Tages deshalb zu verhungern, leidet und deren Verhaltensanalyse zu der Hypothese führt, daß sie das Erbrechen als Mittel der Auseinandersetzung mit nahen Bezugspersonen (Eltern, Schwiegereltern, Ehepartner) einsetzt, formuliert ihr anfängliches Ziel: Essen ohne zu erbrechen, um in: Lernen, mich gegen meine Bezugspersonen angemessener zu behaupten, generell meine Selbstsicherheit und Selbstbehauptung verbessern, unabhängiger vom Urteil und vom Wohlwollen meiner Sozialpartner werden, zu meinen eigenen Bedürfnissen stehen, zum Beispiel nur essen, wenn ich Hunger oder Appetit habe, nicht aber weil die Mutter mich mit Vorwürfen und Tränen dazu erpreßt, entspannendes Weinen zulassen, auch wenn mein Ehepartner dies als „unbeherrscht" kritisiert, etc.

Eine Klientin mit chronischen Schlafstörungen und jahrelangem Schlafmittelabusus ergänzt nach dem Vorliegen der Verhaltensanalyse ihr anfängliches Therapieziel: Erlernen des Autogenen Trainings, um besser einschlafen zu können, durch die zusätzlichen Ziele: zwanghaftes Grübeln durch gezieltes lustvolles Phantasieren ersetzen, den gesamten Tagesablauf und Lebensstil besinnlicher und entspannter gestalten, „nein"-sagen lernen, den Haushalt umorganisieren, so daß er rationeller und zeitsparender wird, ohne Schuldgefühle Arbeiten an Familienmitglieder delegieren, die „Faulheit" in bezug auf Sport und kreative Freizeitbeschäftigungen überwinden lernen.

Die Zielformulierung der Klienten wird zumeist im Verlauf der Therapie nicht nur differenzierter, sondern auch realistischer, d.h., die Ziele werden stärker an den tatsächlichen Möglichkeiten und Realgegebenheiten ausgerichtet. Das schließt zumeist auch ein, daß der Klient akzeptieren lernt, daß er selbst etwas tun muß, daß *er* sich verändern muß, nicht die anderen. Eine solche Einsicht setzt jedoch bereits eine gewisse Auseinandersetzung mit der eigenen Problematik voraus und ist deshalb zu Beginn der Therapie in vielen Fällen noch nicht möglich.

Es gibt auch noch einen anderen gewichtigen Grund dafür, das anfängliche Globalziel des Klienten nach der Erstellung der Verhaltensanalyse und der Formulierung der Hypothesen über die Entstehung, Aufrechterhaltung und möglichen Beseitigung der Störungen nochmals zu überprüfen, zu spezifizieren und gegebenenfalls umzuformulieren: Widerstandsprobleme, mit denen bei jeder Therapie gerechnet werden muß. Wie ich in einem späteren Kapitel noch zeigen werde, gibt es eine Vielzahl von Erscheinungsformen des Widerstands im verhaltenstherapeutischen Prozeß. Ebenso vielfältig sind die zugrundeliegenden Ursachen. Widerstände treten häufig dann auf, wenn der Klient sich überfordert fühlt, wenn die Anforderungen des Therapeuten starke Ängste bei ihm auslösen oder ihm aus anderen Gründen unerfüllbar erscheinen. Besonders kritisch wird der Widerstand dann, wenn der Klient sich vom Therapeuten manipuliert und kontrolliert fühlt, wenn er den Eindruck hat, daß dieser ihn zu Dingen zwingen will, mit denen er selbst nicht einverstanden ist.

Eine eingehende und detaillierte Verhaltensanalyse kann die Gefahr falschen und unsachgemäßen therapeutischen Handelns zwar nicht völlig ausschließen, zumindest aber reduzieren helfen. Darüber hinaus ist es notwendig, daß der Therapeut immer wieder überprüft, ob der Klient tatsächlich mit den Therapiezielen einverstanden ist und ihnen ohne Vorbehalte zustimmt. Dabei wird es sich als notwendig erweisen, gemeinsam mit dem Klienten zu überlegen, welche möglichen Auswirkungen das Erreichen der Therapieziele für den Klienten impliziert. Welche Bedeutung hatte die Störung zum Beispiel bisher für den Klienten und sein alltägliches Leben? Was wird sich für ihn verändern, wenn es ihm in der Therapie gelingt, diese Störungen zu beseitigen? Am Beispiel der *anorexia nervosa* (Pubertätsmagersucht) soll diese Problematik etwas näher aufgezeigt werden.

Die Pubertätsmagersucht gilt allgemein als ein therapeutisch sehr schwer anzugehendes Problem, bei dem mit starken Widerständen gerechnet werden muß. Diese Störung kommt zwar durchaus auch bei Männern vor, jedoch sehr viel häufiger bei Frauen. Ich werde deshalb im folgenden einfachheitshalber durchgehend von „Klientinnen" sprechen. Auch ich habe die Erfahrung gemacht, daß Klientinnen mit einer Pubertätsmagersucht zu Beginn der Therapie zunächst voller Abwehr und Mißtrauen sind. Sie gehören in der Regel zu der Klientengruppe, bei der die Initiative zur Therapie in erster Linie von der sozialen Umgebung (Eltern, Verwandte, Ärzte etc.) ausgeht, weniger von ihnen selbst. Ihre Krankheitsgeschichte ist zumeist gekennzeichnet durch jahrelange Machtkämpfe, bei denen die Klientin immer wieder, oft durch Anwendung von Gewalt, von ihrer Umgebung gezwungen wurde, Nahrung aufzunehmen und zu behalten, um an Gewicht zuzunehmen. Der Therapeut wird von diesen Klientinnen automatisch als zu dieser Kette von Zwang und Kontrolle ausübenden Autoritäten gehörend erlebt, und ihm wird entsprechend Widerstand entgegengebracht. Gerade bei diesen Klientinnen ist es deshalb unbedingt notwendig, daß der Therapeut ihnen nicht nur klarmacht, daß er auf keinen Fall versuchen wird, sie zu irgend etwas zu zwingen, was sie selbst nicht wollen, sondern daß er auch innerlich voll und echt zu dieser Äußerung steht. Spürt die Klientin, daß es dem Therapeuten ernst damit ist, sie weder zu zwingen noch zu kontrollieren oder zu manipulieren, kann sie auch sein Angebot eher akzeptieren, zunächst einmal zu untersuchen, welche Bereiche und Gegebenheiten sie selbst als problematisch erlebt und wo *sie* Hilfe wünscht. In diesem Rahmen wird auch eine Verhaltensanalyse möglich, die die Sicht und Erlebensebene der Klientin selbst mitberücksichtigt.

Die Verhaltensanalyse wird in der Regel aufdecken, daß die Klientin nicht nur verstrickt ist in einen gefährlichen ‚circulus vitiosus' von Abwehr und Widerstand gegen eine übermächtige und in vielen Bereichen, nicht nur dem der Nahrungsaufnahme, Zwang und Kontrolle ausübende soziale Umgebung, sondern daß auch massive Ängste mit der Nahrungsaufnahme verbunden sind. Für die Klientinnen selbst besteht das Problem zumeist gar nicht in der Nahrungsverweigerung und einem möglichen Verhungern, sondern in der Angst, ihre „Freßsucht“ nicht unter Kontrolle halten zu können. Bei vielen Magersucht-Klientinnen zeigt sich in der Vorgeschichte eine Periode, in der sie zum Dickwerden neigten und in diesem Zusammenhang häufig auch von ihrer sozialen Umgebung gehänselt oder kritisiert wurden. Diese Klientinnen haben zumeist durchaus ein Verlangen nach Nahrung, oft sogar ein außerordentlich starkes. Es äußert sich häufig in dem bekannten und oft zitierten Phänomen des heimlichen, heißhungrigen Verschlingens von Nahrungsmitteln bei Nacht, des Plünderns von Abfallkübeln und Mülltonnen nach etwas Eßbarem. Diese Gier nach Nahrungsmitteln, die die Klientinnen geheimzuhalten versuchen, weil sie sie als abstoßend und beschämend erleben, löst gleichzeitig starke Ängste bei ihnen aus. Sie haben das Gefühl, diese Gier und Sucht nach etwas Eßbarem nicht kontrollieren zu können und immer dicker und unförmiger zu werden. Eine solche Klientin versicherte mir, sie fände Fettleibigkeit so abstoßend, eklig und abscheulich, daß sie eher sterben würde als zuzulassen, daß sie selbst jemals so aussehen würde. Diese Klientin schilderte mir auch ihre verzweifelten vergeblichen Bemühungen, durch provoziertes Erbrechen zu verhindern, daß sie an Gewicht zunehme, und wie sie schließlich versucht habe, ganz auf Nahrung zu verzichten.

Gelangen Therapeut und Klientin zu einer echten Verständigung und zu einer guten Vertrauensbasis, wird es auch der Klientin möglich, ihre selbstschädigende Haltung aufzugeben und Therapieziele zu formulieren, die „vernünftig“, realistisch und auch vom Therapeuten akzeptierbar sind. Ganz sicher werden diese Ziele nicht lauten: essen und zunehmen, sondern sie werden differenzierter und den tatsächlichen Problemen der Klientin angemessener sein, zum Beispiel: abschätzen und abwägen lernen, wieviel an Nahrung notwendig ist, um „vernünftig funktionieren“ zu können (Gesundheit, körperliche und geistige Kräfte, etc.), und dennoch den eigenen Idealvorstellungen in bezug auf Schönheit und Ästhetik zu entsprechen; echte Kontrolle über die Nahrungsaufnahme erlangen, d.h., Nahrungsmittel nicht wahllos und heißhungrig hinunterschlingen, sondern Kontrolle darüber haben was, wann und wieviel man ißt; nicht zulassen, daß der Bereich der Nahrungsaufnahme zu Machtkämpfen mit der sozialen Umgebung mißbraucht wird, sondern lernen, sich auf angemessenere Weise gegen Kontrolle und Manipulationsversuche der Sozialpartner zur Wehr zu setzen und zu behaupten.

Ganz gleich, wie man dieses therapeutische Vorgehen auch nennen mag: Widerstand erlauben, Widerstand annehmen, Widerstand ermutigen, etc., wichtig ist, daß der Therapeut den Klienten nicht noch mehr in eine ausweglose Situation der Isolierung, Abwehr und des Widerstands hineintreibt. In diesem Fall besteht durchaus die Gefahr von Depressionen, Suiziden und Tod durch Verhungern. Der Therapeut sollte die Klientin statt dessen mit ihren Ängsten und Widerständen in bezug auf bestimmte Therapieziele ernst nehmen, diese akzeptieren und gemeinsam mit ihr nach besseren Alternativen suchen.

Therapeutische Verträge

Ein häufiger Bestandteil therapeutischer Zielsetzungen in der Verhaltenstherapie besteht in der mündlichen oder schriftlichen Formulierung ganz spezifischer therapeutischer Verträge zwischen Therapeut und Klient. In diesen Verträgen werden nicht nur die Therapieziele spezifiziert, sondern es werden auch Vereinbarungen über die Kriterien zur Überprüfung der Therapieziele, über die Zahl der Lernschritte, die Lernhilfen, die Beendigung der Therapie und nicht zuletzt über die positiven Konsequenzen bei der Erreichung bestimmter Teilziele getroffen (vgl. *Hartig*, 1974; *Johnson* und *Matross*, 1977 b; *Kanfer*, 1977).

Solche Verträge dienen in erster Linie dazu, dem Klienten zu helfen, bestimmte Verhaltensänderungen einzuleiten und aufrechtzuerhalten. Verhaltenstherapeutische Verträge kommen deshalb auch besonders häufig bei Problemen der Selbstkontrolle zur Anwendung, zum Beispiel bei Abhängigkeiten von Drogen, Alkohol oder anderen Suchtmitteln (*Boudin*, 1972; *Kanfer*, 1977), bei Arbeitsstörungen etc. *Homme* et al. (1969) berichten vom erfolgreichen Einsatz verhaltenstherapeutischer Verträge bei Kindern mit Schulproblemen. *Stuart* (1971) hat darauf hingewiesen, daß durch solche verhaltenstherapeutischen Verträge die gegenseitige Verstärkungshäufigkeit zwischen den Vertragspartnern erhöht wird. Dies wiederum erhöht die Motivation beider Vertragspartner, verbessert das therapeutische Klima und damit letztlich auch die Erfolgsaussichten der therapeutischen Intervention.

Neben diesen mehr therapeutischen Aspekten haben verhaltenstherapeutische Verträge auch die Funktion, den Behandlungsprozeß zu strukturieren, indem sie klare, für beide Partner durchschaubare Verhaltensanweisungen und Richtlinien für den Ablauf des therapeutischen Geschehens, für die Bewertung der Therapiefortschritte und für die Beendigung der therapeutischen Intervention formulieren und damit Mißverständnisse zwischen den Partnern auf ein Minimum reduzieren helfen. Dies führt zu einer Verbesserung des Arbeitsklimas mit all den daraus resultierenden positiven Konsequenzen.

Obwohl in der Verhaltenstherapie bereits im großen Umfang von solchen therapeutischen Verträgen Gebrauch gemacht wird, stehen detaillierte Untersuchungen der dabei ins Spiel kommenden Variablen und Interaktionsphänomene noch aus. Zu klären wären zum Beispiel folgende Fragen: Was hilft dem Klienten, solche Verträge einzuhalten? Auf welche Weise beeinflußt ihn dabei seine ganz spezifische Beziehung zu seinem Therapeuten? Auf welche Weise verändern therapeutische Verträge die therapeutische Interaktion sowie Ablauf und Ergebnis der Therapie? etc. Dem verhaltenstherapeutischen Forscher bietet sich hier ein reiches Betätigungsfeld.

2.5.5 Die schrittweise Ausführung des therapeutischen Programms

Ein großer Teil der verhaltenstherapeutischen Arbeit umfaßt die Ausführung des verhaltenstherapeutischen Programms, d.h. die Durchführung der auf der Grundlage der vorangegangenen Datenanalyse und Hypothesenformulierung geplanten Interventionsschritte. Auch hierzu gibt es kein Patentrezept. Vielmehr wird jeweils entsprechend der Art der Problematik, der Zielsetzung, aber auch der praktischen Möglichkeiten immer wieder eine andere Kombination der verschiedensten verhaltenstherapeutischen Verfahren, Techniken und Hilfsmittel zur Anwendung kommen. Ein Überblick über die bislang zur Verfügung stehenden verhaltenstherapeutischen Verfahren und ihre Anwendungsmöglichkeiten findet der Leser in den entsprechenden Fachbüchern (z.B. *Bandura*, 1969; *Goldfried* und *Davison*, 1976; *Kanfer* und *Goldstein*, 1977; *Kanfer* und *Phillips,* 1975; *Mahoney,* 1977; *Rimm* und *Masters*, 1974; *Yates*, 1970).

Das Hauptprinzip bei der Durchführung der verhaltenstherapeutischen Interventionsschritte ist immer ein behutsames schrittweises Vorgehen, das sich am Schwierigkeitsgrad des Zielverhaltens, am bisherigen Erfolg und an den spezifischen Möglichkeiten des betreffenden Klienten orientiert. Nur so kann das Risiko der Überforderung des Klienten und möglicher Mißerfolg mit all den negativen Begleiterscheinungen, wie zum Beispiel Entmutigung, mangelndes Vertrauen zum Therapeuten, Resignation, Therapieabbruch etc., auf ein Minimum reduziert werden.

Allerdings muß damit gerechnet werden, daß dieses schrittweise Vorgehen in der Praxis nicht immer zu verwirklichen ist und unvorhergesehene Ereignisse oder plötzlich auftretende Schwierigkeiten den Klienten unerwartet vor eine sehr viel schwierigere Situation stellen können, als eigentlich in seiner Angsthierarchie als nächster Übungsschritt vorgesehen war. Daß dies nicht immer negative Folgen haben muß, sondern unter Umständen sogar eine therapeutische Chance für den Klienten sein kann, sollen die folgenden zwei Beispiele verdeutlichen.

Eine kleine siebenjährige Klientin hatte bei der Desensibilisierung ihrer Schulphobie bereits erfolgreich die ersten Übungsstufen ihrer Angsthierarchie ‚in vivo' bewältigt und war gerade dabei, den nächsten Übungsschritt: ins Schulhaus und dort bis zur Tür des Klassenzimmers gehen, danach nach Hause zurückkehren, zu üben. Wir hatten für diese Übung die Unterrichtszeit gewählt, da die Klassenkameraden zu diesem Zeitpunkt mit großer Wahrscheinlichkeit im Klassenzimmer beschäftigt sein würden und das Mädchen ungestört und unbelästigt von neugierigen Fragen ihrer Klassenkameraden das Schulhaus betreten und wieder verlassen könnte. Als sie jedoch vor der Tür ihres Klassenzimmers stand, wurde diese plötzlich unerwartet von einer Mitschülerin geöffnet und unsere Klientin sah sich plötzlich unvorbereitet mit ihrer Klasse, die gerade Zeichenunterricht hatte, konfrontiert. Die Lehrerin, die in den Therapieplan eingeweiht war und sich sehr kooperativ zeigte, reagierte therapeutisch sehr geschickt. Sie lud das Mädchen herzlich ein, auf einen Katzensprung ins Klassenzimmer zu kommen. Ehe sich unsere kleine Klientin versah, war sie selbst mittendrin im Zeichnen und Basteln und war sehr erstaunt, als sie am Ende der Zeichenstunde feststellte, daß sie ohne jegliche Angst etwa eine halbe Stunde lang in ihrer Klasse verbracht hatte. Danach war das Eis gebrochen und die Therapie ging mit Riesenschritten vorwärts. Das andere Beispiel betrifft einen Klienten, der mich immer wieder von neuem mit besonders einfallsreichen und phantasievollen Übungsvorschlägen überraschte und entzückte. Dieser Klient litt unter anderem an starken Sozialängsten. So war es ihm zum Beispiel unmöglich, unverkrampft, ohne zu stolpern oder zu erröten, an einer Gruppe fremder Leute vorbeizulaufen. Eines Morgens war er wieder einmal mit einer neuen Idee aufgewacht, die die Möglichkeit betraf, den nächsten Übungsschritt seiner Angsthierarchie ‚in vivo' auszuprobieren. In der darauffolgenden Therapiesitzung erläuterte er mir seinen Plan. Er würde mit seinem Hund, den er über alles liebte, am kommenden Wochenende zu einer Hundeschau gehen und dort mit seinem Liebling an der Zuschauermenge und den Preisrichtern vorbeidefilieren. Da das Interesse des Publikums in erster Linie seinem Hund gelten würde und außerdem gleichzeitig auch die anderen Teilnehmer mit ihren Hunden promenieren und im Blickpunkt des Interesses der Zuschauer stehen würden, wäre dieser Übungsschritt sicher von ihm zu schaffen.

Als er in der folgenden Woche wiederkam, sah ich ihm bereits an der Tür an, daß er eine große Neuigkeit für mich hatte. Kaum daß er saß, platzte er auch schon damit heraus, daß seinem Hund der erste Preis verliehen worden sei. Auf meine besorgte Frage, wie er die Siegerehrung überstanden hätte, meinte er schmunzelnd und augenzwinkernd, etwas wackelig wären seine Knie zu Beginn der Ehrenrunde schon gewesen. Vor lauter Freude und Aufregung über das unerwartete Ereignis habe er dann aber die Angst mit einem Mal ganz vergessen und es sogar richtig genossen, mit stolz geschwellter Brust Seite an Seite mit seinem Hund die Ehrengarde abzuschreiten. Auch bei diesem Klienten schien mit diesem Erlebnis ein wichtiger Therapieschritt geschafft, und seine Therapie machte mit einem Mal riesige Fortschritte.

Häufig wird sich in der Praxis auch zeigen, daß beim Durcharbeiten der Angsthierarchie ganze Stufen übersprungen werden können. Der Klient berichtete in diesem Fall spontan, daß er bei den ‚in vivo'-Übungen plötzlich Lust verspürt habe, ein paar Schritte weiter als bei der vorangegangenen Desensibilisierung in der Vorstellung zu gehen, und diese Schritte auch angstfrei und problemlos bewältigt habe.

Einer meiner Klienten, der unter anderem mit Hilfe der Systematischen Desensibilisierung an seinen heterosexuellen Ängsten arbeitete, machte zunächst nur sehr langsam Fortschritte. Eines Tages, als wir gerade bei der Desensibilisierung in der Vorstellung waren und ich ihm das nächstfolgende Item seiner Angsthierarchie: „Mein Mädchen sanft auf die Wange küssen", anbot, erklärte er mir verschmitzt lächelnd, daß er und die Freundin bereits feurige Küsse austauschen würden.

Ein anderer Klient litt jahrelang an einer Zahnarztphobie. Er kam in die Therapie, als er die Zahnschmerzen nicht mehr aushalten konnte und sein Mund nach seinen eigenen Angaben „schon halb verfault" und, wie der Zahnarzt später feststellte, das Ziehen mehrerer Zähne unumgänglich geworden war. Mit Hilfe und Beistand eines sehr geduldigen und verständnisvollen Zahnarztes, den wir in den Therapieplan einweihten, hatte der Klient die ersten Schritte seiner Angsthierarchie: (1) kurz in die Zahnarztpraxis schauen, (2) den Zahnarzt begrüßen, (3) etwa eine viertel Stunde ganz entspannt im Wartezimmer sitzen, (4) im Behandlungsstuhl Platz nehmen. (5) vom Zahnarzt kurz sein Gebiß inspizieren lassen, mutig gemeistert. Der Zahnarzt hatte ihm erklärt, daß einige Zähne saniert, einige gezogen werden müßten. Da ihn das Bohren und Plombieren noch mehr ängstigte als das Ziehen der Zähne, beschloß der Klient mit letzterem zu beginnen. Als nächster Schritt wurde deshalb vereinbart: im Behandlungsstuhl Platz nehmen und dem Arzt bei den Vorbereitungen zuschauen. Wenn die Angst nicht zu groß sein würde, wollte er eventuell noch den nächsten Schritt: sich vom Zahnarzt eine Betäubungsspritze geben lassen, versuchen. An dem Tage, an dem dieser Übungsschritt ‚in vivo' vorgesehen war, klopfte es plötzlich an meinem Arbeitszimmer. Die Tür öffnete sich und unser Klient stand freudig winkend und gestikulierend, jedoch mit fest aufeinandergepreßten Lippen, im Zimmer. Er hob triumphierend immer wieder seine rechte Hand empor, wobei er mir demonstrativ drei Finger entgegenstreckte. Nachdem ich ihn zunächst eine Zeitlang entgeistert angeschaut hatte, begann ich plötzlich zu begreifen: er hatte sich drei Zähne ziehen lassen!

Der Klient als aktiver und kreativer Co-Therapeut

Es ist also wichtig sicherzustellen, daß der Klient Erfolgserlebnisse hat und daß er insgesamt eine positive problembewältigende Haltung einnimmt (vgl. dazu auch *Mahoney*, 1977; *Meichenbaum*, 1979). Dies wird um so besser und sicherer gelingen, je stärker der Klient die Therapie als *seine* Angelegenheit erlebt und je mehr Einblick er in die innere Logik der Interventionsschritte erhält. Der Klient selbst kann am besten abschätzen, wieweit er beim nächsten Lernschritt gehen kann, welche Schwierigkeiten zu antizipieren und in Rechnung zu stellen sind, welche Strategien geeignet sind, ihnen zu begegnen, und welche Möglichkeiten er hat, das in den therapeutischen Sitzungen Gelernte auch auf seinen realen Lebenskontext zu übertragen und dort einzuüben. Viele verhaltenstherapeutische Techniken und Verfahren sind sozusagen nur das Rahmengerüst, das im Einzelfall stets noch von dem betreffenden Klienten entsprechend seiner ganz spezifischen Problematik, persönlichen Situationen und den gegebenen Möglichkeiten ganz individuell ausgefüllt werden muß. So gibt es zum Beispiel für die Behandlung von Ängsten im Rahmen einer Systematischen Desensibilisierung keine verbalen Selbstinstruktionen, die für alle Klienten gleich gültig, gleich plausibel und vor allem gleich hilfreich sind. Vielmehr muß jeder Klient mit Hilfe des Verhaltenstherapeuten, der aus seinem Erfahrungsschatz aus der Arbeit mit anderen Klienten Anregungen gibt, seine eigenen Verbalisationen finden, die ihm in einer bestimmten Situation beim Umgang mit der Angst am wirksamsten helfen. So gibt es zum Beispiel Klienten, die bevorzugt von Selbstverbalisationen mit ermutigendem und beruhigendem Inhalt (z.B.: „keine Angst, du schaffst es schon!", „gleich ist es vorbei, es wird schon gehen!") Gebrauch machen, wenn sie sich in Angstsituationen befinden. Andere Klienten wiederum berichten von positiven Erfahrungen in solchen Situationen mit Selbstverbalisationen, in denen sie betont forsch und fordernd mit sich umgehen (z.B.: „jetzt stell dich mal nicht so an!“, „nun aber mal los!“). Viele Klienten verspüren angsterleichternde Wirkung, wenn sie sich in ihren Selbstverbalisationen an die erfolgreiche Bewältigung und Meisterung anderer ähnlicher Situationen erinnern (z.B.: „denk doch mal an letzten Mittwoch, wie gut das ging!“, „du wolltest doch nicht vergessen, daran zu denken, daß es bisher immer ganz prima gelaufen ist, auch wenn du vorher große Angst hattest!“). Wieder anderen Klienten hilft es, wenn sie sich an ihre Stärken und Fähigkeiten erinnern (z.B.: „vor dem brauchst du nun wirklich keine Angst zu haben, der soll dir erst mal nachmachen, was du geleistet hast: drei Kinder allein großgezogen . . . !“).

Der Klient kann also selbst am besten abschätzen, was ihm in einer Problemsituation hilft und wie er Schwierigkeiten erfolgreich bewältigen kann. Auch schon aus diesen Gründen sollte ein Klient vollen Einblick und volles Mitbestimmungsrecht bei der Planung und Durchführung der Interventionsschritte erhalten. Ein Klient, der die Logik des Therapieplanes und der dabei notwendigen Arbeitsschritte durchschaut und akzeptiert und volles Mitspracherecht hat, ist sicher fähiger und motivierter, mitzuarbeiten und all seine Kreativität zu entfalten, um Lösungen für die dabei auftretenden Probleme zu finden, als ein Klient, der sich lediglich als ein passives unmündiges Vollzugsobjekt der therapeutischen Intervention erlebt.

Viele Klienten zeigen einen erstaunlichen Einfallsreichtum bei der Lösung ihrer Probleme, wenn man sie zur aktiven Mitarbeit motiviert und ermutigt. Sie entwickeln dabei häufig sehr individuelle und originelle Strategien, auf die der Therapeut selbst nie gekommen wäre und die sich bei anderen Klienten mit ähnlicher Problematik als nutzlos erweisen, bei dem betreffenden Klienten aber *die* Lösung des Problems sind.

Mir fällt in diesem Zusammenhang ein Klient ein, der sich wegen starker Kontrollzwänge bei mir in Verhaltenstherapie befand. Besonders zu schaffen machte ihm ein Zwang beim Autofahren, der ihn nötigte, immer wieder lange Strecken zurückzufahren, um sich zu vergewissern, daß er niemanden angefahren habe. Dabei fuhr er mitunter mehrmals Strecken von über 100 Kilometer hin und wieder zurück. Dieser Zwang schränkte ihn nicht nur stark in seiner persönlichen Bewegungsfreiheit ein, sondern gefährdete im zunehmenden Maße auch seine berufliche Situation. Darüber hinaus führte dieser Zwang auch zu erheblichen Spannungen im ehelichen Bereich, da seine Frau verständlicherweise wenig Geschmack daran fand, ihr gesamtes Wochenende oder den Urlaub nur im Auto zu verbringen.

Obwohl der Klient eine Reihe anderer Zwänge (z.B.: überprüfen, daß beim Verlassen der Wohnung alle Türen und Fenster geschlossen, alle Elektrogeräte abgeschaltet sind, etc.) im Verlauf der Verhaltenstherapie recht schnell in den Griff bekam und von daher von Logik und Strategie des verhaltenstherapeutischen Vorgehens bei Zwängen auch sehr überzeugt war, blieb der Zwang beim Autofahren lange Zeit ein unlösbares Problem, weil es uns trotz intensiver Bemühungen nicht gelang, eine Lösung für den Umgang mit der massiven Angst zu finden, die auftrat, wenn er versuchte, dem Zwang umzukehren und die Strecke nach möglichen Opfern abzufahren, nicht nachzugeben. Systematische Desensibilisierung, Gegenverbalisationen, Entspannung, verbale Selbstinstruktionen . . . nichts half.

Wir waren beide bereits sehr entmutigt und ratlos, als er eines Tages freudestrahlend in die Sitzung kam und rief: „Ich hab's! Immer wenn die Angst kommt, ich könnte jemand angefahren haben und muß deshalb sofort umkehren und nachschauen, stelle ich mir vor, daß ein Polizist am Straßenrand steht, der mich anhält und mich fragt, ob ich jemand angefahren habe. Da weiß ich plötzlich ganz sicher, daß ich niemanden angefahren habe und die Angst ist weg. Sobald sie wiederkommt, stelle ich mir einfach wieder den Polizisten vor!" Diese Strategie half dem Klienten tatsächlich innerhalb kurzer Zeit, den Zwang in den Griff zu bekommen.

Andere Klienten, die ähnliche Zwänge hatten und denen ich von dieser Strategie erzählte, konnten damit jedoch überhaupt nichts anfangen und brauchten eigene Lösungen.

Daß bereits Kinder zu solchen eigenständigen individuellen Lösungen fähig sind und dabei außerordentlich kreativ sein können, zeigt das folgende Beispiel.

Ein kleines siebenjähriges Mädchen, das unter anderem unter einer Schulphobie mit Erbrechen und Schulverweigerung litt, als es in die Therapie kam, hatte im Rahmen eines verhaltenstherapeutischen Selbstkontroll-Programmes sehr gute Fortschritte gemacht und ging bereits seit mehreren Wochen wieder zur Schule. Lediglich der Montagmorgen war weiterhin ein Problem und von Erwartungsängsten begleitet, die bereits am Sonntagabend einsetzten. Eva hatte deshalb bereits geäußert, daß es im Hinblick auf ihre Ängste sicher besser wäre, wenn sie am Wochenende gar nicht schulfrei hätte. Wir hatten beide wiederholt vergebens beratschlagt, wie ihrer Erwartungsangst am besten beizukommen sei. Eines Tages, als wir wieder an diesem Problem knabberten, erklärte Eva mir verschmitzt lächelnd: „Mir fällt was ein! Am Freitag schreibe ich mir jetzt, wenn ich von der Schule heimkomme, einen Brief für den Sonntagabend und den Montagmorgen. In dem erinnere ich mich daran, wie gut es mir doch jetzt in der

Schule gefällt und daß ich keine Angst zu haben brauche. Komisch, bis zum Freitag weiß ich das immer ganz genau, nur am Wochenende habe ich es dann wieder vergessen!" Gesagt, getan, ... Eva schrieb sich folgenden Brief: „von Eva an Eva

Liebe Eva,

Ich die Eva möchte dir nur sagen das du daran denken sollst das es dir doch immer so gut gefehlt wenn du in der Schule bist und darum geh immer mit der Uschi in die Schule und wenn es auch einmal nicht glabt dann geh einfach ein bisl speter hin oder hol dir die Hausaufgabe aber irgend etwas must du fersuchen weil wenn du nie etwas fersuchst weißt du ja nie wie es in der Schule ist drum wünsche ich dir daß es klabt! und vor allem denk daran das du schon so fieles geschaft hast und darum glaub ich das du es diesmal auch schafst. Also machs gut.

deine Eva"

Ein paar Sonntagabende und Montagmorgen mußte Eva diesen Brief noch lesen. Bald aber konnte sie ihn beiseite legen und hatte keinerlei Ängste und Schwierigkeiten mit dem Montag mehr.

Automatisierungsversuche in der Verhaltenstherapie

Bei der Diskussion der Durchführung der Interventionsschritte, insbesondere unter mehr technischem Aspekt, dürfen auch Automatisierungsversuche in der Verhaltenstherapie nicht unerwähnt bleiben. Die rasche Entwicklung der Technik in den letzten Jahrzehnten führte in allen Bereichen der Humanwissenschaften zum Einsatz hochdifferenzierter Geräte und technischer Hilfsmittel. Die Verhaltenstherapie ist wohl die therapeutische Richtung, die die technischen Möglichkeiten bisher am intensivsten für Forschung und Praxis nutzte. Dies mag einmal darauf zurückzuführen sein, daß viele der von ihr entwickelten Techniken und Verfahren relativ leicht standardisierbar und automatisierbar sind. Ich denke hier zum Beispiel an Verfahren wie Entspannungstechniken, Systematische Desensibilisierung, die Darbietung aversiver Reize bei Aversionstechniken, die Verdeckte Sensitivierung, die Darbietung von sozialen Modellen über Videorecorder oder Film beim Selbstbehauptungstraining, etc. Zum anderen fordert das spezifische Vorgehen des verhaltenstherapeutischen Ansatzes geradezu den Einsatz solcher technischer Hilfsmittel. So wird es zum Beispiel durch die Verwendung von Videorecordern, Tonbandgeräten, Filmapparaten, Computern etc. möglich, Verhaltensbeobachtungen, die Messung, Aufzeichnung und Speicherung von Daten sowie die Analyse komplexer Vorgänge mit viel größerer Genauigkeit und Differenziertheit vorzunehmen. Die Informationen sind dabei jederzeit reproduzierbar und damit überprüfbar.

Die Möglichkeiten, die sich der Verhaltenstherapie durch den Einsatz technischer Geräte und Hilfsmittel bieten, sind vielfältig, faszinierend und bei weitem noch nicht voll ausgeschöpft. Sie bieten eine breite Skala von Anwendungsmöglichkeiten, angefangen von der Erstellung auf bestimmte Personengruppen zugeschnittener Programme zur Unterweisung in Entspannungstechniken, über die Darbietung unterschiedlicher sozialer Modelle durch Film oder Videorecorder zur Erleichterung des Erwerbs sozialer Fertigkeiten oder den Abbau bestimmter Ängste bis hin zu dem komplexen Bereich des Biofeedback-Forschungsansatzes mit seinen Möglichkeiten der Steuerung und Kontrolle sogenannter autonomer, d.h. der Willkür entzogener Reaktionen sowie der Einflußnahme auf psychosomatische Fehlfunktionen.

Besonders in den USA sind im Zuge der Technisierung Versuche mit sogenannten „automatisierten psychologischen Laboratorien" unternommen worden, in denen die Einsatzmöglichkeiten technischer Hilfsmittel und Programme gezielt und systematisch unter streng wissenschaftlich experimentell kontrollierten Bedingungen getestet und ihre klinische Anwendung erprobt wurde, zum Beispiel die Entwicklung von Interviewsystemen, die auf Computerbasis arbeiten, die Erstellung automatisierter Programme zur Behandlung eng umschriebener Phobien etc. (vgl. dazu auch *Elwood,* 1977).

Ein detailliertes Eingehen auf die verschiedenen in diesem Zusammenhang entwickelten Ansätze der Automatisierung, auf die noch nicht ausgeschöpften Möglichkeiten, aber auch auf die Grenzen ihrer Anwendung ist hier nicht möglich. Es wird dazu auf die entsprechende Fachliteratur verwiesen (z.B.: *Elwood,* 1977; *Lang* et al. 1970; *Schwitzgebel* und *Schwitzgebel,* 1973).

Von Gegnern der Verhaltenstherapie werden im Zusammenhang mit dem Einsatz technischer Hilfsmittel nicht selten ethische Bedenken angemeldet und Vorwürfe erhoben, wie zum Beispiel, die Verhaltenstherapie sei mechanistisch, unmenschlich, mißachte die Einzigartigkeit des Menschen, der Therapeut werde zur Maschine, etc. Was die ethischen Bedenken betrifft, so hat die Einführung technischer Hilfsmittel in die Verhaltenstherapie tatsächlich eine Reihe ernster Probleme mit sich gebracht, die allerdings von den Verhaltenstherapeuten nicht geleugnet oder bagatellisiert werden, sondern Gegenstand von Diskussionen und intensiven Lösungsbemühungen sind (vgl. *Bandura,* 1975; *Berger,* 1970; *Elwood,* 1977; *Rubin* und *Franks,* 1969; *Schwitzgebel,* 1973). Solche ethischen Probleme sind zum Beispiel nicht nur beim Einsatz von Tonbandgeräten und Videorecordern oder beim Gebrauch von Einwegscheiben gegeben, sondern vor allem auch bei der Anwendung bestimmter verhaltenstherapeutischer Techniken, wie zum Beispiel der Zuhilfenahme technischer Geräte bei der Enuretikerbehandlung, der Verwendung von Elektroschock beim Aversionstraining, etc.

Zu den Vorwürfen der Mißachtung der Einzigartigkeit des Individuums und der Mechanisierung sei zu bedenken gegeben, daß, wie bereits gezeigt werden konnte, verhaltenstherapeutisches Handeln eine Vielzahl der verschiedensten Funktionen und Aufgaben einschließt. Ganz sicher kann die Funktion des Therapeuten als eines verständnisvollen, einfühlsamen, akzeptierenden motivierenden Interaktionspartners niemals von irgendwelchen technischen Geräten übernommen werden. Ebenso sind gewisse Funktionen der Verstärkung, Motivierung, Durchführung der Verhaltensanalyse, Therapieplanung, Informationsaufbereitung etc. immer vom Therapeuten selbst zu leisten. Jedoch ist nicht einzusehen, wieso der Therapeut bei bestimmten Funktionen und Arbeitsvorgängen nicht von technischen Hilfsgeräten und Hilfsmitteln entlastet werden sollte, wenn sie in diesen Arbeitsbereichen genauer und differenzierter arbeiten sowie ökonomischer im Hinblick auf Zeit, Personal und Sachmittelaufwendungen sind als der Therapeut. Dieser Aspekt wird insbesondere in Anbetracht der gegenwärtigen psychotherapeutischen Unterversorgung breiter Bevölkerungsgruppen wichtig.

Laientherapeuten in der Verhaltenstherapie

Im Zusammenhang mit der Diskussion der Durchführung der Interventionsschritte wird auch die Frage nach dem Einsatz von Laientherapeuten relevant. Zahlreiche Komponenten des verhaltenstherapeutischen Vorgehens sind vermittelbar und relativ leicht erlernbar, so daß für eine Reihe von Arbeitsschritten der verhaltenstherapeutischen Intervention gilt, daß sie auch einem Laientherapeuten übertragen werden können.

Unter Laientherapeuten versteht man bestimmte Personengruppen ohne psychotherapeutische Ausbildung, zum Beispiel Sozialhelfer, Krankenschwestern, Pfleger, Geistliche, aber auch Familienangehörige oder andere geeignete Bezugspersonen des Klienten, die nach einer entsprechenden aufgaben- und problemrelevanten Schulung und Unterweisung für bestimmte verhaltenstherapeutische Arbeitsschritte eingesetzt werden, wobei sie von einem verhaltenstherapeutischen Fachmann angeleitet und überwacht werden. So werden zum Beispiel bei dem verhaltenstherapeutischen Programm der Arbeit mit verhaltensgestörten Kindern und Jugendlichen der Gruppe um *Patterson* (*Patterson*, 1971) zuvor geschulte Hausfrauen für die Verhaltensbeobachtung und Datensammlung im häuslichen und schulischen Bereich der Kinder und Jugendlichen eingesetzt. Bei vielen Verhaltensmodifikationsprogrammen mit Kindern werden deren Eltern und/oder deren Lehrer mit wichtigen Funktionen der Datensammlung, Aufzeichnung, aber auch der Kontingenzverabreichung betraut (*Goldstein*, 1978; *Mc Gee* et al., 1977; *Tharp* und *Wetzel*, 1975; *Wilson* und *Evans*, 1976). Sie sind für solche Aufgaben besonders gut geeignet, weil sie als enge Bezugspersonen des Kindes natürlichen Zugang zu vielen Verstärkerquellen für das Kind haben. (Eltern zum Beispiel: zu Zärtlichkeiten, Aufmerksamkeitszuwendungen, Lob, aber auch zu Verstärkern mehr materieller Art, wie zum Beispiel Süßigkeiten, Bücher, Schallplatten, Spielzeug, oder besondere Vergünstigungen wie die Erlaubnis zum Längeraufbleiben, zum Fernsehen, die Befreiung von lästigen häuslichen Pflichten wie dem Abwaschen, Bettenbauen, Mülleimerleeren, etc.).

Aber auch bei der Verhaltenstherapie mit erwachsenen Klienten können Laientherapeuten zum Einsatz gelangen, zum Beispiel bei Verhaltensmodifikationsprogrammen für psychotische Patienten in der Klinik, wo das Krankenpflegepersonal wichtige Funktionen der Verhaltensbeobachtung, der Datenaufzeichnung und der Kontingenzverabreichung übernehmen kann. Andere Einsatzbereiche für Laientherapeuten sind: die Beobachtung und Aufzeichnung des Verhaltens und der sozialen Interaktionen des Klienten in seiner natürlichen Umgebung, Kontingenzverabreichung, die Übernahme bestimmter Hilfsfunktionen bei Entspannungsübungen, bei der Vorgabe der Items der Systematischen Desensibilisierung und bei den dazugehörenden ‚in vivo'-Übungen bei der Angstbehandlung, Hilfestellungen bei der Behandlung von Zwängen, zum Beispiel den Klienten unterstützen, bestimmte Zwangshandlungen und Zwangsrituale zu unterlassen, die Übernahme von Modellfunktionen bei der Kontaktdesensibilisierung und beim Modellernen im Rahmen von Rollenspielen, etc.

Insbesondere aber bei der Arbeit mit Unterschicht-Klienten bietet sich durch den Einsatz von Laientherapeuten eine echte therapeutische Chance. Indem Laientherapeuten herangezogen werden, die der gleichen sozialen Schicht entstammen wie der Klient, können Sprachbarrieren und damit Verständigungsschwierigkeiten zwischen Klient und Therapeut überwunden werden. Auch erhält der Klient bei einem solchen Laientherapeuten, der unter ähnlichen ökonomischen und soziokulturellen Bedingungen aufgewachsen ist wie er selbst und der seine soziale und emotionale Erfahrungswelt mit ihm teilt, eher das Gefühl des Verstandenwerdens und Akzeptiertseins. Solche Laientherapeuten sind sicher für Unterschicht-Klienten auch überzeugendere soziale Modelle und haben bessere Verstärkerwirkungen. All das aber erhöht die therapeutischen Erfolgsaussichten des Unterschicht-Klienten entscheidend.

2.5.6 *Angstlöschung*

Vorgänge der Reduzierung und Beseitigung von Ängsten beim Klienten ziehen sich wie ein roter Faden durch den gesamten therapeutischen Prozeß. Oft sind es dem Therapeuten und Klienten mehr oder weniger bewußt werdende, spontan auftretende Ereignisse und indirekte Ergebnisse der therapeutischen Bemühungen. Ein großer Teil dieser Prozesse ist aber auch ganz bewußt geplant und gezielt herbeigeführt. Solche Vorgänge der Angstreduzierung und Angstlöschung finden bereits bei der ersten Kontaktnahme zwischen Therapeut und Klient statt. Das Erstgespräch bestimmt häufig bereits entscheidend darüber, ob der Klient seinen Therapeuten als einen warmen, herzlichen verständnisvollen Partner erlebt, dem er sich mit all seinen Problemen und Ängsten rückhaltlos anvertrauen kann, der ihn trotz seiner Schwächen und negativen Seiten voll akzeptiert, dem er zutraut, daß er verschwiegen ist und daß er ihn durch alle beängstigenden und schwierigen Phasen der Therapie sicher und zuverlässig hindurchgeleiten wird.

Fühlt sich ein Klient von der ersten Stunde an bei seinem Therapeuten solchermaßen angenommen und aufgehoben, wird es ihm nicht schwerfallen, auch angstbesetzte Inhalte und Probleme anzusprechen, die er zuvor noch keinem anderen Menschen anvertraut hat. Allein durch dieses Aussprechen wird bereits ein Teil der Angst gemindert oder abgebaut. Dem Therapeuten gibt dies wiederum die Möglichkeit, durch sachliche Informationen zusätzlich Ängste des Klienten zu verringern. So leiden Klienten vor Beginn der therapeutischen Behandlung häufig unter der Befürchtung, sie könnten „verrückt", „geisteskrank", „abnorm" sein. Oft genügen hier bereits ganz einfache sachliche Informationen und aufklärende Gespräche, um die Angst dieser Klienten so weit zu mindern, daß sie bereit und fähig werden, die ihren Ängsten zugrundeliegenden Ereignisse, Emotionen, Phantasien, Verhaltensweisen etc. genauer zu untersuchen und angemessen mit ihnen umgehen zu lernen.

Eine junge Frau zum Beispiel kommt in die Therapie und erklärt dem Therapeuten weinend, sie sei überzeugt davon, verrückt zu sein, und habe wahnsinnige Angst davor, in eine „Irrenanstalt" eingeliefert zu werden. Aber vielleicht würde allein dadurch auch nur Schrecklicheres verhindert. Sie verspüre in letzter Zeit immer häufiger Impul-

se, ihre kleine zweijährige Tochter, die sie über alles liebe, heftig zu schlagen, in den Bach zu stoßen oder aus dem Fenster zu werfen. Der Verhaltenstherapeut erklärt dieser Frau, daß solche Impulse und Aggressionen sehr häufig dann auftreten, wenn ein Mensch in seinen eigenen Bedürfnissen frustriert und eingeengt wird, den Ärger aber schluckt und verleugnet. Die junge Frau, bereits etwas entlastet von ihren Ängsten, weil der Therapeut so selbstverständlich und gelassen mit ihr über diese Ängste spricht, wird nachdenklich und meint: „Ja, irgendwie trampeln wirklich alle auf mir rum, mein Mann, aber auch meine Eltern, die Schwiegereltern ... Wenn das Kind nicht wäre, wäre ich schon längst abgehauen!" Damit ergibt sich bereits ein erster Ansatz für die therapeutische Arbeit. Die Klientin erklärt sich im nachfolgenden Gespräch bereit, erst einmal mit dem Psychotherapeuten gemeinsam genauer zu untersuchen, wo und auf welche Weise sie Ärger, Frustrationen und Aggressionen schluckt und wie sich dieses Schlucken und Unterdrücken bei ihr auswirkt.

Von der Angstfreiheit und der Geborgenheit des Klienten in Gegenwart des Therapeuten wird es auch abhängen, wieviel an Informationen und damit indirekt auch wieviel an Grundvoraussetzungen und Möglichkeiten für eine therapeutische Hilfe er dem Therapeuten gibt.

Auch im weiteren Verlauf der Therapie kann das bloße Aussprechen und Benennen angstauslösender und angstbesetzter Inhalte in Gegenwart eines nicht-bestrafenden, verständnisvollen, beruhigenden Therapeuten Angst abbauen. Diese angstreduzierende Wirkung der therapeutischen Beziehung kann darüber hinaus noch zu einer ganzen Reihe positiver Kettenreaktionen bezüglich der Angstminderung beim Klienten führen. Sie ermutigt den Klienten zum Beispiel häufig dazu, über seine Ängste auch außerhalb der therapeutischen Sitzungen, d.h. mit anderen Interaktionspartnern als dem Therapeuten zu kommunizieren. Dadurch erhält er die Chance, Wahrnehmungsfehler und Skotomisierungen bezüglich seiner Ängste zu korrigieren und via Modellernen oder stellvertretendem Lernen Anregungen und Hilfen von geeigneten Sozialpartnern aufzunehmen, wie mit solchen Ängsten sinnvoll umgegangen werden kann.

So hatte ich einmal einen achtjährigen Jungen in Therapie, der unter einer Vielzahl von Ängsten litt. Eltern und Geschwister, die sich durch seine Ängste und das damit verbundene Vermeidungsverhalten gestört und irritiert fühlten, hatten ihm wiederholt zu verstehen gegeben, er sei nicht normal und man würde ihn wohl noch mal in eine „Irrenanstalt" bringen müssen. Der Junge war sichtlich erleichtert, als ich ihm in Gesprächen aufzeigte, daß Angst etwas ganz Normales, oft sogar sehr Sinnvolles ist, daß jeder Mensch Ängste hat und daß es eigentlich nur darauf ankommt, unterscheiden zu lernen, wann Angst sinnvoll ist und wann störend und wie man damit umgehen und sie meistern kann. In den folgenden Sitzungen berichtete er mir begeistert, er habe inzwischen mehrere Leute, auch Erwachsene, gefunden, die ihm freimütig bekannt hätten, auch Ängste zu haben. Er habe von ihnen viele tolle Tips und Ratschläge bekommen, wie man Angst wegbringen oder kleiner machen kann, und wolle das jetzt mal ausprobieren. Bei Beendigung seiner Therapie gab mir dieser Junge eine ganze Liste mit Ratschlägen und Anregungen für den Umgang mit Angst für „Kinder, die zu Ihnen kommen und auch so Angst haben wie ich früher".

Eine gute therapeutische Beziehung, hier also angstfreier Umgang des Klienten mit seinem Therapeuten, ist darüber hinaus aber auch direkt für viele verhaltenstherapeutische Interventionsschritte und Techniken förderlich, oft sogar unabdingbar. So wird es im Verlauf einer Therapie häufig notwendig, daß der Therapeut dem Klienten als Möglichkeit für Verhaltenskorrekturen Rückmeldungen über sein Verhalten gibt, die unter Umständen für den Klienten emotional negativ getönt oder angstauslösend sein können. Nur wenn eine gute, angstfreie und belastbare Beziehung zwischen den Therapiepartnern besteht und der Klient sich von seinem Therapeuten generell akzeptiert und angenommen fühlt, wird er bereit und auch fähig sein, solches Feedback aufzunehmen, zu prüfen und zu verarbeiten.

Im Rahmen bestimmter verhaltenstherapeutischer Techniken und Verfahren bedeutet die Anwesenheit des Therapeuten für den Klienten häufig die Möglichkeit, sich zunächst unter dem Schutz einer beruhigenden und erfahrenen Person vorsichtig in die Angstsituation hineinzutasten und mit ihrer Hilfe und ihrem Beistand probend mit solchen Situationen und Ängsten umzugehen und eigene Bewältigungsstrategien zu entwerfen und zu testen. Ich denke hier zum Beispiel an Situationen der Systematischen Desensibilisierung in der Vorstellung, besonders aber ‚in vivo', d.h. in realen Angstsituationen, an Rollenspiele im Rahmen eines Selbstbehauptungstrainings bei sozialen Ängsten, etc. Bei der verhaltenstherapeutischen Technik der Kontaktdesensibilisierung wird die angstreduzierende Funktion des Verhaltenstherapeuten ganz bewußt und gezielt therapeutisch eingesetzt. Dabei übernimmt der Therapeut auch wichtige Funktionen in der Rolle eines sozialen Modells für den Klienten, indem er ihm konkret zeigt und demonstriert, wie er mit den spezifischen Angstsituationen gefahrlos und sinnvoll umgehen kann. Damit ist bereits der Aspekt der Funktion des Therapeuten als soziales Modell angesprochen. Speziell im Hinblick auf die Ängste des Klienten wird die therapeutische Beziehung des Klienten zu seinem Therapeuten auch darüber entscheiden, in welchem Maße und auf welche Weise der Therapeut für den Klienten zum Vorbild, zum nachahmenswerten sozialen Modell für den Umgang mit Ängsten wird.

Neben der Angstlöschung im Rahmen spezifischer Techniken und Verfahren bietet die verhaltenstherapeutische Situation auch generell ideale Bedingungen, dem Klienten zu helfen, mit seinen Ängsten angemessener umzugehen. Es wird wohl kaum eine Therapie geben, in deren Verlauf der Klient nicht irgendwann einmal Ängste zeigt. Ängste treten zum Beispiel häufig bei Rollenspielen, bei Entspannungsübungen, bei der Desensibilisierung ‚in vivo' und bei anderen verhaltenstherapeutischen Arbeitsschritten auf. Jedes Anzeichen von Angst beim Klienten während der therapeutischen Intervention sollte therapeutisch genutzt werden, bieten solche Situationen doch ideale Möglichkeiten, im Hier und Jetzt der Therapiesituation zu untersuchen, wie die Angst des Klienten genau beschaffen ist, welche Faktoren sie auslösen oder verstärken, in welchen Bereichen und auf welche Weise sie ihn behindert und welche Möglichkeiten sich anbieten, sie zu bewältigen. Ich versuche meine Klienten zum Beispiel von Anfang an mit dem Gedanken vertraut zu machen, in der therapeutischen Situation auftretende Ängste als willkommene und gute Möglichkeit zu betrachten, etwas Wichtiges zu lernen. Ich fordere sie auf, ihre Ängste nicht nur zuzulassen, sondern sogar soweit wie möglich zu verstärken und dabei genau zu beobachten, was dabei vor sich geht: Welche Gedanken, Phantasien, Selbstverbalisationen, Wahrnehmungen, äußere Ereignisse etc. gehen der Angst voraus oder begleiten sie? Wo und auf welche Weise spüren sie diese Angst? Wie sehen ihre Versuche der Angstverminderung aus? Was bewirkt die Angst? Was bewirkt das Vermeidungsverhalten? etc. Ein solches „wissenschaftliches" Interesse hilft dem Klienten zumeist nicht nur, sich ein Stück von seiner Angst zu distanzieren, sondern motiviert ihn auch, nach Möglichkeiten zu suchen, wie er in Zukunft angemessener damit umgehen kann. Auch dazu bietet die therapeutische Situation ideale Bedingungen. Der Klient kann mit einer Angsthierarchie experimentieren, neue Selbstverbalisationen oder andere angstmeisternde und angstbewältigende Verhaltensweisen erproben, den Therapeuten dabei als Ratgeber, Stütze, Schutzperson, Verstärker und soziales Modell benutzen, etc. Er kann in der Therapiesituation so lange an einer Angst arbeiten, bis er sie im Griff hat oder in Teilschritten bewältigt hat. Ich habe die Erfahrung gemacht, daß es sehr wichtig ist, daß der Therapeut den Klienten zu solchen Lernerfahrungen motiviert und ermutigt. Zwar sollten auf jeden Fall Überforderungen des Klienten sowie Zwänge von seiten des Therapeuten vermieden werden, doch braucht der Klient häufig einen kleinen liebevollen Schubser vom Therapeuten, um in die Angst hineinzuspringen, sich mit ihr zu konfrontieren. Der Therapeut sollte ihm dabei auch klarmachen, daß Ängste nur dann überwunden werden können, daß der Klient nur dann lernen kann, mit angstauslösenden Situationen angemessen umzugehen, wenn er bereit ist, bei seinen Lernversuchen immer auch ein Stück Angst zu ertragen und durchzustehen, keine Angstbewältigung ohne Herzklopfen!

Diese bewußte Konfrontation mit der Angst zur Erprobung und Einübung von Bewältigungsmöglichkeiten ist ein echtes Stück Arbeit. Der Klient wird sich danach zumeist sehr müde und erschöpft fühlen. Ist die Arbeit gelungen, wird er aber gleichzeitig auch sehr zufrieden und glücklich sein. Meine Klienten berichten mir in diesem Zusammenhang immer wieder, daß sie ganz beschwingt und selig nach der Sitzung nach Hause gegangen seien, mit enormem Auftrieb, Selbstwertgefühl und Stolz. Einer meiner Klienten erzählte mir, er würde bei der Heimfahrt im Auto oft laut singen und jodeln, weil er sich nach solchen Übungen „narrisch gut" fühle.

Vermeidet der Klient die Arbeit an der Angst, weicht er aus, kneift er davor, fühlt er sich danach zumeist sehr deprimiert und unzufrieden. Schon aus diesem Grunde sollte der Therapeut, wenn der Klient Anzeichen von Angst in der therapeutischen Situation zeigt, mit Geduld, Einfühlungsvermögen und liebevollem Humor versuchen, den Klienten dazu zu bewegen, auf alle Fälle wenigstens einen kleinen Teilschritt zu versuchen. Dabei ist unbedingt sicherzustellen, daß der Klient auch mit einem Erfolgserlebnis abschließt. Dies macht es mitunter notwendig, daß der Therapeut irreale, zu hohe Erwartungen und Anforderungen des Klienten korrigiert oder daß er Klienten, die dazu neigen, sich zu überfordern, behutsam bremst.

Zum Schluß möchte ich noch einen Aspekt erwähnen, der bei der verhaltenstherapeutischen Arbeit häufig übersehen wird und mit ihm auch eine Reihe therapeutischer Chancen und Möglichkeiten. Bei einer erfolgreich voranschreitenden Verhaltenstherapie wird der Klient die therapeutische Situation häufig spontan dazu benutzen, neue Verhaltensweisen auszuprobieren und zu testen, also auch solche des Umgangs mit Ängsten. Ein zuvor sehr höflicher, korrekter, ja geradezu submissiver Klient zeigt vielleicht plötzlich Nachlässigkeiten in seiner Kleidung und in seinem Äußeren, wird unpünktlich und erstaunt den Therapeuten durch andere „gewagte" Verhaltensweisen, wie zum Beispiel die Beine auf den Tisch zu legen, den Therapeuten laufend zu unterbrechen, etc. Ein bisher sehr ängstlicher und gehemmter Klient beginnt vielleicht plötzlich dem Therapeuten ständig heftig zu widersprechen und wird eventuell verbal sehr aggressiv und provozierend. Oder ein bislang sanfter, nachgiebiger Klient wird plötzlich störrisch, uneinsichtig und rechthaberisch.

Hier läuft der Verhaltenstherapeut, der bei seiner therapeutischen Ausbildung meist nicht darin geschult wurde, mit eigenen unverarbeiteten Gefühlen und Konflikten umzugehen, die während der Therapie durch Reaktionen des Klienten angerührt werden können, Gefahr, diese neuen Verhaltensweisen des Klienten nicht als das zu erkennen, was sie in Wirklichkeit sind: nämlich erste Versuche der Selbstbehauptung und Selbstdurchsetzung. Der Verhaltenstherapeut wird vielleicht ärgerlich oder verwirrt, fühlt sich provoziert und insgesamt gestört in seiner therapeutischen Arbeit durch dieses neue Verhalten des Klienten. Er übersieht dabei, daß es ungeschickte, ängstliche und deshalb (im Sinne einer Flucht nach vorn) überschießende Versuche des Klienten sind, neue Bewältigungsstrategien für Angstsituationen auszuprobieren. Aufgrund bisheriger positiver Erfahrungen beim Umgang mit Ängsten in Gegenwart des Therapeuten benutzt der Klient dabei gern den Therapeuten als „Versuchskaninchen" nach dem Motto: „Passiert bei ihm nichts, kann ich es ja dann getrost auch mal woanders probieren!" Von der Reaktion des Therapeuten wird es also weitgehend abhängen, ob der Klient solche ersten Versuche entmutigt abbricht und eventuell für lange Zeit aufgibt, oder ob er motiviert, ermutigt und angeregt wird, sie mit Hilfe des Therapeuten durch weitere Übung und Verfeinerung nicht nur „salonfähiger", sondern auch effektiver und wirksamer zu machen und dabei auch seinen eigenen, ganz persönlichen Stil zu finden und zu entwickeln.

Bereits die therapeutische Situation selbst bietet also zahlreiche Möglichkeiten zur Desensibilisierung von Ängsten und zum ersten Erproben neuer Verhaltensstrategien für den Umgang mit Ängsten. Auch hier sollte der Therapeut die Bedürfnisse und Möglichkeiten des Klienten berücksichtigen und respektieren und ihn nicht zu Aktivitäten drängen, denen sich der Klient noch nicht gewachsen fühlt. So sollte es stets dem Klienten überlassen werden, wieviel an persönlicher Information er geben, welche Bereiche er zunächst noch ausgeklammert lassen möchte und zu welchen Aktivitäten er sich bereit fühlt. So kann es zum Beispiel durchaus vorkommen, daß ein Klient in den ersten Sitzungen zunächst Entspannungsübungen verweigert, weil es ihm zu große Angst bereitet, die Kontrolle über die Situation aus der Hand zu geben, indem er sich zum Beispiel mit geschlossenen Augen auf die Entspannungscouch legt. Den Klienten zu zwingen wäre genauso falsch, wie verärgert ganz auf Entspannung und Desensibilisierung zu verzichten. Statt dessen sollte der Therapeut gemeinsam mit dem Klienten beraten, wie die betreffende Angst in Teilschritten bewältigt werden kann. Solche Klienten sind zum Beispiel zumeist durchaus bereit, die Entspannung zunächst im Sitzen oder mit offenen Augen zu versuchen. Ein anderer Klient wird den Therapeuten vielleicht bitten, sich während der Entspannungsübungen von ihm abzuwenden oder weit von ihm entfernt in eine Ecke des Zimmers zu setzen, ist später aber bereit, den Therapeuten kontinuierlich „näher an sich heran zu lassen".

Die direkten und indirekten Aspekte der angstreduzierenden Wirkung der therapeutischen Beziehung sind schon seit langem Gegenstand verhaltenstherapeutischer Diskussionen und Erörterungen. So wird bereits in einer Reihe von Beiträgen aus den Anfängen der Verhaltenstherapie auf generelle Dekonditionierungsphänomene im Verlauf verhaltenstherapeutischer Interventionen hingewiesen (z.B. *Eysenck*, 1959; *Lazarus*, 1960; *Skinner*, 1953; *Wolpe*, 1958).

Skinner (1953) zum Beispiel interpretiert die psychotherapeutische Situation unter dem Aspekt der Angstdekonditionierung generell als eine nicht-bestrafende Situation, in der der Klient bestimmte Verhaltensweisen, die in seiner vergangenen Lerngeschichte bestraft wurden und die er deshalb bisher unterdrückte, frei hervorbringen kann. Ihren nicht-bestrafenden Charakter erhält die psychotherapeutische Situation dabei durch ganz spezifische Verhaltensweisen des Therapeuten.

Ähnliche Definitionen und Konzepte bezüglich der Angstreduzierung in und durch die therapeutische Situation finden sich bei *Dollard* und *Miller* (1950) sowie bei *Wolpe* und *Lazarus* (1966). *Wolpe* und *Lazarus* vertreten die Ansicht, daß eine gute emotionale Beziehung zwischen Klient und Therapeut in Analogie zum neurophysiologischen Modell der reziproken Hemmung (*Wolpe*, 1958) eine nichtspezifische reziproke Hemmung der in der therapeutischen Situation auftretenden Ängste bewirkt und damit indirekt therapeutisch wirksam wird.

Obwohl bezüglich der Bedeutsamkeit der Rolle von Phänomenen der Angstreduzierung durch die therapeutische Beziehung Übereinstimmung zwischen den Verhaltenstherapeuten besteht, wurde dieser Problemkreis bisher fast ausschließlich theoretisch-spekulativ angegangen. Gezielte experimentelle Untersuchungen stehen noch weitgehend aus. Dabei wäre es dringend notwendig zu klären, welche spezifischen Charakteristika der verhaltenstherapeutischen Situation, genauer welche spezifischen Verhaltensweisen und Merkmale des Therapeuten bei welchen Klienten unter welchen Bedingungen Vorgänge der Angstreduzierung ermöglichen und fördern. So ist es zum Beispiel einleuchtend, daß ein junger, lockerer, freundlich-kameradschaftlicher, „demokratischer" Therapeut für einen Klienten mit starken Autoritätsängsten eine entspanntere und angstfreiere Atmoshäre schaffen kann als ein Therapeut mit stark autoritären und rigiden Zügen. Wie aber steht es zum Beispiel mit dem Einfluß anderer Charakteristika des Therapeuten, wie zum Beispiel Alter und Geschlecht, therapeutische Erfahrung, Geübtheit und Kompetenz, so wie sie vom Klienten wahrgenommen werden? Diese Fragen sind sicher nicht pauschal zu beantworten. Die Wirkung solcher angstreduzierender psychotherapeutischer Beziehungsaspekte wird vielmehr je nach Klient und Situation variieren. So ist es zum Beispiel denkbar, daß ein und derselbe Therapeut bei verschiedenen Klienten sehr unterschiedliche Reaktionen bewirkt. Bei dem einen Klienten löst, bedingt durch die individuelle Lerngeschichte dieses Klienten, selbstsicheres Auftreten des Therapeuten vielleicht Minderwertigkeitsgefühle und Ängste aus. Bei einem anderen Klienten wiederum kann unter Umständen gerade dieses selbstsichere Verhalten des Therapeuten dazu führen, daß er das Gefühl hat, sich auf diesen Therapeuten auch in gefährlichen und angstbesetzten Situationen verlassen zu können. Dies wiederum reduziert Angst und weckt eventuell die Bereitschaft des Klienten, mit Angststimuli und Angstsituationen zu experimentieren.

2.5.7 Soziale Verstärkung

In einem vorangegangenen Kapitel, in dem der reale Ablauf des verhaltenstherapeutischen Geschehens aus der Sicht von Therapeut, Klient und neutralem Beobachter skizziert wurde, war bereits deutlich geworden, daß der Verhaltenstherapeut bei seiner Interaktion mit dem Klienten in weitem Umfang von sozialer Verstärkung Gebrauch macht. Diese kann in verbaler Form, zum Beispiel durch Lob, Bestätigung, Interesse, Anteilnahme, Ermutigung, aber auch in nichtverbaler Form, zum Beispiel durch Mimik, Gestik, Blickkontakt, bestimmte Körperhaltungen etc. vermittelt werden. So lehnt der Therapeut sich vielleicht interessiert nach vorn, wenn der Klient bestimmte Themen anschneidet, gibt zusätzlich durch „mhm", „aha", „so" und eine gespannte Körperhaltung zu erkennen, daß er großen Anteil an dem nimmt, was der Klient gerade berichtet. Erwähnt der Klient erfolgreiche Bewältigungsversuche bei der Umsetzung des in der Therapie Gelernten auf seine reale Alltagssituation, sagt der Therapeut vielleicht freundlich lächelnd: „sehr schön!", „großartig!", „das finde ich prima!", legt dem Klienten vielleicht kurz die Hand auf die Schulter und zeigt insgesamt durch Gesten und Verbalisationen, daß er sich mit dem Klienten über dessen Erfolg freut und stolz auf ihn ist. Bei Gesprächsinhalten, die dem Therapeuten weniger relevant und entscheidend oder gar hinderlich für den therapeutischen Fortschritt erscheinen, lehnt er sich vielleicht etwas gelangweilt im Stuhl zurück, meidet den Blickkontakt mit dem Klienten oder wendet sich sehr betont und auffällig von ihm ab und beschäftigt sich mit anderen Dingen, zum Beispiel dem Anspitzen eines Bleistifts, einer Aktennotiz in seinen Unterlagen, etc. Durch dieses Zuwenden oder Enthalten der Aufmerksamkeit wird der Klient bestärkt, in Zukunft bestimmte Inhalte häufiger anzusprechen, andere zu vermeiden. Es liegt auf der Hand, daß die Wirksamkeit solcher Verstärkungsvorgänge sehr stark davon abhängen wird, welchen Verstärkerwert ein Therapeut für seinen Klienten hat. Insgesamt scheinen dabei die gleichen Faktoren eine Rolle zu spielen, die auch „gute soziale Modelle“ kennzeichnen: Sympathie, Prestige, Verfügung über Verstärker, etc. Wir werden auf diese Faktoren noch ausführlicher in dem Kapitel „Der Verhaltenstherapeut als soziales Modell“ eingehen.

Ausmaß und Richtung sozialer Verstärkung durch den Therapeuten scheinen nicht nur die Einstellung des Klienten zum Therapeuten zu beeinflussen, sondern auch Auswirkungen auf das Therapieergebnis zu haben. *Fretz* et al. (1979) konnten in ihrer Untersuchung zum Beispiel zeigen, daß Therapeuten, die bei ihrer Interaktion mit dem Klienten sehr häufig von positiven sozialen Verstärkern Gebrauch machten, und zwar in dieser Untersuchung von nicht-verbalen Verstärkern (z.B. Gestik, Mimik, Blickkontakt), von ihren Klienten als beliebter und hilfreicher in der Beratungssituation eingestuft wurden als Therapeuten, die eine niedrige Rate solcher Verhaltensweisen zeigten. In einer Untersuchung von *Morris* und *Suckerman* (1974) zeigten Klienten bei einem „warmen Therapeuten“ mit einer freundlichen, weichen melodischen Stimme signifikant bessere Erfolge bei der Systematischen Desensibilisierung als Klienten bei einem „kalten Therapeuten“ mit einem schroffen, unpersönlichen geschäftsmäßigen Ton. Ähnlich hatte in der Untersuchung von *Ringler* (1977) ein „demokratischer“ Therapeut größere Erfolge bei der Desensibilisierung von Prüfungsangst als ein „autoritärer“ Therapeut.

Solche sozialen Verstärkungsvorgänge spielen ganz sicher nicht nur bei der Verhaltenstherapie, sondern auch bei allen anderen Formen der Psychotherapie eine entscheidende Rolle. Zumeist laufen sie unbeabsichtigt und bei beiden Interaktionspartnern mehr oder weniger unbewußt ab; sie dürften einen großen Teil der sogenannten Placebo-Effekte in der Psychotherapie ausmachen.

Durch Forschungsarbeiten anderer psychotherapeutischer Richtungen, insbesondere der Klientenzentrierten Psychotherapie, wissen wir, daß besonders gute und erfolgreiche Therapeuten sich bezüglich bestimmter Merkmale, die sie bei der Interaktion mit ihren Klienten zeigen, von ihren weniger erfolgreichen Kollegen unterscheiden (*Carkhuff*, 1969; *Pope* und *Siegman*, 1968; *Rogers*, 1957; *Strupp*, 1960). Es konnten dabei in Anlehnung an *Rogers* (1957) folgende drei Therapeutenmerkmale als notwendige Vorbedingung einer wirksamen therapeutischen Kommunikation und Intervention herausgearbeitet werden: (1) wertfreie, bedingungslose, nicht besitzergreifende emotionale Wärme und positive Wertschätzung des Klienten, (2) einfühlendes Verständnis (Empathie) in die innere Verfassung des Klienten und das Bemühen, dem Klienten das Verstandene zu übermitteln, (3) Kongruenz, d.h. Echtheit und Integration im Verhalten gegenüber dem Klienten.

Von verhaltenstherapeutischer Seite wurde darauf aufmerksam gemacht, daß diese Merkmale sehr gut in den verhaltenstherapeutischen Kontext der sozialen Verstärkung einzuordnen sind (*Kanfer* und *Phillips*, 1975; *Mahoney*, 1977; *Marks* und *Gelder*, 1966; *Mitchell* et al. 1977).

Zum Phänomen der sozialen Verstärkung generell liegen bereits eine Vielzahl von Informationen vor. Diese Informationen wurden jedoch zumeist im umfassenden Rahmen der allgemeinen Konditionierungsforschung gewonnen und sind daher nicht ohne weiteres auf das verhaltenstherapeutische Geschehen zu übertragen. Allerdings kann man davon ausgehen, daß viele der im Rahmen der allgemeinen Konditionierungsforschung gefundenen Parameter und Wirkzusammenhänge auch für die Verstärkungsvorgänge bei der verhaltenstherapeutischen Intervention Gültigkeit haben und daß diese Befunde deshalb als wertvolle Anregung für die Hypothesenbildung und -prüfung im spezifischen verhaltenstherapeutischen Kontext betrachtet werden können.

Bereits 1962 zeigte *Krasner* in seinem Artikel „The therapist as a social reinforcement machine" („Der Verhaltenstherapeut als sozialer Verstärkungsapparat") (*Krasner,* 1962) die Möglichkeit des Verhaltenstherapeuten auf, durch soziale Verstärkung das Verhalten des Klienten in der therapeutischen Situation zu beeinflussen. Zwar ist inzwischen eine Reihe von Beiträgen erschienen, die die wenigen experimentellen Ergebnisse, die bislang zu diesem Problemkreis vorliegen, zusammenfassen und dem praktisch tätigen Verhaltenstherapeuten Ratschläge geben, wie er soziale Verstärkung bei seiner therapeutischen Arbeit nutzen kann (*Fiedler,* 1974; *Wilson* und *Evans*, 1976, 1977), gezielte experimentelle Untersuchungen solcher Verstärkungsvorgänge und ihre theoretische Einordnung stehen jedoch noch weitgehend aus.

Experimente zum Verbalen Konditionieren

Neben Variablen, wie zum Beispiel Alter, Geschlecht, Status und Wertsysteme des Therapeuten, Ambiguität der Situation etc., wurde auch die verbale Konditionierbarkeit ganz spezifischer Inhalte untersucht, etwa von Gefühlsäußerungen, selbstbezogenen Verbalisationen, Halluzinationen, „neurotischen Verbalisationen", etc.

So konnte unter anderem gezeigt werden, daß der Therapeut durch ein „ja", „mhm", „richtig" oder durch das Wiederholen bestimmter Äußerungen des Klienten, aber auch durch ein Nicken, ein sich Vorbeugen etc. die Häufigkeit bestimmter verbaler Äußerungen des Klienten erhöhen kann. Bemerkungen des Therapeuten wie „das ist falsch", Kopfschütteln oder Schweigen führten dagegen zur Vermeidung bestimmter Gesprächsinhalte.

Ein ausführlicher Überblick über diese experimentellen Untersuchungen und ihre Ergebnisse findet sich bei: *Heller*, 1971; *Heller* und *Marlatt*, 1969; *Kanfer*, 1968; *Krasner*, 1962; *Saslow* und *Matarazzo*, 1959; *Staats*, 1972. Das verbale Verhalten der Klienten in den therapeutischen Sitzungen konnte bei diesen Experimenten also eindeutig durch verbale Konditionierung durch den Therapeuten verändert werden. Generalisierungseffekte solcher Konditionierungsprozesse auf verbales oder nicht-verbales Verhalten des Klienten in seiner natürlichen Umgebung, d.h. außerhalb der therapeutischen Situation, scheinen jedoch sehr viel schwerer zu gelingen und wurden in der Literatur bisher kaum berichtet (vgl. dazu auch *Tracey* et al. 1974). Da Sinn und Zweck einer therapeutischen Intervention jedoch darin besteht, Erleben und Verhalten des Klienten in seinen realen, alltäglichen Lebenssituationen zu verändern, haben diese Untersuchungen deshalb auch nur indirekt Relevanz für die verhaltenstherapeutische Praxis, indem sie zeigen, daß es generell möglich ist, verbales und nicht-verbales Verhalten in der therapeutischen Situation durch entsprechende soziale Verstärkung zu verändern. Die Beantwortung der Frage, wie solche Veränderungen auf außertherapeutische Situationen generalisiert und dort dauerhaft aufrechterhalten werden können, bleibt weiter eine Forschungsaufgabe.

Soziale Verstärkung als Informations- und Motivationsquelle

Bei neueren Untersuchungen zur sozialen Verstärkung stieß man auf eine auch für die Psychotherapieforschung außerordentlich wichtige und bedeutsame Information. Entgegen früheren Annahmen, der Prozeß der sozialen Verstärkung laufe für den Empfänger unbewußt und automatisch ab, scheint es sich bei solchen sozialen Verstärkungsvorgängen vielmehr um ganz bewußte und aktive Lern- und Motivationsprozesse zu handeln. Auf die verhaltenstherapeutische Situation übertragen, bedeutet das, daß Klienten auf soziale Verstärkung durch den Therapeuten in der Regel nicht einfach automatisch oder unbewußt reagieren, sondern daß sie diese Verstärkungskontingenzen vielmehr ganz bewußt wahrnehmen, als Informations- und Motivationsquelle interpretieren und aktiv darauf antworten (vgl. dazu auch *Bandura*, 1974; *Mahoney*, 1977; *Page*, 1972, 1974; *Spielberger* und *De Nike*, 1966).

Dieses bewußte Wahrnehmen und Beantworten der sozialen Verstärkungskontingenzen wird dabei in hohem Maße von den spezifischen individuellen Persönlichkeitseigenschaften des Betreffenden beeinflußt, vor allem aber von seiner vergangenen Lerngeschichte speziell in bezug auf solche sozialen Verstärkungsvorgänge. Damit aber wird auch eine Reihe von Phänomenen besser verständlich, die Forschern und Praktiker zuvor einiges Kopfzerbrechen bereitet hatten. So trifft man zum Beispiel immer wieder auf Klienten, die krampfhaft auf der Suche nach sozialen Verstärkern vom Therapeuten zu sein scheinen und die alle nur erdenkliche Mühe darauf verwenden, den Therapeuten zu bewegen, ihnen solche Verstärker zu geben. Ich denke hier an Klienten, die bewußt Daten fälschen und nicht zutreffende Angaben über ihren gegenwärtigen Zustand machen, um sich für „Fortschritte" oder „gute Mitarbeit" Lob vom Therapeuten zu sichern. Hier wird es zunächst einmal notwendig sein, mit dem Klienten gemeinsam diese Struktur aufzudecken, genauer zu untersuchen und sie mit seiner bisherigen Lerngeschichte in Beziehung zu setzen. In der Regel findet man bei diesen Klienten Ängste in bezug auf den Verlust sozialer Verstärkerquellen sowie eine starke Abhängigkeit von äußeren Verstärkern bei gleichzeitiger Ungeübtheit in Selbstverstärkungstechniken. Die therapeutische Arbeit wird deshalb bei solchen Klienten auch den Abbau dieser Ängste und Abhängigkeiten und die Stärkung von Selbstverstärkungsansätzen miteinbeziehen müssen.

In diesem Zusammenhang ist noch eine andere Gruppe von Klienten zu erwähnen. Bei Klienten mit starken heterosexuellen Ängsten (insbesondere männlichen Klienten) und damit verbundenen Sexualstörungen (z.B. Impotenz, Exhibitionismus, Fetischismus etc.) wird der praktisch tätige Verhaltenstherapeut häufig die Beobachtung machen, daß diese Klienten in den ersten therapeutischen Sitzungen nur wenig bereit sind, über ihre Ängste und Schwierigkeiten zu sprechen oder gar gezielt an ihnen zu arbeiten. Sie versuchen zumeist ihre Probleme zu bagatellisieren und zeigen große Schwierigkeiten, ihre Ängste einzugestehen. Statt dessen beeindrucken sie durch ihr Bemühen, sich dem Therapeuten als „ganzer Kerl" zu präsentieren. Behutsame Versuche des Therapeuten, Informationen über Problembereiche zu erfragen, führen zumeist dazu, daß der Klient dem Therapeuten sehr ausführlich über seine vergangenen und gegenwärtigen Leistungen berichtet, daß er ihm an vielen Beispielen seine Stärke, seine Tapferkeit und seine Männlichkeit aufzeigt. So erklärte mir einmal ein Fetischist: „Angst kenne ich nicht, ich habe in meinem ganzen Leben noch keine Angst gehabt", und fügte als Beweis detaillierte Schilderungen über riskante Situationen am Steuer und gefährliche Raufereien im Wirtshaus hinzu, die er allesamt „eiskalt" gemeistert hatte. Es zeigte sich jedoch, daß dieser junge Mann bereits beim Versuch, eine kurze harmlose Konversation mit einem weiblichen Wesen anzufangen, vor lauter Angst und Aufregung ins Schwitzen und Stottern geriet.

Für diese Klienten scheint es so beängstigend und bedrohlich zu sein, sich selbst und dem Therapeuten ihre Schwächen einzugestehen; ihr Bedürfnis, Anerkennung, Bestätigung und Verstärkung für die Bereiche, in denen sie sich leistungsfähig fühlen, vom Therapeuten zu erhalten, scheint so groß zu sein, daß der Therapeut zu Beginn der Therapie gut daran tut, nicht ungeduldig zu insistieren, daß der Klient seine Schwäche bekennt oder ihn gar zur Konfrontation damit zu zwingen. Ich habe statt dessen gute Erfahrung damit gemacht, den Wunsch des Klienten, als „ganzer Mann" geachtet und anerkannt zu werden, als echtes Bedürfnis zu respektieren. So zeige ich in den ersten Sitzungen durchaus Interesse an seinen „Leistungsberichten", mache anerkennende Bemerkungen und freue mich mit ihm, daß es viele Bereiche gibt, in denen er durchaus leistungsfähig ist. Gleichzeitig versuche ich ihm aber auch behutsam zu vermitteln, daß ein „echter Mann" meiner Ansicht nach nicht nur an seinen Leistungen gemessen wird, sondern auch an anderen Qualitäten, zum Beispiel an seiner Wärme, Herzlichkeit, Fairness, Einfühlsamkeit etc., und daß ein paar Schwächen ihn eigentlich nur noch menschlicher und liebenswerter machen. Es dauert dann meist auch nicht sehr lange, bis der Klient zunächst zögernd und verlegen, dann immer gelassener und selbstverständlicher von seinen Schwierigkeiten berichtet und an ihnen zu arbeiten beginnt.

Dies sind subjektive Erfahrungen. Es mag dabei auch eine Rolle spielen, daß ich eine Frau bin, also für diese Klienten angstauslösender sein mag als ein männlicher Kollege. Es wäre sicher interessant zu klären, ob sich die beschriebenen Reaktionsmuster solcher Klienten auch bei männlichen Therapeuten zeigen.

Unproblematisch sind für den Therapeuten solche Klienten, die seine sozialen Verstärker in dem Sinne wahrnehmen und nutzen, in dem sie auch von ihm gemeint und intendiert sind: als Unterstützung und Ermutigung, wenn der Klient in schwierigen Phasen der Therapie in seinen Selbstverstärkungsmöglichkeiten überfordert ist, und als notwendige Information für die bei jeder Therapie notwendigen Lernprozesse. Indem der Therapeut dem Klienten mit Hilfe sozialer Verstärker bei seinen Veränderungsbemühungen Rückmeldung gibt, hilft er ihm, angemessene Lösungsansätze zu intensivieren und unangemessene zu korrigieren.

Verstärkung durch Rückmeldung

Wir können also davon ausgehen, daß Verstärkungskontingenzen in der Regel vom Klienten bewußt wahrgenommen und aktiv beantwortet werden. Die Verstärkungskontingenzen haben dabei sowohl motivationalen als auch informativen Charakter, wobei eine enge Wechselwirkung zwischen beiden bestehen dürfte.

Der informative Charakter von Verstärkungskontingenzen wurde bisher von der verhaltenstherapeutischen Forschung noch weitgehend vernachlässigt. Informationen können dem Klienten auf vielfältige Weise übermittelt werden. Ein bloßes „mhm", „gut", „aha" des Therapeuten kann dem Klienten ebenso als Informationsquelle dienen wie detaillierte Anweisungen oder ausführliche verbale Rückmeldungen. Viele Informationen erschließt sich der Klient auch indirekt aus Mimik, Gestik, Körperhaltung oder dem Kontext, in dem der Therapeut etwas Bestimmtes sagt oder tut. Die Informationsgabe muß dabei nicht immer vom Therapeuten intendiert sein. Sie kann sich unbemerkt vollziehen. Letztlich handelt es sich bei all diesen Informationen um eine Art von Rückmeldung, die dem Klienten die Möglichkeit gibt, sein bisheriges Verhalten zu überprüfen, bestehende Verhaltensmuster zu korrigieren oder neue aufzubauen. In welchem Maße der Klient bei seinen Veränderungsbemühungen von solchen Informationen profitieren kann, wird weitgehend auch von seiner Beziehung zum Therapeuten abhängen. Optimale Wirkung dürfte dort zu erwarten sein, wo der Klient sich von seinem Therapeuten akzeptiert fühlt, wo eine offene, herzliche und angstfreie Atmosphäre besteht.

Ist die Beziehung zwischen Therapeut und Klient schlecht, wird der Klient sich gegen die Informationen sperren oder sie zu Widerständen gegen Therapeut und Therapie benutzen.

Soziale Verstärkung kann sich also auch durch Rückmeldung vollziehen. Die Rückmeldung kann positiv sein (z.B.: „das hat mir eben gefallen, daß Sie Ihrer Frau so verständnisvoll zugehört haben"), aber durchaus auch negativen Charakter haben (z.B.: „wenn Sie mit dieser leisen Stimme sprechen, muß ich mich ungeheuer anstrengen, um Sie zu verstehen, und verspüre zunehmend weniger Lust, Ihnen zuzuhören“). Analog zu positiver Verstärkung vs. Bestrafung hat positive Rückmeldung sicher eine Reihe von Vorteilen gegenüber negativer Rückmeldung, und der Therapeut sollte, wo immer möglich, die erste der zweiten vorziehen. Im zuletzt genannten Beispiel könnte der Therapeut zum Beispiel auch warten, bis der Klient einmal etwas lauter und deutlicher spricht, und dann positive Rückmeldung geben: „Das war jetzt eben richtig angenehm, als sie so laut und deutlich gesprochen haben.“ Positive Rückmeldung setzt jedoch voraus, daß der Klient das gewünschte Verhalten zumindest im Ansatz ab und zu zeigt. Geht es um ein Verhaltensmuster, das im Verhaltensrepertoire des Klienten fehlt oder das der Klient nicht zeigt, wird der Therapeut oft gar nicht auf negative Rückmeldung verzichten können.

Bei negativer Rückmeldung ist jedoch immer mit ganz besonderer Sorgfalt vorzugehen. Ein Klient, der ängstlich und unsicher ist und der sich zudem von seinem Therapeuten nicht voll akzeptiert und angenommen fühlt, kann mit negativer Rückmeldung, auch wenn sie konstruktiv gemeint ist, nichts anfangen. Er wird sich entmutigt und verletzt zurückziehen und eventuell mit Widerstand reagieren. Auch sollte es eine Selbstverständlichkeit für den Therapeuten sein, daß die Rückmeldung, die er dem Klienten gibt, informativ und konstruktiv für diesen ist. Unter keinen Umständen darf sie den Klienten abwerten oder gar als Ventil für Ärger und Ressentiment des Therapeuten dienen. Auch dort, wo eine gute vertrauensvolle Beziehung zwischen Therapeut und Klient besteht, wird der Therapeut darauf achten, negative Rückmeldung vorsichtig zu formulieren und behutsam zu dosieren. Denn auch dann, wenn die Kritik konstruktiv ist, wenn sie nur bestimmte Verhaltensweisen des Klienten in Frage stellt und von einem Sozialpartner formuliert wird, von dem sich der Betreffende generell akzeptiert fühlt, bleibt sie immer noch beunruhigend und schmerzlich. Auch sollte der Klient niemals vom Therapeuten bedrängt werden, die Rückmeldung unbesehen zu akzeptieren und sofort in Aktionen umzusetzen. Vielmehr sollte es dem Klienten überlassen bleiben, die Information zunächst einmal zu überprüfen, auf dem Hintergrund seines Lebenskontextes und seiner bisherigen Erfahrungen zu durchleuchten, eventuell zusätzliche Informationen von anderen Sozialpartnern einzuholen und sich innerlich damit auseinanderzusetzen. Erst wenn dieser notwendige Verarbeitungsprozeß abgeschlossen ist, wird der Klient bereit sein, die Information aktiv umzusetzen und für Verhaltensänderungen zu benutzen. Dabei sollte ihm auch das Recht zugestanden werden, Informationen als nicht zutreffend oder nicht relevant zurückzuweisen.

Umsichtig gehandhabt, kann Rückmeldung, auch negative, eine echte Lernchance für den Klienten bedeuten. Durch den Psychotherapeuten als unmittelbaren Sozialpartner erhält der Klient die Möglichkeit, zu erfahren, wie bestimmte Aspekte seines Verhaltens ankommen, was sie auslösen, wie sie wahrgenommen werden. Der Therapeut sollte dabei seine Informationen immer relativieren und den Klienten dazu ermutigen zu überprüfen, inwieweit sie nur spezifisch für ihre gegenseitige Beziehung sind oder ob sie Gültigkeit auch für seine Interaktionen mit anderen Sozialpartnern haben und eventuell generalisierte Verhaltensmuster darstellen.

So beklagt sich vielleicht ein Klient bei seinem Therapeuten darüber, daß er das Gefühl habe, andere seien nicht wirklich an einem Gespräch mit ihm interessiert. Er mache immer wieder die Erfahrung, daß seine Gesprächspartner nach kurzer Zeit desinteressiert das Gespräch abbrechen und sich zurückziehen, obwohl er sich alle erdenkliche Mühe gebe, „unterhaltend" zu sein. An diesem Punkte könnte der Dialog zwischen Klient und Therapeut folgendermaßen weiterlaufen und schließlich in Rückmeldung resultieren: *Therapeut*: „Ich kann Ihren Ärger und Ihre Enttäuschung gut verstehen und frage mich, wie . . ." *Klient*: (fällt dem Therapeuten ins Wort) „Stellen Sie sich mal vor, neulich . . ." *Therapeut*: (zeigt dem Klienten durch eine Handbewegung an, daß er seinen Satz zu Ende sprechen möchte, hat aber zunächst Mühe, damit beim Klienten durchzukommen) „ . . . wie wir besser dahinterkommen könnten, warum Ihre (an dieser Stelle beginnt der Klient wieder zu unterbrechen, der Therapeut fährt jedoch mit erhobener Stimme fort) Gesprächspartner so reagieren. Eben als Sie mich unterbrachen, fiel mir ein, daß ich manchmal auch Probleme bei Gesprächen mit Ihnen habe. Häufig lassen Sie mich nicht aussprechen, sondern fallen mir ins Wort, und ich habe das Gefühl, daß Sie an dem, was ich Ihnen mitteilen möchte, überhaupt nicht interessiert sind. Ich frage mich, ob die von Ihnen erwähnten Gesprächspartner das ähnlich erleben und ob das nicht eventuell einen Teil der Schwierigkeiten, die Sie soeben geschildert haben, erklären würde."

Ich möchte die Schwierigkeiten, aber auch die Chancen solcher negativer Rückmeldungen für den Klienten sowie die Fehler, die dem Therapeuten dabei unterlaufen können, abschließend an einem praktischen Beispiel veranschaulichen.

Während meiner verhaltenstherapeutischen Ausbildung in den USA, die ich unter anderem auch in einer Studentenberatungsstelle einer größeren Universität absolvierte, wurde ich von meinem Super-

visor durch die Einwegscheibe bei meiner Arbeit überwacht und angeleitet. Häufig nahmen an der Beobachtung auch andere Lehrtherapeuten und Ausbildungskandidaten teil, wenn es ihnen ihre Zeit gerade erlaubte. Das war natürlich ein großer Anreiz für mich, gute Arbeit zu leisten und mich nicht zu blamieren. Ich arbeitete damals unter anderem bereits seit ein paar Sitzungen mit einer Studentin, die ihre Schwierigkeiten nicht recht definieren konnte und mir das Gefühl vermittelte, daß sie ein ungeheures Bedürfnis hatte, lediglich zu jammern und zu klagen, ohne bereit zu sein, an sich selbst etwas zu verändern. Ein Großteil unserer Zeit war damit ausgefüllt, daß die Klientin mir detailliert schilderte, wie böse und lieblos die anderen mit ihr umgingen, wieviel Pech sie im Leben habe und daß sich eigentlich nur ihre Umgebung ändern müsse, damit es ihr besser ginge. In den ersten Sitzungen hatte ich der Klientin noch mit viel Anteilnahme zugehört, verspürte dann aber zunehmend Ungeduld und den Wunsch, endlich zur Sache zu kommen. Ich mochte diese Klientin und hatte durchaus das Gefühl, daß dies auf Gegenseitigkeit beruhte. Bestimmte Dinge an ihr fand ich sogar außerordentlich anziehend und liebenswert: ihr Äußeres, ihre Wärme und Herzlichkeit und die liebevolle Art, mit der sie meine anfänglichen Sprachschwierigkeiten tolerierte.

An dem kritischen Tag war ich bereits etwas müde und abgespannt und hatte außerdem in der Sitzung vor ihr mit einem Studenten gearbeitet, der gerade seinen Einberufungsbefehl für Vietnam erhalten hatte. Seine Angst, seine Gewissenskonflikte, seine Bitterkeit und die Ungewißheit seines Schicksals hatten mich so betroffen gemacht, so aufgewühlt, daß mir danach das Jammern dieser Studentin so oberflächlich und unberechtigt erschien, daß ich zunehmend gereizter und ärgerlicher auf sie wurde. Als ihr Jammern und Klagen schließlich in dem Ausruf gipfelte, sie habe ein so schweres und tragisches Schicksal, platzte mir plötzlich der Kragen und ich hielt ihr wütend vor, daß sie mir mit ihrem Gejammer allmählich auf die Nerven falle. Wenn sie tatsächlich echt unter ihrer Situation leide, so solle sie sich zum Teufel noch mal endlich an die Arbeit machen, die Schuld nicht nur auf andere schieben, sondern zunächst mal untersuchen, ob sie sich nicht auch selbst ändern müsse. Erschrocken über meine Heftigkeit und Erregung, verstummte die Klientin, schaute mich eine Weile verblüfft an und verließ dann wortlos den Therapieraum, wobei sie wütend die Tür zuknallte. Ich war entsetzt über meinen Ausbruch und empfand sofort Reue und Gewissensbisse, daß ich so hart und uneinfühlsam mit ihr umgegangen war und daß ich meine Spannungen, die sich im Verlauf der Sitzung mit dem Studenten aufgestaut hatten, auf sie abgeladen hatte. Voller Scham schlich ich mich in den

Supervisionsraum. Dort stellte ich mit großer Erleichterung fest, daß diese Sitzung ausnahmsweise von niemandem, auch nicht von meinem Supervisor, beobachtet worden war. Es war kein Mensch im Raum. Wie sich später herausstellte, fand zu dieser Zeit gerade eine wichtige Mitarbeiterbesprechung statt. Ich war dennoch weiter voller Gewissensbisse, Angst und Unruhe. Drei Tage später war der nächste festvereinbarte Termin der Klientin. Zu meiner großen Überraschung, aber auch Erleichterung, erschien sie bereits eine viertel Stunde vor der vereinbarten Zeit. Etwas verlegen, aber bestimmt, bat sie sofort um eine Aussprache über das Geschehen der letzten Sitzung und äußerte den Wunsch, daß ich damit beginnen solle. Ich versuchte ihr offen und ohne Beschönigungen meine Wahrnehmungen, aber auch meine Gefühlslage zu schildern. Sie hörte aufmerksam zu und sagte dann mit der Herzlichkeit, die ich so an ihr mochte: „Das war zwar sehr hart für mich letzte Woche, aber vielleicht auch notwendig." Sie erzählte mir dann, wie sie bitterböse und voller Zorn und Wut auf mich ins Studentenwohnheim gerannt war, sich dort auf ihr Bett geworfen und geweint und geschrien habe. Als später ihre Zimmerkameradin, die gleichzeitig auch ihre beste Freundin war, gekommen war, hatte sie ihr empört von meinem unerhörten Verhalten berichtet. Die Freundin war dabei immer schweigsamer und einsilbiger geworden. Als die Klientin sie nach ihrer Meinung fragte, hatte sie schließlich gemeint, als echte Freundin wolle sie offen sein und müsse ihr leider sagen, daß sie sie oft ähnlich erlebe und eigentlich mit der Therapeutin übereinstimme. Die Klientin war empört und verletzt über diesen „Verrat" der Freundin und hatte einen „stundenlangen Heulkrampf". Als sie sich danach wieder etwas beruhigt hatte, begann sie nachzudenken, und es begann ihr mit einem Mal zu dämmern, daß vielleicht doch was dran sein könnte, wenn zwei Menschen, die sie eigentlich sehr mochten, sie so erlebten. Sie dachte in den folgenden drei Tagen viel über sich nach, hatte mehrere sehr offene und gute Gespräche mit der Freundin und mit einigen anderen Menschen, die ihr nahestanden, und kam zurück in die Therapie mit dem Gefühl: „Irgend etwas hat sich für mich verändert." Sie war bereit, sich selbst in Frage zu stellen und zu untersuchen, was sie selbst tun könnte, um sich wohler und glücklicher zu fühlen. Gleichzeitig stellte sie aber auch voller Überraschung fest, daß sie immer häufiger ganz spontan Augenblicke hatte, wo sie sich ausgesprochen wohl mit sich und der Welt fühlte.

Ich war mir durchaus im klaren, daß die Sache mit einem anderen Klienten und auch dann, wenn wir nicht bereits eine so gute Beziehung zueinander gehabt hätten, durchaus recht bös hätte ausgehen können und zog auch für mich einige Lehren aus dem Geschehen.

Widerstand gegen die Verstärkung

Das größte Kopfzerbrechen bereiten dem Praktiker, aber auch dem Forscher, bisher solche Klienten, die auf die sozialen Verstärkungsbemühungen des Therapeuten nicht ansprechen oder eventuell sogar mit *oppositionellem Verhalten* reagieren. Die Verhaltenstherapeuten sprechen in diesem Zusammenhang auch von *Gegenkontrolle* des Klienten (*Davison*, 1973). Es wird angenommen, daß bei solchen Klienten die Wahrnehmung entsteht, der Therapeut wolle sie und die Situation mit Hilfe der sozialen Verstärkung kontrollieren und manipulieren und daß der Klient daraufhin alle seine Kräfte in Bemühungen investiert, sich gegen diese vermeintliche Kontrolle zur Wehr zu setzen. Ich werde auf dieses für die Therapie sehr wichtige Phänomen noch ausführlicher in dem Kapitel „Mit Widerständen umgehen" zurückkommen.

Der Klient verstärkt seinen Therapeuten

Mit dem Phänomen der Gegenkontrolle durch den Klienten ist ein Tatbestand angesprochen, der bei der Diskussion sozialer Verstärkungsvorgänge im verhaltenstherapeutischen Kontext mitunter übersehen wird. Ich meine die Tatsache, daß das therapeutische Geschehen einen sozialen Interaktionsprozeß *gegenseitiger* sozialer Beeinflussung darstellt, bei dem nicht nur der Therapeut den Klienten verstärkt, sondern auch umgekehrt der Klient den Therapeuten. Daß es nicht nur möglich ist, daß Klienten das Verhalten ihres Therapeuten durch soziale Verstärkung beeinflussen und verändern, sondern daß ein Klient unter Umständen dabei sogar mehr Kontrolle und Einfluß auf das Verhalten seines Therapeuten haben kann als umgekehrt, zeigt eindrucksvoll eine Reihe von Studien (*Lee* et al. 1979; *Moos* und *Clemens*, 1967; *Moos* und *Mc Intosh*, 1970).

Es gibt sicher kaum einen Therapeuten, der so naiv ist anzunehmen, daß er ganz ohne soziale Verstärkung von seinen Klienten auskommen kann. Jeder Therapeut braucht für seine Arbeit auch Verstärkung von außen, Rückmeldung, Bestätigung und Ermutigung. Soziale Verstärkung des Therapeuten durch den Klienten ist also durchaus wünschens- und erstrebenswert. Neben diesem positiven Aspekt gibt es aber durchaus auch Interaktionen zwischen Therapeut und Klient, in denen Ausmaß und Richtung der Kontrolle, die ein Klient über seinen Therapeuten ausübt, ganz eindeutig hinderlich und schädigend für den Verlauf und das Ergebnis der Therapie sind. Ich denke hier an Erpressungsversuche von Klienten, die mit Rückfällen, Therapieabbruch oder Selbstmord drohen, und an jene scheinbar harmlosen Spiele, bei denen der Klient den Therapeuten immer wieder dazu verführt, ihm konkrete Lösungsmöglichkeiten für ein bestimmtes Problem anzubieten, nur um ihm diese dann als „unmöglich“ wieder zurückzugeben. Solche Spiele, von *E. Berne* „warum nicht?-ja, aber ...“ -Spiele genannt (*Berne*, 1967), sind vor allem daran zu erkennen, daß der Therapeut immer frustrierter und ärgerlicher wird, der Klient hingegen immer triumphierender und vergnügter. Gefährlich wird es dann, wenn der Therapeut solche Kontrollmanöver des Klienten und sein eigenes Mitagieren nicht durchschaut, sondern auf Grund eigener ungelöster Konflikte „mitspielt“ und den Klienten in seinem Verhaltensmuster bestärkt. Therapeutisch angemessener wäre es hier, mit dem Klienten gemeinsam dieses Verhaltensmuster transparent zu machen, zu hinterfragen, seine schädigenden Aspekte aufzuzeigen und nach Verhaltensalternativen zu suchen und diese einzuüben. Solche möglichen Gefahren sind ein Grund mehr für die Forderung, bei der Ausbildung und Weiterbildung der Verhaltenstherapeuten unbedingt auch den Aspekt der Selbsterfahrung und der Bewußtmachung und Verarbeitung eigener ungelöster Ängste und Konflikte miteinzubeziehen. Gut bewährt haben sich hier auch partnerschaftliche gegenseitige Hilfestellungen unter Fachkollegen. So ist es außerordentlich aufschlußreich und nützlich, mit einem Kollegen, der durchaus auch einer anderen therapeutischen Schulrichtung angehören darf als der eigenen, schwierige Fälle durchzusprechen und zu durchleuchten, im Idealfall anhand von Tonband- oder Videoaufzeichnungen, um eigene „blinde Flecke“ herauszuarbeiten und sich die für den Therapieerfolg schädlichen therapeutischen Interaktionsmuster und die eigenen Anteile daran bewußtzumachen.

Optimale soziale Verstärkung im verhaltenstherapeutischen Prozeß

Was kann ein Verhaltenstherapeut tun, damit die in der Therapie ablaufenden Verstärkungsvorgänge positive und optimale Wirkung haben? *Fiedler* (1974) schlägt dazu unter anderem vor: (1) den Klienten mit seinen Schwierigkeiten zu akzeptieren, (2) bei Anforderungen an den Klienten im voraus abzuschätzen, ob er diesen auch erfolgreich nachkommen kann, (3) für den Klienten deutlich zwischen seinen „Symptomen“ einerseits und seinen positiven Seiten und Fähigkeiten andererseits zu unterscheiden, und (4), diese positiven Seiten differentiell zu verstärken. *Mahoney* (1977) weist auf die Notwendigkeit hin, daß der Therapeut genau darauf achtet, welche Verhaltensweisen er verstärkt. Nach seiner Ansicht wird Verhaltenstherapie noch viel zu häufig als Schauplatz für Klagen mißbraucht statt für Bewältigungsbemühungen genutzt. *Mahoney* schlägt deshalb vor, den Klienten mit Hilfe sozialer Verstärkung vom passiven Jammern und Klagen zu einer aktiv bewältigenden Orientierung zu lenken.

Auch ich bin der Ansicht, daß es bei vielen Klienten notwendig ist, darauf zu achten, daß die therapeutische Arbeit nicht im bloßen Schildern und Beklagen vergangener und gegenwärtiger Miseren stekkenbleibt, sondern daß die dabei zu Tage geförderten Sachverhalte und Wirkzusämmenhänge aktiv umgesetzt und therapeutisch genutzt werden. Zwar ist es durchaus legitim, ja sogar notwendig, daß ein Klient in der Therapie auch die Möglichkeit erhält, über vergangenes und gegenwärtiges Leid zu trauern, doch sollten darüber nicht die Chancen versäumt werden, aus Vergangenem zu lernen und Gegenwart und Zukunft aktiv mitzugestalten. Der Therapeut kann dem Klienten dabei durch Verstärkung der dazu notwendigen Verhaltensweisen helfen.

So hat zum Beispiel ein Klient, der auf Grund seiner vergangenen Lerngeschichte ein starkes Defizit im Bereich sozialer Kontaktfähigkeiten aufweist, nicht nur das Recht, Schmerz und Trauer über die damit verbundenen Mangelerlebnisse und Einschränkungen zu äußern, sondern es ist sogar geradezu notwendig, daß sich der Klient dieses Defizits und der daraus resultierenden schmerzlichen Gefühle und Erfahrungen bewußt wird und sie zuläßt. Will er jedoch nicht in diesem Mangelzustand steckenbleiben, wird er darüber hinaus auch Anstrengungen unternehmen müssen, das Lerndefizit durch intensives Nachholen der fehlenden Lernerfahrungen zu beseitigen. Durch entsprechende soziale Verstärkung kann der Therapeut den Klienten in solchen aktiven Bewältigungsbemühungen unterstützen und ermutigen.

Wohl jedem Therapeuten bekannt sind Klienten, die beständig an seine Fürsorge, seine Unterstützung und seinen Beistand appellieren. Sie demonstrieren, vor allem in alltäglich-praktischen Situationen, eine rührende Hilflosigkeit und erwarten vom Therapeuten, daß er, so wie sie es von ihrer engeren sozialen Umgebung her gewohnt sind, tatkräftig ihre Angelegenheiten regelt. So fordern sie, daß er ihre Gänge bei Behörden und Ämtern (Sozialamt, Wohnungsamt, Krankenkasse, Arbeitsamt) für sie erledigt, daß er Unterredungen mit ihrem Arbeitgeber führt, um dort ihre Wünsche durchzusetzen, daß er Verwandte zur Rücksichtnahme ermahnt, dem Ehepartner ins Gewissen redet, ein Machtwort mit dem aufsässigen Sohn spricht, etc. Der Therapeut sollte von Anfang an darauf achten, daß er solches hilflose, abhängige Verhalten beim Klienten nicht durch bereitwilliges Entgegenkommen und „Bemuttern" verstärkt und den Klienten dadurch noch mehr entmündigt. Die Forderungen und Erwartungen des Klienten sollten statt dessen gemeinsam durchleuchtet und hinterfragt, ihre schädigenden Folgen aufgezeigt werden. Echte Hilfe für den Klienten bestünde hier darin, ihm die notwendigen Fähigkeiten für den eigenständigen Umgang mit solchen Situationen zu vermitteln und ihm schrittweise zur situationsadäquaten und angstfreien Bewältigung solcher Aufgaben zu verhelfen.

Die Gefahr, daß der Therapeut unangemessenes Verhalten beim Klienten verstärkt, tritt auch noch in einer anderen Version auf. Der Verhaltenstherapeut wird hin und wieder auch auf Klienten treffen, die bei ihren einfallsreichen Versuchen, sich mit Hilfe ihrer psychischen Problematik Vorteile zu verschaffen, auch ihn selber einzuspannen versuchen. Ich denke hier an die Klientin, der es zum wiederholten Male gelungen war, stationär in einer Klinik zur „Klärung ihrer vielfältigen körperlichen Beschwerden" aufgenommen zu werden. Sie genoß es sichtlich, mal wieder für zwei, drei Wochen den leidigen Spannungen am Arbeitsplatz entronnen zu sein, war jedoch außerordentlich empört, daß ich mich weigerte, ihr zu bescheinigen, daß die Wochenenden im Krankenhaus für sie und ihre psychische Verfassung zu belastend seien und sie deshalb auf meine Verordnung hin über die Wochenenden vom Stationsarzt jeweils nach Hause zu beurlauben sei. Als ich standhaft blieb, drohte sie mit Verschlechterung ihres Zustandes und sogar mit Selbstmord. Ich ließ mich nicht erpressen, sondern zeigte mich sehr zuversichtlich in bezug auf ihre Fähigkeiten, mit den belastenden Wochenenden in der Klinik fertig zu werden.

Solche Bemühungen des Klienten, den Therapeuten zu fragwürdigen Zwecken zu manipulieren und zu mißbrauchen, reichen vom Erschleichen kleiner Vergünstigungen bis hin zu Versuchen, den Therapeuten bei Betrügereien an Krankenkassen und Versicherungen zum Komplizen und Handlanger zu machen. Ein Reflektieren und Hinterfragen solcher Verhaltensmuster hilft meiner Erfahrung nach bei diesen Klienten relativ wenig. Sie sind selten bereit, ihr Verhalten in Frage zu stellen. Der Therapeut sollte jedoch darauf achten, daß er Klienten nicht in solchen Verhaltensmustern bestärkt und verstärkt. Er sollte sich vielmehr energisch zur Wehr setzen, wenn ein Klient versucht, ihn in seiner Funktion als Therapeut für solche Zwecke zu mißbrauchen. Eine unmißverständliche Rückmeldung, welche Gefühle und Reaktionen dieses Verhalten beim Therapeuten auslöst, bringt zwar nicht in allen Fällen etwas, verhilft jedoch manchen Klienten zum Nachdenken über sich selbst.

Vor ähnlichen Schwierigkeiten und Problemen steht der Therapeut bei Rentenneurosen, wo der Klient psychische Probleme dazu benutzt, sein Rentenbegehren, seine vorzeitige Pensionierung durchzusetzen. In der Regel ist eine therapeutische Arbeit mit solchen Klienten frustrierend und wenig erfolgversprechend. Diese Klienten kommen zumeist nur in Therapie, um ihren „guten Willen" zu demonstrieren, „alles versucht zu haben". Frohlockend und triumphierend beweisen sie dem Therapeuten, ihrer sozialen Umgebung und den Versicherungsträgern, daß sie unheilbar krank und behindert sind. Der Krankheitsgewinn dieser Klienten ist zumeist so groß, die Verstärkung, die sie von der sozialen Umgebung für ihr „Krankenverhalten" bekommen (z.B. in Form intensiver Fürsorge und Bemutterung, Entlastung von Verantwortung, Kuraufenthalten, Vergünstigungen, Medikamenten und ärztlicher Betreuung etc.) so positiv, daß der Therapeut wenig Chancen hat, den Widerstand des Klienten gegen eine Besserung oder „Heilung" durch Aufzeigen der selbstschädigenden Anteile dieses Verhaltens, der negativen Konsequenzen einer vorzeitigen Berentung oder eventuell durch paradoxe therapeutische Interventionen zu überwinden.

Echte Verstärkung – manipulative Verstärkung

Mahoney (1977) verweist bei seiner Diskussion sozialer Verstärkungsvorgänge im verhaltenstherapeutischen Geschehen auch noch auf einen anderen, sehr wichtigen Aspekt. Er unterscheidet zwischen *echter Verstärkung* und *manipulativer Verstärkung.* Unter der ersten versteht er echte Rückmeldung und realistische Ermutigung. Die manipulative Verstärkung hingegen stützt sich auf unbegründete Schmeicheleien, weckt unrealistische Erwartungen beim Klienten und führt damit unweigerlich zu Enttäuschungen und zu einer Gefährdung der Therapie. Dieser Aspekt deckt sich sehr gut mit den im Rahmen anderer therapeutischer Richtungen für einen guten Therapeuten geforderten Merkmalen der Wärme, Echtheit und Kongruenz.

Besonders wichtig erscheint mir dabei, daß der Klient spürt, daß der Therapeut sich mit ihm über Erfolge freut, daß er seine Änderungsbemühungen anerkennt und daß er sein beharrliches und mutiges Arbeiten an seinen Konflikten und Ängsten bewundert. Klienten haben ein sehr feines Gespür dafür, ob es ein Therapeut mit seiner Anerkennung ehrlich meint, oder aber ob es dem Therapeuten lediglich um seine eigene Bestätigung, um die Befriedigung eigener Bedürfnisse und Wünsche nach therapeutischen Erfolgen geht und er den Klienten mit ein paar Zuckerstückchen in Form von Lob bei der Stange halten und in die gewünschte Richtung bringen will.

Mitunter trifft der Therapeut auf Klienten, die neben einem starken Defizit an Selbstverstärkungsfähigkeiten auch große Schwierigkeiten zeigen, Fremdverstärkung positiv zu erleben und anzunehmen. Selbst dann, wenn es dem Therapeuten ein echtes Bedürfnis ist, dem Klienten Lob und Anerkennung auszusprechen, und wenn er behutsam dabei dosiert und formuliert, zeigen sich solche Klienten doch eher unangenehm davon berührt. Hier handelt es sich in der Regel um Klienten, die in ihrer vergangenen Lerngeschichte fast nur kritisiert und gestraft, aber kaum jemals gelobt wurden. Ihre soziale Umwelt hat ihnen von früh auf beigebracht, daß positives Verhalten, Selbstkontrolle, Anstrengungsbereitschaft etc. eine Pflicht und eine Selbstverständlichkeit sind und daß „Eigenlob stinkt".

Solche Klienten erleben Lob und positive Verstärkung vom Therapeuten zumeist als etwas Verbotenes, Peinliches, fühlen sich dadurch verunsichert und verwirrt und sind sehr bemüht, die positiven Äußerungen des Therapeuten abzuschwächen, abzuwehren und abzuwerten oder durch negative Selbstkritik ins Gegenteil zu verkehren. Sie geben sich außerordentliche Mühe, den Therapeuten darüber aufzuklären, daß er sie ganz falsch beurteilt und weit überschätzt und sicher sehr bald, wenn er sie tatsächlich kennenlernt, sehr enttäuscht von ihnen sein wird. Hier hat es wenig Sinn zu widersprechen und zu insistieren oder den Klienten weiter mit positiver Verstärkung zu bombardieren. Statt dessen sollte der Verhaltenstherapeut zunächst einmal sehr behutsam seine eigene Wahrnehmung in bezug auf das Verhaltensmuster des Klienten ansprechen und, wenn der Klient dazu bereit ist, dieses mit ihm durchleuchten und bearbeiten. Erst wenn dem Klienten die Zusammenhänge zwischen seinem spezifischen Verhaltensmuster in bezug auf Fremd- und Selbstverstärkung und seiner vergangenen Lerngeschichte, vor allem aber auch seinen gegenwärtigen Schwierigkeiten und Problemen (z.B. Minderwertigkeitsgefühle, Lethargie, Depression, Arbeitsstörungen, soziale Kontaktstörungen, etc.) aufgegangen sind und er gelernt hat, mit diesem Erlebensbereich anders umzugehen, wird er sich über Lob und Anerkennung von anderen echt freuen können. Erst dann aber erhalten solche positiven Äußerungen echten Verstärkerwert für ihn. Der nächste Lernschritt besteht dann darin, ihm auch zur Selbstverstärkung und damit zur Unabhängigkeit von äußeren Verstärkerquellen zu verhelfen.

Soziale Verstärkung durch den Therapeuten und die Selbstverstärkung des Klienten reichen jedoch in bestimmten Phasen der Therapie oft allein nicht aus, und es wird notwendig, nach äußeren Verstärkerquellen in der sozialen Umgebung des Klienten Ausschau zu halten und diese zu mobilisieren. Dem können große, mitunter zuüberwindbare Schwierigkeiten entgegenstehen. So werden Alkoholiker zum Beispiel sehr häufig von ihrer sozialen Umgebung in ihren Abstinenzbemühungen behindert und blockiert, statt von ihr die notwendige Unterstürzung und Ermutigung zu erhalten. Ich habe in meiner eigenen Praxis mehrmals Fälle erlebt, wo Arbeitskollegen oder „gute Freunde" dem Klienten heimlich Alkohol unter seine Limonade mischten, obwohl sie genau über seine Problematik und die Gefahr erneuten Alkoholkonsums informiert waren. Setzte der Klient sich dagegen zur Wehr, wurde er als „Spielverderber" verspottet.

Es gibt allerdings auch ganz andere Reaktionen von seiten der sozialen Umgebung. Unvergeßlich wird mir in diesem Zusammenhang ein Beispiel bleiben, wo ein ganzes Dorf unaufgefordert und mit erstaunlicher Einfühlsamkeit bei der Therapie eines alkoholabhängigen jungen Mannes mithalf, der seinen Zustand zu Beginn der Therapie sehr treffend in dem Satz zusammenfaßte: „Wenn ich es jetzt nicht packe, gehe ich vor die Hunde!" Die kleine Dorfgemeinschaft, in der der Klient zu Hause war, hatte mit Anteilnahme verfolgt, wie der junge Mann zunehmend immer mehr dem Alkohol verfiel und schließlich in bedenklichem Zustand mit einem ‚delirium tremens' ins Krankenhaus eingeliefert worden war.

Aufgrund vergangener negativer Erfahrungen, die ich bei der Therapie Alkoholabhängiger mit deren sozialer Umgebung gemacht hatte, schlug ich auch diesem Klienten vor, mögliche negative Reaktionen seiner Umgebung auf seine Abstinenzbemühungen einzukalkulieren und als Teil des Therapieprogramms unter anderem auch im Rollenspiel angemessene Gegenmaßnahmen und Verhaltensweisen dafür einzuüben. Als der Klient im Verlauf der Therapie wieder begann, Sozialkontakte aufzunehmen und sich mit alten Freunden und Bekannten im Wirtshaus zu treffen, stellte sich heraus, daß unsere Vorsichtsmaßnahmen gar nicht notwendig gewesen wären. Freunde und Bekannte nahmen ihn ganz selbstverständlich und mit großer Herzlichkeit wieder in ihrer Mitte auf. Sie akzeptierten, daß er nur noch alkoholfreie Getränke zu sich nahm, machten darüber sogar anerkennende Bemerkungen wie zum Beispiel: „Hut ab!" – „Ich weiß nicht, ob ich so viel Willenstärke hätte wie du!" Zwei besonders enge Freunde gingen solidarisch ebenfalls zu alkoholfreien Getränken über, damit „du dich nicht so allein fühlst". Viel positive Verstärkung bekam der Klient auch von den Schönen des Dorfes. Die Mädchen zeigten ihm sehr deutlich, daß er nicht nur als Tanz- und Gesprächspartner bei ihnen wieder sehr begehrt war, sondern daß sie auch seine Abstinenzbemühungen außerordentlich bewunderten und mit Hochachtung verfolgten.

Alle diese Hinweise und Vorschläge aus der praktischen verhaltenstherapeutischen Erfahrung sind sicher wichtig und nützlich. Sie können jedoch Forschungsarbeiten auf diesem Gebiet nicht ersetzen. Um soziale Verstärkung im verhaltenstherapeutischen Geschehen optimal nutzen und kontrolliert einsetzen zu können, sind umfassende und detaillierte experimentelle Analysen der dabei beteiligten Variablen und Wirkzusammenhänge notwendig. Die Beantwortung folgender Fragen ist dabei von großer Wichtigkeit: Welche Form der Verstärkung ist, bei welchen Klienten mit welcher Störung verabreicht, durch welchen Therapeuten in welcher Situation am wirksamsten? Welche Verstärkungspläne sind dabei besonders günstig? Wie läßt sich soziale Verstärkung am besten ausblenden und durch Selbstverstärkung ersetzen? Welche zusätzlichen Faktoren spielen bei solchen sozialen Verstärkungsvorgängen im verhaltenstherapeutischen Geschehen eine Rolle (z.B. Persönlichkeitseigenschaften, Einstellungen, Erfahrungen mit sozialen Verstärkern, etc.)? Ganz besonders wichtig erscheint mir dabei auch die Beantwortung der Frage: Wie lassen sich Fähigkeiten zu sozialer Verstärkung und generell die Kommunikations- und Interaktionsfähigkeit eines Verhaltenstherapeuten durch entsprechende Ausbildung und Übung verbessern?

2.5.8 Der Therapeut als soziales Modell

Unter dem Begriff des sozialen Modellernens werden Lernphänomene zusammengefaßt, deren gemeinsames Kennzeichen darin besteht, daß der Erwerb oder aber die Reduzierung beziehungsweise Löschung bestimmter Verhaltensweisen, Kognitionen, Emotionen, Einstellungen etc. durch das Beobachten einer oder mehrerer anderer Personen (sozialer Modelle) sowie der darauffolgenden Konsequenzen bewirkt wird. Dabei kommen im weiten Umfang auch Vorgänge der sozialen Verstärkung zum Tragen.

Bahnbrechend für die Beschäftigung mit dem Problemkreis des sozialen Modellernens waren besonders die Beiträge von *Bandura* (1969, 1971 a, 1971 b, 1978). Seine Therapie des Sozialen Lernens und die zahlreichen experimentellen Untersuchungen, die er und seine Mitarbeiter zum Phänomen des sozialen Modellernens durchführten, übten einen starken Einfluß auf die Weiterentwicklung der Verhaltenstherapie aus. Nach Ansicht von *Bandura* vollzieht sich das Lernen und Verlernen motorischer und emotionaler Reaktionen beim Menschen nicht sosehr in Reiz-Reaktions-Verknüpfungen in winzigen Teilschritten, sondern viel eher in molaren Lernschritten, wobei das Beobachten von Modellen eine entscheidende Rolle spielt. *Bandura* stützt sich in seinem sozial-kognitiven Modell sehr stark auf kognitive und evaluative Elemente, auf Beobachtungs- und Vorstellungsprozesse und auf die symbolische Repräsentanz äußerer Reize. Dadurch gelingt es ihm, auch sehr komplexe und differenzierte Lernvorgänge (z.B. Selbstkontroll-Phänomene) zu erklären.

Bandura unterscheidet im Zusammenhang mit Vorgängen des sozialen Modellernens drei Arten von Verhaltensänderungen:

(1) *Lernwirkungen durch Beobachten*: Hier handelt es sich um den Erwerb *neuer*, im Verhaltensrepertoire des Beobachters noch nicht vorhandener Reaktionen oder Reaktionsmuster.

(2) *Hemmende oder enthemmende Wirkungen*: Hier handelt es sich entweder um die Stärkung im Verhaltensrepertoire bereits vorhandener Reaktionen oder Reaktionsmuster, die jedoch infolge sozialer Mißbilligung oder anderer negativer Konsequenzen bisher unterdrückt wurden, oder aber um die Schwächung von Reaktionen oder Reaktionsmustern, die im Verhaltensrepertoire vorhanden sind, aufgrund der vergangenen Lerngeschichte eine hohe Auftretenswahrscheinlichkeit besitzen und durch das Beobachten eines Modells eine Schwächung erfahren, d.h. unterdrückt werden.

(3) *Reaktionserleichternde Wirkungen*: Hier handelt es sich um das „Auslösen" im Verhaltensrepertoire des Beobachters bereits vorhandener Reaktionen oder Reaktionsmuster, die in der vergangenen Lerngeschichte nicht mit negativen Konsequenzen verbunden waren. Das Verhalten des sozialen Modells dient dem Beobachter dabei als „Auslöser" oder „diskriminativer Stimulus".

Der Begriff des sozialen Modellernens umfaßt also ein breites Spektrum von Änderungsprozessen. Ebenso umfangreich sind die bisherigen Erklärungsversuche und theoretischen Einordnungsbemühungen bezüglich der diesen Phänomenen zugrundeliegenden Wirkmechanismen und -zusammenhänge. Zu den theoretischen Kontroversen und den experimentellen Beiträgen verweise ich auf die entsprechende Fachliteratur (z.B. *Bandura*, 1969, 1971 a, 1971 b; *Kanfer* und *Phillips*, 1975; *Marlatt* und *Perry*, 1977; *Rosenthal*, 1976; *Ullmann*, 1969). Speziell zur Anwendung des sozialen Modellernens in der Verhaltenstherapie gibt die Arbeit von *Rosenthal* (1976) einen guten Überblick. Ich möchte mich auf Vorgänge des sozialen Modelllernens bei verhaltenstherapeutischen Interventionen und die dazu vorliegenden Forschungsbefunde beschränken.

Von Forschungsergebnissen anderer psychotherapeutischer Schulrichtungen, aber auch von Beobachtungen im verhaltenstherapeutischen Kontext wissen wir, daß Therapeuten zumeist unbeabsichtigt und ihnen und ihren Klienten nicht bewußt Modellwirkungen für den Klienten haben, zum Beispiel in bezug auf Therapieziele, Werthaltungen, Sprachgewohnheiten etc. Der Verhaltenstherapeut kann als soziales Modell bei der Vermittlung von Fertigkeiten zum Umgang mit Ängsten und Konflikten, beim Erlernen sozialer Kommunikationsfähigkeiten und kognitiver Bewältigungsstrategien dienen.

Obwohl die Verhaltenstherapie bereits im Rahmen bestimmter Techniken (zum Beispiel des Selbstbehauptungstrainings, der Kontaktdesensibilisierung) ganz gezielt und explizit vom sozialen Modelllernen Gebrauch macht, werden die Möglichkeiten, die der Einsatz von sozialen Modellen für Lernprozesse bietet, noch nicht voll genutzt. Ein großer Teil des sozialen Modellernens im verhaltenstherapeutischen Geschehen läuft gegenwärtig zumeist noch ganz ungeplant und unkontrolliert ab. Damit wird eine Reihe therapeutischer Chancen vertan.

Immerhin gibt es bereits Verhaltenstherapeuten, die von den Möglichkeiten des sozialen Modellernens intensiv Gebrauch machen. *Mahoney* (1977) setzt solche Modellwirkungen des Therapeuten zum Beispiel gezielt bei der Vermittlung kognitiver Bewältigungsstrategien ein. Dabei bedient er sich verschiedener verhaltenstherapeutischer Techniken, zum Beispiel des Rollenspiels, des teilnehmenden Modellernens, der gedanklichen Übung. Für besonders nützlich hält *Mahoney* dabei das *Kognitive Modellernen.* Bei dieser verhaltenstherapeutischen Technik verbalisiert der Therapeut laut und für den Klienten vernehmlich seine Gedanken und inneren Verarbeitungsstrategien und hilft dem Klienten damit, die eigenen kognitiven Bewältigungsstrategien zu überprüfen und gegebenenfalls zu modifizieren und zu verbessern.

Auch *Meichenbaum* (1971, 1976, 1979) stützt sich bei seiner Arbeit sehr stark auf kognitive Aspekte des sozialen Modellernens. Sein therapeutischer Ansatz besteht zum großen Teil darin, die inneren Dialoge, die spezifischen Denkmuster und verbalisierten Verhaltensregeln des Klienten systematisch zu beobachten und wenn notwendig zu verändern, neu einzuüben und zu verstärken.

Lazarus (1971, 1978, 1979) hat wiederholt darauf hingewiesen, daß er es für wichtig hält, daß sich der Therapeut persönlich mit seinen eigenen Lernerfahrungen in die Therapie einbringt. Nach Ansicht von *Lazarus* kann die Beziehung zwischen Therapeut und Klient zudem Hinweise auf generelle Reaktionsmuster des Klienten geben und damit wichtige diagnostische Informationen liefern. In der *Interaktionellen Verhaltenstherapie* von *Grawe* (1977, 1980) ist dieser Aspekt ein zentraler Ansatzpunkt therapeutischen Handelns.

Ganz gezielt wurde das soziale Modellernen bisher besonders bei zwei verhaltenstherapeutischen Techniken eingesetzt: dem Selbstbehauptungstraining und der Systematischen Desensibilisierung, insbesondere der Kontaktdesensibilisierung.

Beim *Selbstbehauptungstraining*, einer verhaltenstherapeutischen Technik, die speziell für die Therapie sozialer Ängste entwickelt wurde, besteht ein großer Teil der therapeutischen Arbeit darin, dem Klienten neue Verhaltensweisen zur Bewältigung realer sozialer Situationen zu vermitteln. Diese Vermittlung erfolgt in erster Linie mit Hilfe von Rollenspielen, bei denen nach dem Prizip der schrittweisen Annäherung an das Behandlungsziel, der behutsamen Angstdosierung und der Inrechnungstellung der gegenwärtigen aktuellen Bewältigungsmöglichkeiten des Klienten reale Problemsituationen aus dem alltäglichen Leben des Klienten simuliert werden, um neue Bewältigungsstrategien erproben, einüben und verstärken zu können. Der Klient übernimmt bei diesen Rollenspielen abwechselnd die Rolle der Interaktionspartner und seine eigene, ist zum Beispiel einmal er selbst, dann wieder der strenge Chef. Der Therapeut als Übungspartner stellt sich dabei als angstmeisterndes und situationsbewältigendes Modell für den Klienten zur Verfügung, gibt ihm Rückmeldung über sein Verhalten sowie positive Verstärkung und leistet andere Hilfestellungen.

Mit Hilfe solcher Rollenspiele lassen sich zum Beispiel nicht nur Bewältigungsstrategien für den Umgang mit allgemein schwierigen und angstauslösenden Sozialsituationen vermitteln und einüben, wie zum Beispiel ein Vorstellungsgespräch, eine Reklamation, die Bitte um Lohnerhöhung, sondern auch konfliktreiche und belastende Interaktionsmuster aufdecken und verändern, zum Beispiel den Umgang eines Klienten mit dem sehr autoritären und jähzornigen Vater oder Schwierigkeiten einer jungen Frau mit der Schwiegermutter. Durch solche Rollenspiele schlägt man, therapeutisch gesehen, gleich mehrere Fliegen mit einer Klappe. Durch das schrittweise Vorgehen und Absichern der erfolgreichen Bewältigung der einzelnen Lernschritte werden Ängste desensibilisiert. Der Klient, der zumeist ein starkes Defizit an Bewältigungsfertigkeiten für soziale Situationen hat, erhält bei diesen Rollenspielen durch Modellwirkungen des Therapeuten, aber auch durch eigene Bemühungen die Möglichkeit, im Schutz der therapeutischen Situation Verhaltensalternativen zu entwickeln und zu erproben. Dies gibt ihm die Möglichkeit, sein Verhaltensrepertoire in bezug auf soziale Situationen entscheidend zu erweitern und zu stärken. Die Anregung und Ermutigung zur Entwicklung eigener neuer Bewältigungsstrategien und die Erfolgserlebnisse, die diese neuen Verhaltensweisen dem Klienten während der Rollenspiele, aber auch bei der Übertragung und Erprobung in der realen Alltagssituation bringen, ermutigen ihn zu einer aktiven und selbstmeisternden Einstellung generell in bezug auf Problemsituationen. Damit haben solche Rollenspiele auch psychohygienische und präventive Funktionen.

Auch bei der *Systematischen Desensibilisierung,* einer verhaltenstherapeutischen Technik zur Therapie von Ängsten der verschiedensten Art, wird soziales Modellernen bereits im weiten Umfang und mit Erfolg gezielt eingesetzt. Als soziale Modelle und „Vorbilder" benutzt man dabei entweder lebende, „echte" Modelle (z.B. Therapeut, Pflegepersonal, Familienangehörige oder andere Bezugspersonen, ehemalige Klienten, etc.) oder aber symbolische Modelle (z.B. schriftliches Material, Filme, Tonband- oder Videoaufzeichnungen etc.). Als besonders günstig in bezug auf Lern- und Generalisationseffekte hat sich dabei der Einsatz multipler Modelle erwiesen, d.h. mehrerer unterschiedlicher Vorbilder. Die sozialen Modelle scheinen bei solchen Desensibilisierungsvorgängen in erster Linie informierend und motivierend zu wirken. So konnte zum Beispiel in einer Untersuchung von *Meichenbaum* (1971) nachgewiesen werden, daß Phobiker, die die Möglichkeit erhielten, zu beobachten, wie soziale Modelle ihre Angst meistern lernten, bessere Erfolge bei der Angstbewältigung zeigten als Phobiker, die ein völlig angstfreies Modell beobachteten. Eine häufige Strategie beim gezielten sozialen Modellernen besteht deshalb darin, die Aufmerksamkeit des Lernenden (Beobachters) auf aufgabenrelevantes Verhalten des Modells zu lenken. Interessant ist in diesem Zusammenhang ein weiteres Ergebnis von *Meichenbaum* (1971). Es zeigte sich, daß Modelle, die ihre Gedanken und Gefühle während der Durchführung der relevanten Aufgabe laut verbalisierten, den Beobachter stärker beeinflußten als Modelle, die nicht verbalisierten.

Ganz explizit und gezielt macht die von *Ritter* (1968, 1969) im Rahmen der Systematischen Desensibilisierung entwickelte *Kontaktdesensibilisierung* vom sozialen Modellernen Gebrauch. Bei der Kontaktdesensibilisierung stehen analog zum teilnehmenden Modellernen (*Bandura*, 1971) Beobachter und Modell (zumeist der Therapeut) in direkter Interaktion miteinander. Das Modell gibt dem Klienten zunächst eine anleitende Demonstration des entsprechend der zuvor erarbeiteten Angsthierarchie in Frage kommenden Zielverhaltens. Danach führt das Modell den Klienten Schritt für Schritt durch alle Aufgaben, hilft ihm, wenn notwendig, direkt, gibt Rückmeldung, Ermutigung und Verstärkung. Die Kontaktdesensibilisierung umfaßt also die Beobachtung eines realen Modells und die Teilnahme am sukzessiven Annäherungsverhalten dieses Modells.

Für den Verhaltenstherapeuten ergeben sich somit auch bei der Technik der Systematischen Desensibilisierung, insbesondere der

Kontaktdesensibilisierung, wichtige Modellfunktionen, indem er sich dem Klienten als angstbewältigendes, situationsmeisterndes Vorbild zur Verfügung stellt.

Wichtige Determinanten des sozialen Modellernens

Angesichts der Bedeutsamkeit solcher Modellwirkungen und -funktionen des Therapeuten im Rahmen der verhaltenstherapeutischen Intervention stellt sich die Frage, welche Eigenschaften und Faktoren einen Therapeuten zu einem guten, d.h. für den Klienten nachahmenswerten sozialen Modell machen. Es liegt nahe, bei der Beantwortung dieser Frage die Faktoren heranzuziehen, die sich aufgrund von Forschungsergebnissen generell als wichtige Determinanten des sozialen Modellernens erwiesen haben (*Bandura*, 1971 a, 1971 b; *Marlatt* und *Perry*, 1977; *Rosenthal*, 1976).

Das Ausmaß, in dem ein Beobachter ein Modell nachahmt, scheint beim gegenwärtigen Stand der Forschung eine Funktion vor allem folgender Faktoren zu sein:
(1) Die tatsächliche oder vermeintliche Kompetenz des Modells sowie sein Prestige und sein Status. Die Einschätzung dieser Faktoren durch den Klienten wird wiederum sehr stark beeinflußt vom Verhalten und Auftreten des Therapeuten, aber auch von äußeren Faktoren, wie zum Beispiel Titel, Diplom, Büroausstattung, Bücher etc. (vgl. dazu auch *Goldstein*, 1977). Das Modell darf dem Beobachter aber wiederum auch nicht zu kompetent erscheinen, da sonst leicht Entmutigung eintritt, weil der Beobachter das Verhalten des Modells als für ihn zu schwierig und nie erreichbar einschätzt. Hier haben sich sogenannte „Gleitmodelle" besonders gut bewährt, die sich im Sinne der sukzessiven Annäherung an das Lernziel bei ihrer Demonstration der Aufgabenbewältigung schrittweise verbessern.
(2) Die Ähnlichkeit und interpersonelle Anziehung zwischen Modell und Beobachter, wobei diese beiden Faktoren in enger Wechselwirkung zu stehen scheinen. Als anziehend werden Modelle besonders dann empfunden, wenn sie warm, herzlich und zugewandt wirken.
(3) Das Ausmaß belohnender Qualitäten, die der Beobachter mit dem Modell verbindet.

Wie kann die Modellwirkung des Therapeuten für den Klienten erhöht werden?

Aufgrund dieser Informationen bieten sich insbesondere zwei Möglichkeiten an, die Modellwirkung des Therapeuten für den Klienten zu erhöhen: (1) Therapeut und Klient werden einander so zugeordnet, daß eine optimale Konstellation in bezug auf Ähnlichkeit und interpersonelle Anziehung gewährleistet ist. Dieses Vorgehen wird in der anglo-amerikanischen Literatur als ,,matching therapist and client" bezeichnet. Auf diese Strategie werde ich noch ausführlicher zurückkommen. (2) Die zweite Möglichkeit besteht darin, den Therapeuten so auszustatten, daß sich seine Attraktivität als soziales Modell für den Klienten erhöht. Letzten Endes geht es dabei vor allem darum, die interpersonellen Fähigkeiten des Therapeuten zu verbessern. Dazu aber benötigt der Verhaltenstherapeut bei seiner Ausbildung und Fortbildung Rückmeldung über sein therapeutisches Verhalten, insbesondere aber die Möglichkeit zur Selbsterfahrung und zum Aufarbeiten eigener Konflikte und Schwierigkeiten. Nur wenn er gelernt hat, mit eigenen Ängsten und Konflikten angemessen umzugehen, kann er auch ein „gutes", d.h. angstbewältigendes und konfliktmeisterndes Modell für seinen Klienten sein.

Multiples Modellangebot

Die Frage nach den Eigenschaften eines „guten" Modells macht zudem noch einmal deutlich, daß die Wirksamkeit von Modellwirkungen durch das Angebot mehrerer Modelle entscheidend erhöht werden kann. Zu beobachten, daß mehrere Personen die kritische Situation meistern, hat nicht nur ermutigende und motivierende Wirkung, sondern der Klient erhält durch das Angebot multipler Modelle auch die Chance, sehr individuelles, unterschiedliches Umgehen mit Problemsituationen zu beobachten und sich dann für diejenige Vorgehensweise und Strategie zu entscheiden, die ihm persönlich am meisten liegt und entgegenkommt. Hier sehe ich auch eine wichtige Funktion der verhaltenstherapeutischen Arbeit in Gruppen, die bisher noch viel zu sehr vernachlässigt wurde (vgl. dazu auch *Grawe*, 1980; *Kanfer* und *Goldstein*, 1977; *Lieberman,* 1977).

Ich möchte im Zusammenhang mit dem Aspekt multipler Modelle noch kurz einen anderen Bereich des sozialen Modellernens ansprechen, der von der Verhaltenstherapie bislang noch weitgehend vernachlässigt wurde: die Möglichkeit, „gute" Modelle aus der alltäglichen Umgebung des Klienten in die Therapie miteinzubeziehen. Gerade dort, wo die Verhaltenstherapie dyadisch durchgeführt wird, ist es nicht nur hilfreich, sondern auch notwendig, dem Klienten zusätzlich zum Therapeuten noch andere Modelle zur Verfügung zu stellen, die ihm als Vorbilder beim Umgang mit Problemsituationen helfen können. Zumeist sind in der natürlichen Umgebung des Klienten solche „guten" Modelle durchaus vorhanden, zum Beispiel Arbeitskollegen, Freunde, Familienangehörige etc. Der Klient hat sie häufig nur bislang nicht bewußt in ihrer Funktion als mögliche soziale Modelle wahrgenommen und genutzt. Ich fordere deshalb meine Klienten in der Therapie häufig dazu auf, ganz gezielt Ausschau zu halten, wie andere Menschen in ihrer Umgebung mit kritischen Situationen, Problemen, Ängsten und Konflikten umgehen, und ermutige sie, mit Bewältigungsstrategien, die ihnen bei diesen Beobachtungen besonders gefallen oder besonders wirksam und nachahmenswert erscheinen, selbst zu experimentieren. Das kann zum Beispiel zunächst im Rahmen von Rollenspielen in der therapeutischen Situation geschehen, später in Realsituationen außerhalb der Therapie. Der Klient kann so nach und nach an Hand einer Vielzahl von Modellen und Vorbildern seinen eigenen Bewältigungsstil entwickeln und verfeinern.

Optimale Zuordnung von Klient und Therapeut

Als eine weitere Möglichkeit, das Ausmaß der Modellwirkung des Therapeuten für den Klienten zu erhöhen, wurde eine optimale Zuordnung von Therapeut und Klient genannt. Bereits in den vergangenen Kapiteln wurde deutlich, daß für den therapeutischen Erfolg auch die Beziehung der beiden Therapiepartner zueinander entscheidend ist und daß das Ausmaß, in dem sich beide mögen und verstehen, unter anderem auch den Verstärkerwert des Therapeuten für den Klienten und seine Wirkung als soziales Modell für ihn bestimmen. Eine optimale Zuordnung von Therapeut und Klient ist deshalb für den Therapieerfolg ein entscheidendes Kriterium.

Zu dieser Frage liegen bereits zahlreiche theoretische und experimentelle Beiträge vor (siehe dazu auch *Berzins,* 1977; *Goldstein,* 1977; *Luborsky* et al. 1971; *Strupp* und *Bergin,* 1969). Die bisherigen Ergebnisse sind jedoch uneinheitlich und widersprüchlich, so daß wir bislang noch kaum gesicherte Kenntnisse über diesen Problemkreis haben. Vorsichtig formuliert, läßt sich beim gegenwärtigen Stand der Forschung deshalb nur sagen, daß eine optimale Zuordnung von Klient und Therapeut dann gewährleistet zu sein scheint, wenn aufgrund bestimmter Ähnlichkeiten zwischen Therapeut und Klient interpersonelle Anziehung zwischen ihnen besteht. Zu diesen

Ähnlichkeitsfaktoren werden gezählt: Geschlecht, sozio-ökonomische Zugehörigkeit, Interessen, Werthaltungen, Lebensanschauungen, Sprache, Bildungsniveau, Erwartungen in bezug auf das therapeutische Geschehen, den Therapieerfolg und die Rolle, die beiden Therapiepartnern dabei zukommt, Bedürfnisse nach emotionaler Nähe beziehungsweise Distanz, etc.

Ähnlichkeit und interpersonelle Anziehung zwischen Therapeut und Klient

Von der Verhaltenstherapie wurde die Frage nach der Ähnlichkeit und interpersonellen Anziehung zwischen Therapeut und Klient bisher vorwiegend im Rahmen des sozialen Modellernens gestellt (vgl. dazu auch *Meichenbaum,* 1971). Es gibt aber in der Verhaltenstherapie, vor allem in neueren Ansätzen, auch noch andere, mehr indirekte Bemühungen, die Ähnlichkeit zwischen Therapeut und Klient zu erhöhen. Ich denke hier an die Versuche, Gemeinsamkeiten in der Konzeptualisierung von Therapeut und Klient in bezug auf die therapeutische Situation herzustellen.

Bereits in einem Eingangskapitel des vorliegenden Buches wurde aufgezeigt, daß ein entscheidender Arbeitsschritt in der Anfangsphase der verhaltenstherapeutischen Intervention darin besteht, dem Klienten eine problemangemessene Konzeptualisierung des therapeutischen Vorgehens zu vermitteln (vgl. dazu auch *Goldiamond,* 1965; *Kanfer,* 1977; *Lazarus* und *Fay*, 1977; *Mahoney*, 1977; *Manno* und *Marston,* 1972; *Meichenbaum,* 1979). Das didaktische Vorgehen variiert dabei von Therapeut zu Therapeut und wird zudem meist auch sehr eng an den Bedürfnissen und Eigenarten des betreffenden Klienten ausgerichtet. Manche Therapeuten (z.B. *Manno* und *Marston,* 1972) beschränken sich auf eine kurze Einführung in die wichtigsten lerntheoretischen und verhaltenstherapeutischen Prinzipien. Andere Verhaltenstherapeuten wiederum (z.B. *Goldiamond*, 1965) geben ihren Klienten eine eingehende Schulung, die auch das Studium entsprechender Fachbücher einschließt. Dieses Bemühen um eine gemeinsame Konzeptualisierung soll der Verbesserung der Verständigungsmöglichkeiten zwischen Therapeut und Klient dienen, verhilft dem Klienten darüber hinaus aber auch zu einer besseren Einsicht in die Zusammenhänge seines Problemverhaltens und motiviert ihn dadurch zur aktiven Teilnahme.

Die therapeutische Arbeit mit Angehörigen unterprivilegierter Schichten

Die bislang zur Verfügung stehenden, traditionellen psychotherapeutischen Hilfsangebote wurden für und an Mittelschicht-Klienten entwickelt und sind deshalb auch weitgehend an deren Bedürfnissen und Möglichkeiten ausgerichtet. Darüber hinaus entstammt der größte Teil der Psychotherapeuten der Mittel- oder Oberschicht. Durch diese Herkunft aus der gleichen sozialen Schicht bestehen zwischen Therapeut und Mittelschicht-Klient sehr viel mehr Gemeinsamkeiten bezüglich Sprachgewohnheiten, Denkstil, Lebensanschauungen, Wertsysteme und Konfliktbewältigungsstrategien und damit bessere Verständigungs- und Verstehensmöglichkeiten als zwischen Therapeut und Unterschicht-Klient (vgl. dazu auch *Goldstein*, 1978).

Zwar bietet die Verhaltenstherapie mit ihren Möglichkeiten nichtsprachgebundener therapeutischer Intervention auch Hilfe für solche Problemgruppen an, die bisher weitgehend von den psychotherapeutischen Bemühungen traditioneller Therapierichtungen ausgeschlossen waren (z.B. Retardierte, Chronisch-Schizophrene, Kleinkinder etc.), sozial unterprivilegierte Schichten werden jedoch gegenwärtig auch im verhaltenstherapeutischen Ansatz noch weitgehend vernachlässigt. Es ist deshalb zu begrüßen, daß in letzter Zeit von verhaltenstherapeutischer Seite immer häufiger gefordert wird, das therapeutische Vorgehen auch an den konkreten Lebensgewohnheiten und Bedürfnissen der Unterschicht-Klienten auszurichten sowie spezifische Therapietechniken für diese Klientengruppe zu entwickeln (*Goldstein*, 1978; *Jaeggi*, 1977; *Keupp* und *Zaumseil*, 1978).

In diesem Zusammenhang ist vor allem das Konzept von *Goldstein* (1978) zu nennen. Mit seiner *Strukturierten Lerntherapie*, die er auf der Grundlage theoretischer und empirischer Forschungsergebnisse sowie eigener experimenteller Untersuchungen entwickelt hat, bietet er für Unterschicht-Klienten ein therapeutisches Programm an, bei dem das Schwergewicht auf einem *Bewältigungstraining* mit Hilfe des Modellernens, Rollenspiels und von sozialen Verstärkungstechniken liegt. Im Mittelpunkt stehen dabei Versuche der Sprachschulung.

Wir wissen, daß die Sprache eine zentrale Funktion für unser Denken, Handeln und Lernen hat. Es liegen zahlreiche Untersuchungen vor, die belegen, daß bildungsärmere Schichten aufgrund ihrer spezifischen Sozialisationsbedingungen ein von der Mittelschicht abweichendes Sprachmuster erwerben. In Anlehnung an die Untersuchungen und das Konzept von *Bernstein* (1973) unterscheidet man dabei zwischen dem „elaborierten Code“ der Mittelschicht und dem

„restringierten Code" der Unterschicht. Es konnte nachgewiesen werden, daß dieses begrenzte, verarmte enge Sprachmuster der bildungsärmeren Schichten nicht nur weitere zusätzliche Benachteiligung beim Erwerb emotionaler, kognitiver und handlungsmäßiger Fähigkeiten und Fertigkeiten mit sich bringt, sondern daß es auch die therapeutischen Bemühungen im Rahmen bisher vorliegender therapeutischer Ansätze behindert. Therapeutische Konzepte für bildungsärmere und sozial benachteiligte Schichten sollten deshalb diese Sprachbarrieren unbedingt berücksichtigen und bei ihrem spezifischen Vorgehen in Rechnung stellen.

Jaeggi (1977) wies in diesem Zusammenhang darauf hin, daß der Therapeut bei seiner Arbeit mit unterprivilegierten Schichten immer auch ein Stück weit Spracherziehung betreiben muß. *Jaeggi* bringt, ausgehend von eigenen beruflichen Erfahrungen, Vorschläge für eine solche therapeutische Erziehung zum Verbalisieren.

In diesem Zusammenhang ist noch der Einsatz von Therapeuten zu nennen, die der gleichen Schicht entstammen wie der Klient „Laientherapeuten" (vgl. dazu oben S. 99).

Im weiteren Sinne zählen zu diesem Lösungsansatz auch die zahlreichen Versuche mit sogenannten Selbsthilfegruppen, wie zum Beispiel den Anonymen Alkoholikern, den Gewicht-Wächtern, Frauenselbsthilfegruppen, Selbsthilfegruppen von Krebskranken, etc., die zum Teil beträchtliche Erfolge nachweisen können. Solchen Ansätzen dürfte bei der Weiterentwicklung psychotherapeutischer, vor allem aber präventiver Hilfsangebote insbesondere im Rahmen der Gemeindepsychologie eine entscheidende Bedeutung zukommen.

Verhaltenstherapie mit Subkulturen

Im Zusammenhang mit Fragen nach Ähnlichkeit und interpersoneller Anziehung zwischen Therapeut und Klient muß noch auf eine ganz andere Klientengruppe hingewiesen werden, und zwar auf Klienten, die sogenannten Subkulturen angehören, zum Beispiel Drogenabhängige, Verwahrloste, Kriminelle. Solche Klienten haben nicht nur ihre eigene, dem Therapeuten nicht oder nur sehr schwer verständliche Sprache, sondern in der Regel auch Werthaltungen und Lebensanschauungen, die denen des Therapeuten genau entgegengesetzt sind. Der traditionelle Psychotherapeut wird von solchen Klienten deshalb häufig abgelehnt und erhält im Sinne der Gegenkontrolle oft auch die Funktion eines „negativen Modells", das oppositionelles Verhalten fördert. Auch zu diesem Problem liegt von verhaltenstherapeutischer Seite bereits eine Reihe von Lösungsvorschlägen und Lösungsansätzen vor (*De Voge* und *Beck*, 1978; *Pielmaier*, 1979; *Schwitzgebel*, 1964, 1967, 1969; *Schwitzgebel* und *Kolb*, 1964). Gemeinsames Kennzeichen dieser Lösungsversuche ist das Bemühen, Ähnlichkeit und Anziehung zwischen Therapeut und Klient zu fördern. Auf die Strategien, die dazu bisher entwickelt und erprobt wurden, kann hier nicht näher eingegangen werden. Wir verweisen dazu auf die erwähnte Fachliteratur.

Verhaltenstherapeutische Gruppenarbeit

Zum Schluß sei noch auf einen anderen möglichen Lösungsweg hingewiesen, der Schwierigkeiten bei der optimalen Zuordnung von Therapeut und Klient überbrücken helfen kann: die verhaltenstherapeutische Gruppenarbeit. Erfahrungen aus der verhaltenstherapeutischen Gruppenarbeit mit sozialen Ängsten, Phobien, Prüfungsängsten, Abhängigkeiten von Alkohol, Drogen, Nikotin oder anderen Suchtmitteln, Übergewicht etc. zeigen, daß die Mitglieder einer therapeutischen Gruppe sich gegenseitig entscheidende therapeutische Hilfestellungen geben können. Aufgrund ähnlicher Problematik, häufig auch ähnlicher Lerngeschichte, eventuell noch vergleichbar bezüglich sozio-ökonomischem Hintergrund, Lebensanschauungen und Werthaltungen, sind Klienten solcher therapeutischer Gruppen besonders gut geeignet, gegenseitig soziale Modellfunktionen zu übernehmen und Lernprozesse zu erleichtern. Bei meiner eigenen Arbeit mit solchen therapeutischen Gruppen erlebe ich immer wieder, daß Klienten sich zumeist gegenseitig weitaus bessere soziale Modelle sind, als dies dem Therapeuten je möglich wäre. Zudem sind Lernhilfen und konkrete „Tips" und Anregungen, die von Erfahrungen der Gruppenmitglieder kommen, zumeist viel plausibler, einsichtiger und überzeugender als solche aus dem Erfahrungsschatz des Therapeuten. Dabei profitiert nicht nur derjenige Klient, der sich ein anderes Mitglied der Gruppe, das bereits ein oder zwei Schritte bei dem betreffenden Problem weiter ist als er selbst, zum Modell wählt. In der Regel haben auch die sozialen Modelle selbst therapeutischen Gewinn. Andere Leidensgenossen an seinen therapeutischen Bemühungen und Erfolgen teilhaben lassen, erfahren, daß man gewissermaßen „Vorbild" für andere ist, kann ungemein motivierend und verstärkend wirken. Auch unter dem Aspekt des sozialen Modellernens kommt verhaltenstherapeutischen Gruppenansätzen also entscheidende Bedeutung zu.

Der Verhaltenstherapeut als Interaktionspartner und „Gegenspieler"

Bei unserer bisherigen Diskussion des Problembereichs einer optimalen Zuordnung von Therapeut und Klient waren wir von der Funktion des Therapeuten als eines sozialen Modells für den Klienten ausgegangen. Dabei hatten sich Ähnlichkeit und interpersonelle Anziehung zwischen Therapeut und Klient als wichtige und bedeutsame Faktoren erwiesen. Die optimale Zuordnung von Therapeut und Klient kann aber auch noch unter einem anderen Gesichtspunkt betrachtet werden, und zwar unter dem der Funktion des Therapeuten als Interaktionspartner und „Gegenspieler" für den Klienten. Viele Probleme und Konflikte der Klienten betreffen soziale Interaktionen und Kommunikationen mit engen Bezugspersonen, aber auch mit der weiteren sozialen Umgebung. Zumeist hat der Klient aufgrund seiner individuellen Lerngeschichte und seiner Konfrontation und Erfahrung mit ganz bestimmten Interaktionspartnern ein ganz spezifisches, meist sehr enges und stereotypes soziales Interaktionsmuster erworben, das viele seiner gegenwärtig bestehenden Probleme bedingt und aufrechterhält. Sein Fixiertsein und Festhalten an diesen Reaktions- und Interaktionsmustern und an bisher praktizierten Problemlösungsstrategien wird zumeist dadurch unterstützt, daß sich der Klient im weiteren Verlauf seiner Lebensgeschichte immer wieder, zumeist unbewußt, Interaktionspartner sucht (z.B. Freunde, Bekannte, Ehepartner etc.), die seinen frühen Bezugspersonen (z.B. Vater, Mutter, Großeltern, Geschwistern etc.) in wichtigen Merkmalen ähneln und ihn indirekt zwingen, an seinen bisherigen Interaktionsmustern festzuhalten. So wählt sich zum Beispiel eine gehemmte, ängstliche unselbständige Frau, die einen sehr autoritären strengen Vater hatte, unter Umständen einen dominierenden unnachsichtigen Ehepartner.

Durch die Therapie erhält ein Klient vielleicht zum ersten Mal in seinem Leben die Chance, aus diesem ‚circulus vitiosus' auszubrechen, indem er mit einem Interaktionspartner, dem Therapeuten, konfrontiert wird, der sich konträr oder doch zumindest sehr viel anders verhält als seine bisherigen Sozialpartner und der ihn dadurch herausfordert, sich auch selbst anders als bisher zu verhalten. Das starre stereotype Verhaltensmuster des Klienten kann dadurch aufgeweicht, durchbrochen und sein Verhaltensrepertoire in dem entsprechenden Bereich entscheidend erweitert und verändert werden. Unter diesem Aspekt werden zum Beispiel Fragen nach Geschlecht, Alter, Persönlichkeitseigenschaften etc. des Therapeuten, der für einen bestimmten Klienten besonders geeignet scheint, relevant. Die Probleme einer solchen optimalen Zuordnung von Therapeut und

Klient dürften dabei jedoch sehr vielschichtig und komplex sein. So wäre für die gehemmte, ängstliche unselbständige Klientin im obengenannten Beispiel sicher ein männlicher Therapeut, der sehr partnerschaftlich, gewährend und akzeptierend mit Frauen umgeht, ein guter Interaktionspartner, der dieser Klientin helfen könnte, ihre bisherigen Lernerfahrungen mit männlichen Bezugspersonen zu korrigieren, bisherige, diesbezügliche frustrierende Rollenstereotype zu überprüfen und aufzugeben sowie neue Interaktionsmuster zu erproben und einzuüben. Es wäre jedoch auch denkbar, daß diese Klientin derart unsicher und gehemmt ist, daß sie die Chancen der Auseinandersetzung mit einem solchen neuen männlichen Interaktionspartner zu Beginn der Therapie noch gar nicht nutzen könnte. Zu diesem Zeitpunkt könnte ihr eine Therapeutin möglicherweise mehr Hilfe geben, die sie ermutigt und stützt und ihr als soziales Modell vorlebt, daß Selbstsicherheit, Aktivität, Akzeptieren und Verwirklichen der eigenen Wünsche und Bedürfnisse durchaus nicht gleichbedeutend sind mit „unweiblich", „aggressiv", „egoistisch". Für diese Klientin wäre sicher eine verhaltenstherapeutische Gruppe, die sowohl eine Therapeutin als auch einen Therapeuten hat, ganz besonders günstig.

Bisher finden sich zu diesem Problemkreis erst vereinzelt ein paar Hinweise und persönliche Erfahrungsberichte (z.B. *Lazarus*, 1979) in der Fachliteratur, kontrollierte empirische Untersuchungen sind notwendig.

Der Klient als Modell für seine Bezugspersonen

Am Schluß unserer Diskussion von Vorgängen des sozialen Modelllernens in der Verhaltenstherapie soll noch ein interessanter Nebenaspekt erwähnt werden. Oft hat das neue Problembewältigungsverhalten des Klienten Modellfunktion für seine nahen Bezugspersonen. So berichten viele Klienten spontan, daß sie den Eindruck hätten, ihre Familienangehörigen oder Freunde würden bestimmte ihrer neuen Verhaltensweisen nachahmen.

Eine Klientin beobachtete zum Beispiel, daß ihr bislang sehr passiver und nachgiebiger Ehemann plötzlich viel durchsetzungsfähiger wurde, wobei er sich zum Teil wortwörtlich der gleichen Formulierungen bediente, wie sie sie sich selbst im Verlauf der Therapie angeeignet hatte. Eine andere Klientin berichtete, sie habe neulich den zehnjährigen Sohn und die zwölfjährige Tochter dabei überrascht, wie sie ein Streitgespräch führten, das unglaubliche Ähnlichkeit mit den Auseinandersetzungen gehabt hatte, wie sie jetzt bemüht sei, mit ihrem Mann zu erreichen: freundlicher, aber fester Hinweis auf die eigenen Wünsche, Gefühle und Bedürfnisse, Bereitschaft, dem Partner zuzuhören und seine Sicht zu verstehen, gemeinsames Bemühen um eine faire Problemlösung. Mitunter sind sich die betreffenden Personen dieses Modellernens gar nicht bewußt. Oft aber handelt es sich dabei auch um einen Lernprozeß, der von der Bezugsperson des Klienten ganz bewußt wahrgenommen, ja sogar intendiert wird.

So erklärte mir die Ehefrau eines Klienten, daß es ihr Mut gemacht habe, zu beobachten, wie sich ihr Mann aus der bislang zu engen Bindung an seine Eltern gelöst habe und die Beziehung zu den Schwiegereltern dadurch jetzt viel unbelasteter und harmonischer sei. Sie habe ähnliche Probleme mit den eigenen Eltern, für die es zum Beispiel selbstverständlich sei, daß sie täglich zweimal anriefen und man sich mindestens jedes Wochenende einmal treffe. Daran wolle sie jetzt auch etwas ändern.

Eine Mutter, deren Tochter sich wegen einer Angstneurose bei mir in Therapie befand, erklärte mir verschmitzt lächelnd, sie probiere gerade mit Erfolg die Strategie des Nichtweglaufens vor Angstsituationen bei einer Reihe eigener Ängste aus, nachdem sie bei ihrer Tochter gesehen habe, daß das „hinhauen kann“.

Für viele Klienten bedeutet die Wahrnehmung, daß sie für ihre Bezugspersonen gewissermaßen Vorbild geworden sind, eine enorme positive Verstärkung, die ihnen hilft, das betreffende Verhalten weiter zu festigen und zu verbessern. Mitunter bekommen sie dazu noch ganz explizit verbale Verstärkung von der betreffenden Bezugsperson.

Einer meiner Klienten hatte mit außerordentlichem Engagement an seiner Abhängigkeit vom Alkohol gearbeitet und war seit mehreren Monaten völlig abstinent. Auf Wunsch seiner Frau hatten beide Ehepartner beschlossen, auch das Rauchen einzustellen. Die Frau, die dabei große Schwierigkeiten hatte, begann immer häufiger, ihrem Mann offen ihre Bewunderung auszusprechen, daß er es geschafft habe, vom Alkohol loszukommen. Sie betonte immer wieder, daß ihr jetzt erst so richtig klar werde, was er da eigentlich geleistet habe und daß sie mächtig stolz auf ihn sei.

2.5.9 Mit Widerständen umgehen

In den vergangenen Kapiteln tauchte bereits mehrmals das Problem des „Widerstands“ auf. Es fielen Stichworte wie „Gegenkontrolle“, „oppositionelles Verhalten“. *Mahoney* spricht in diesem Zusammenhang auch vom „Du kannst mich mal!“-Phänomen.

Jeder Psychotherapeut, gleich welcher Schulrichtung, kennt aus seiner praktischen Arbeit eine Vielzahl von Beispielen für Widerstandsphänomene. Widerstand in der Therapie kann sehr unterschiedliche Gestalt annehmen und reicht praktisch vom ganz offenen „nein“ des Klienten bis hin zu sehr subtilen, nur schwer aufzudeckenden Manövern, bei denen der Klient bei scheinbarer Bereitschaft und Mitarbeit die Therapie dennoch laufend sabotiert. Ganz gleich von welcher Strategie oder Taktik der Klient Gebrauch macht, letzten Endes läuft es immer darauf hinaus, daß die Therapie stagniert, Therapeut und manchmal auch der Klient mehr oder weniger verärgert reagieren und unter Umständen sogar therapeutische Resultate zustandekommen, die den ursprünglich vereinbarten Therapiezielen entgegengesetzt sind. Solche Widerstände beeinflussen also nicht nur auf eine negative Weise Ablauf und Ergebnis der therapeutischen Intervention, sondern können auch zum Abbruch der Therapie führen.

Bei anderen therapeutischen Schulrichtungen, zum Beispiel der psychoanalytischen, zentraler Punkt der therapeutischen Arbeit, wurde das Widerstandsphänomen für die Verhaltenstherapie erst in dem Maße aktuell, in dem die Therapeut-Klient-Beziehung in den Blickpunkt des Interesses rückte. Folglich steckt die Verhaltenstherapie in bezug auf diesen Problemkreis noch ganz in den Forschungsanfängen. Es liegen bereits ein paar theoretische Erklärungs- und Einordnungsbemühungen vor sowie einige praktische verhaltenstherapeutische Empfehlungen und Ratschläge für den Umgang mit diesem Phänomen (*Cameron*, 1978; *Caspar* und *Grawe*, 1980; *Davison*, 1973; *De Voge* und *Beck*, 1978; *Mahoney*, 1977; *Wilson* und *Evans*, 1976, 1977). Experimentelle Beiträge stehen jedoch noch aus.

Erscheinungsformen und Ursachen von Widerständen

So vielfältig wie die Erscheinungsformen von Widerständen im psychotherapeutischen Prozeß, so vielfältig können auch ihre Ursachen sein. Wenn der Klient offenen Widerstand anmeldet, wenn er plötzlich beginnt, Aufzeichnungen oder andere Aufgaben (z.B. Entspannungsübungen, die Durchführung der Übungsschritte einer Desensibilisierung ‚in vivo‘, etc.) immer wieder zu vergessen, oder wenn er vorschützt, keine Zeit dafür gefunden zu haben, oder wenn die Therapie aus irgendwelchen unerfindlichen Gründen mit einem Male merklich stagniert, ist es an der Zeit, daß der Therapeut untersucht, welche Ursachen diesem Widerstand zugrunde liegen.

Oft kann hier bereits ein offenes Gespräch mit dem Klienten Aufklärung und Abhilfe bringen. Es entbindet den Therapeuten jedoch nicht davon, auch sein bisheriges therapeutisches Vorgehen noch einmal genau nach möglichen Fehlern zu überprüfen. Häufig wird sich zeigen, daß es sich gar nicht um „Gegenkontrolle“ oder „Opposition“

im eigentlichen Sinne handelt, sondern daß der Klient eigentlich möchte, aber aus bestimmten Gründen nicht kann.

Widerstände treten häufig bereits bei der Informationssammlung und Datenerhebung auf und haben ihre Ursache nicht selten in Angst und Scham des Klienten in bezug auf das, was der Therapeut zutage fördern und was er davon denken könnte. Es kommt auch gar nicht selten vor, daß Klienten ihre „Hausaufgabe“ des Protokollierens oder des Erstellens einer Häufigkeitskurve bestimmter Verhaltensereignisse immer wieder „vergessen“, weil sie sich schämen, dem Therapeuten einzugestehen, daß sie seinen langen komplizierten Ausführungen bei dieser Aufgabenstellung nicht folgen konnten oder generell nicht wissen, wie solche Aufgaben zu bewältigen sind. So liegt eine häufige Ursache für scheinbaren Widerstand ganz einfach in mangelnder oder ungenügender Information oder aber in einer Überforderung des Klienten. Das trifft insbesondere auf alle jene Aufgaben und Situationen zu, in denen Ängste eine Rolle spielen. Ein Klient, der vor lauter Arbeit nicht dazu kommt, die vereinbarten Desensibilisierungsübungen in Realsituationen durchzuführen (z.B. zwei Haltestellen mit der U-Bahn fahren, zum Tanzen gehen und trotz zahlreicher „Körbe“ Mädchen zum Tanzen auffordern, im Seminar eine Frage stellen, etc.), kneift oft ganz einfach aus Angst vor diesen Aufgaben. Das ist ein deutliches Zeichen, daß der Übungsschritt noch zu schwierig war und eine Überprüfung des therapeutischen Vorgehens angezeigt ist.

Bei Klienten mit einer Leistungsproblematik, zum Beispiel mit Arbeits- und Lernstörungen oder Prüfungsängsten, ist die Gefahr von Widerständen besonders groß. Es läßt sich nicht von der Hand weisen, daß die Verhaltenstherapie, bedingt durch ihre spezifische Struktur und Vorgehensweise, Widerstände beim Klienten besonders leicht auszulösen und zu fördern scheint (vgl. dazu auch *Caspar* und *Grawe*, 1980; *Jaeggi*, 1980). Fest steht, daß die Verhaltenstherapie durch ihren zielorientierten, lern- und aufgabenbetonten Charakter viele Ähnlichkeiten mit Schulsituationen aufweist: der Klient bekommt Hausaufgaben (Verhaltensbeobachtungen und -aufzeichnungen, beschwerliche und beängstigende Übungen), der Therapeut lobt und tadelt, er achtet auf kontinuierliches Arbeiten an den Problemen, es wird auf dem höchstmöglichen Leistungsniveau angesetzt und zielstrebig vorangegangen, wobei es leicht zu Überforderungen kommen kann. Der Therapeut kann dabei schnell in die Rolle eines Antreibers oder strengen Lehrers geraten, der den Klienten unter Leistungsdruck setzt und damit Aggressionen, Ängste und Widerstände bei ihm provoziert und auslöst. Die Therapie wird dann sehr schnell zu einer Machtprobe zwischen Therapeut und Klient. Die Leistungsproblematik und die eventuell damit verbundenen Ängste, Aggressionen, Beziehungsschwierigkeiten und Konflikte bleiben ungelöst und unbearbeitet.

Aus diesem Grunde ist es vor allem bei solchen Klienten, die sich durch Leistungsanforderungen besonders schnell irritiert und unter Druck gesetzt fühlen, außerordentlich wichtig, daß der Therapeut die möglichen Gefahren der Überforderung und des Leistungszwanges für einen bestimmten Klienten in Rechnung stellt. Dies erfordert von ihm nicht nur Flexibilität, sondern auch ein Gespür für die Bedürfnisse des Klienten, die bei den strategischen Überlegungen immer im Mittelpunkt stehen sollten. Für einen Verhaltenstherapeuten, der sein therapeutisches Programm stramm in 30 Sitzungen durchziehen möchte, kann dies eine echte Geduldsprobe werden.

Mir fällt in diesem Zusammenhang ein Student ein, der mich wegen starker Depressionen, sozialer Kontaktschwierigkeiten und Lern- und Arbeitsstörungen konsultierte. Seine Lern- und Arbeitsstörungen beschrieb er als „totales Blockieren". So kam es zum Beispiel bei Klausuren häufig vor, daß er wie gelähmt vor seiner Arbeit saß und dann am Ende leere Blätter abgab. Beim häuslichen Lernen hatte er ähnliche Schwierigkeiten. Auch unsere ersten Sitzungen verliefen nach diesem Verhaltensmuster. Auf Fragen oder Anweisungen von mir verfiel er in Schweigen, starrte vor sich hin, vermied jeglichen Blickkontakt mit mir und zeigte alle Anzeichen von passivem Widerstand. Ich hatte bald den Eindruck, daß bereits Fragen, die von mir ganz neutral gemeint waren (zum Beispiel: „Wie ist es Ihnen in der letzten Woche ergangen?"), ihn unter Leistungsdruck setzten und in Abwehrstellung gehen ließen. Richtete ich mein Interesse hingegen auf seine augenblickliche Gefühlslage (zum Beispiel: „Wie fühlen Sie sich?" oder „Ich frage mich, ob Sie sich jetzt ähnlich fühlen wie in Klausuren?"), wurde er plötzlich auffallend wach, gesprächig und zugänglich. „Leistungsorientierte" Fragen ließen ihn sofort wieder in tiefes Brüten versinken. Wir formulierten als erstes Teilziel: die eigenen Bedürfnisse erkennen und artikulieren. Dazu trafen wir die Vereinbarung, daß der Klient den Verlauf der therapeutischen Sitzungen voll selbst bestimmen und strukturieren sollte. Hatte er Lust, eine Stunde lang zu schweigen, so war dies sein volles Recht. Verspürte er den Drang, die Zeit im Zimmer auf und ab wandernd zu verbringen, war ich ebenso einverstanden wie mit seinem Wunsch, die Stunde auf der Entspannungscouch zu verschlafen. Mitunter äußerte er auch das Bedürfnis, nach zehn Minuten wieder heimzugehen, weil er keine Lust verspürte, „zu arbeiten und sich unter Druck zu setzen".

Wie er mir später sagte, war es für ihn außerordentlich wichtig, daß ich seine Bedürfnisse voll akzeptierte, ohne gekränkt oder verletzt zu reagieren oder ihm das Gefühl zu geben, er habe mich in meinen Bedürfnissen frustriert oder mich enttäuscht. Besonders wohl tat ihm, daß ich mich sogar zu freuen schien, daß er zunehmend immer offener und mutiger zu seinen Bedürfnissen stehen konnte.

Etwa in der elften Sitzung kam die Wende. Der Klient äußerte plötzlich immer häufiger das Bedürfnis, seine Arbeitsstörungen genauer zu untersuchen und ihnen zunächst mit gestalttherapeutischen Methoden näher auf den Grund zu gehen. Später forderte er mich sogar auf, ihm jetzt auch verhaltenstherapeutische Anleitungen für bestimmte Schwierigkeiten zu geben. Die späteren Sitzungen verliefen durchaus ziel- und aufgabenorientiert, jedoch ohne Widerstand und in einer ausgesprochen netten lockeren Atmosphäre, wobei der Klient sich durchaus von Zeit zu Zeit genehmigte, ein paar Minuten eher zu gehen, weil er fand, „wir haben heute ausreichend gearbeitet, ich brauche jetzt einen Tee!“

Nicht selten finden Überforderungen auch bei depressiven Klienten statt, die der Therapeut mit Hilfe positiver Verstärker schnell aus ihrer Passivität und Apathie herausholen möchte und zu diesem Zwecke wohlgemeint mit „verstärkenden“ Aufgaben (zum Beispiel: Freunde sehen, ins Kino oder Theater gehen, einen Spaziergang unternehmen, ins Schwimmbad oder in die Sauna gehen, etc.) bombardiert, völlig überfordert und frustriert und dadurch erst recht entmutigt und deprimiert.

Widerstand kann auch gegen ein bestimmtes therapeutisches Verfahren gerichtet sein. Das ist häufig dann der Fall, wenn das vom Therapeuten vorgeschlagene Verfahren dem Klienten unklar ist oder aus anderen Gründen Ängste bei ihm auslöst, wenn Sinn und Zweck des Verfahrens für den Klienten nicht ersichtlich sind, er seine Vorbehalte und Bedenken jedoch nicht zu äußern wagt. Mit derartigem Widerstand ist also in erster Linie bei sehr gehemmten ängstlichen Klienten mit Selbstbehauptungsschwierigkeiten zu rechnen.

So hatte ich einmal einen jungen Mann in Therapie, der unter Sozialängsten und Selbstbehauptungsschwierigkeiten litt. Nach der Erarbeitung der Verhaltensanalyse vereinbarten wir unter anderem auch eine Systematische Desensibilisierung. Aus diesem Grunde begann ich in der dritten Sitzung mit Entspannungsübungen. Der Klient, der sich bis dahin sehr kooperativ gezeigt hatte, legte sich auch bereitwillig auf die Entspannungscouch. Dort lag er dann, ganz steif und starr, die Hände stramm an die Hosennähte gepreßt, und gab mir das Gefühl, daß er eher bereit sein würde zu versteinern, als sich auch nur eine Winzigkeit entspannter hinzulegen. Er hatte die Augen geschlossen, und ich betrachtete ihn eine Weile etwas ratlos und überlegte, was zu tun sei. Da ging plötzlich ein breites Lächeln über sein Gesicht und er begann verstohlen zu kichern und zu glucksen. Als ich ihn fragte, ob er die Ursache seiner Heiterkeit mit mir teilen wolle, setzte er sich auf, schaute mich etwas verlegen und noch immer kichernd an und sagte: „Ich mußte gerade daran denken, wie leicht sich Therapeuten ihr Geld verdienen; die legen einen einfach auf die Couch!" Nachdem wir beide eine Weile herzlich über die Komik der Situation gelacht hatten, führten wir ein Gespräch über seine Vorbehalte gegen die Entspannung, über Sinn und Zweck dieses Verfahrens im Rahmen seiner Problematik, aber auch über sein Bedürfnis, „mehr" von mir haben zu wollen, zum Beispiel Ratschläge, Anweisungen, Gespräche. Ich stellte ihm dann frei, zunächst auf das Entspannen zu verzichten. Er bestand jedoch darauf, es noch einmal zu probieren, und siehe da, bald war er ein Meister im Entspannen. Dieses Gespräch war aber auch der Anfang einer sehr offenen Beziehung zwischen uns.

Widerstand kann sich auch dort bemerkbar machen, wo nicht nur einzelne therapeutische Verfahren oder Vorgehensweisen, sondern die therapeutische Intervention ganz generell starke Ängste beim Klienten auslöst. Der Widerstand gilt hier also ganz allgemein den Veränderungen, die im Zusammenhang mit der therapeutischen Intervention vom Klienten erwartet werden. Diese Erwartungen lösen Angst, Beunruhigung, Unsicherheit und Spannungen aus. Ein Klient sieht sich vielleicht durch die therapeutische Intervention mit völlig veränderten Lebensumständen konfrontiert, die ihn bedrohen und ängstigen und die er meint nicht bewältigen zu können. So wird vom Therapeuten eventuell nicht beachtet, daß eine Klientin, die im Verlauf der Therapie selbstsicherer und unternehmungslustiger geworden ist, plötzlich Spannungen und Auseinandersetzungen mit ihrem Ehepartner bekommt, der auf das veränderte Verhalten seiner Frau mit Ängsten und Gegenmaßnahmen reagiert, die die Therapie blokkieren. Das kann dazu führen, daß die Klientin aus Angst, ihre Ehe zu gefährden, wieder in ihr altes, passives abhängiges Verhalten zurückfällt oder gar die Therapie abbricht.

Dieses Beispiel macht deutlich, wie wichtig es ist, daß sich der Verhaltenstherapeut bei der Intervention nicht nur auf den Klienten selbst beschränkt, sondern auch die Sozialumgebung, insbesondere die engeren Familienangehörigen, in seine therapeutischen Überlegungen miteinbezieht. In vielen Fällen wird es sich dabei als notwendig erweisen, eine Zeitlang auch den Ehepartner des Klienten zu gemeinsamen Gesprächen und Beratungen mit einzubitten. In einigen Fällen wird sogar eine Partnerschaftsberatung oder eine Familientherapie angezeigt sein. So habe ich zum Beispiel die Erfahrung gemacht, daß bei der Therapie von Alkoholikern unbedingt auch die

Ehefrau, unter Umständen sogar die Kinder an der therapeutischen Arbeit mitzubeteiligen sind.

Der Einbezug des Ehepartners und eventuell anderer Familienangehöriger ist aber in jedem Fall vorher mit dem Klienten abzusprechen, sein volles Einverständnis einzuholen. Es ist wichtig, daß der Klient dabei nicht das Gefühl erhält, abgeschoben, „entthront" zu werden, daß Ehepartner und Therapeut sich gegen ihn verbünden, etc. Andererseits gilt es aber auch zu beachten, daß es für den Ehepartner des Klienten nicht immer leicht ist, als „Dritter" nachträglich hinzuzukommen, besonders dann, wenn Therapeut und Klient inzwischen bereits eine gute Beziehung zueinander aufgebaut haben. Allzuleicht fühlt sich der Ehepartner dann als Außenseiter und Eindringling, ist zu Recht verunsichert darüber, welche Informationen Therapeut und Klient, insbesondere in bezug auf seine Person, bereits miteinander ausgetauscht haben. Er wird deshalb versucht sein, diese für ihn ungleichgewichtige Dreierbeziehung auszubalancieren, und zwar mit Hilfe von Strategien, die sich ihm in seiner vergangenen Lerngeschichte als für solche Situationen hilfreich erwiesen haben. Das Geschlecht des Therapeuten dürfte bei diesem Geschehen eine wesentliche Variable sein.

Der Umgang mit solchen Situationen erfordert also vom Therapeuten ein gutes Fingerspitzengefühl und Erfahrung in der therapeutischen Handhabung. Als ratsam hat sich erwiesen, mit dem Hinzuziehen des Ehepartners nicht zu lange zu warten. So habe ich es mir bei meiner eigenen therapeutischen Arbeit zum Beispiel zur Regel gemacht, den Ehepartner des Klienten in jedem Fall zu einer der ersten Sitzungen mit einzubitten. Dies halte ich auch schon allein für die Informationssammlung und Verhaltensanalyse für sehr gewinnbringend. Ein solches Gespräch zu dritt oder mit noch mehr Familienangehörigen gibt zudem auch gute Gelegenheit zu Verhaltensbeobachtungen und erbringt eine Reihe wertvoller zusätzlicher Informationen. Bei diesem Gespräch bereite ich den Ehepartner bereits darauf vor, daß mit Veränderungen beim Klienten zu rechnen ist, die unter Umständen für seine unmittelbare Umgebung nicht so leicht zu verkraften sind, daß der Klient ungewohntes, eventuell dem Partner nicht verständliches Verhalten zeigen wird, oder daß er vielleicht eine Zeitlang etwas schwierig sein wird. Dafür biete ich als Hilfe Gespräche zu dritt an. Die meisten Ehepartner erklären sich daraufhin bereitwillig einverstanden, von Zeit zu Zeit und nach vorheriger Absprache mit in die Therapie zu kommen, zumal ich auch deutlich mache, daß ein lockerer, aber kontinuierlicher Kontakt mit dem Ehepartner mir auch deshalb wichtig erscheint, weil dieser nicht nur zusätzliche wertvolle Informationen und Anregungen geben, sondern unter Umständen auch therapeutische Hilfestellungen leisten kann.

Wir waren bisher von dem Fall ausgegangen, daß durch die Therapie bedingte Veränderungen beim Klienten auch zu einer Störung des Gleichgewichts in seiner Ehe- und Familiensituation führen und von daher Widerstände gegen die Therapie auslösen können. In einigen Fällen werden solche therapiebedingten Störungen des Gleichgewichts eines Familiensystems von den Familienangehörigen des Klienten bereits vor Beginn der Therapie antizipiert und „vorbeugende Maßnahmen" ergriffen. Der Widerstand gegen die Therapie geht hier also primär nicht vom Klienten selbst aus, sondern von nahen Familienangehörigen (z.B. Ehepartner, aber auch Mutter, Vater, Schwiegereltern, Großeltern, Geschwister oder andere nahe Bezugspersonen des Klienten). Für solche „vorbeugenden" Maßnahmen der Familienangehörigen kommt eine Vielzahl von Strategien und Störmaßnahmen in Frage. Sie reichen von versteckten, oft sehr subtilen Manipulationen und Beunruhigungen des Klienten bis hin zu offener Ablehnung, Störung und Sabotage der Therapie. Mitunter sind sie dem „Störer" gar nicht voll bewußt. In jedem Fall führt dieser Widerstand der Bezugspersonen des Klienten dazu, daß die therapeutische Arbeit gestört wird und der Klient unter Umständen die Therapie vorzeitig abbricht.

Viele Klienten versuchen die Problematik dadurch zu umgehen, daß sie selbst den nächsten Angehörigen ihre Therapie verschweigen. Die Frage ist, wieweit dies nutzt. Der Widerstand der betreffenden Bezugsperson ist ja nicht gegen die Therapie als solche gerichtet, sondern gegen die Veränderungen beim Klienten, und die werden auftreten, auch wenn der Klient seine Familie nicht über die Therapie informiert.

Auf alle Fälle können solche Widerstände aus der sozialen Umgebung des Klienten die therapeutische Arbeit erheblich stören und gefährden und sekundär zu Widerständen gegen die Therapie beim Klienten führen. Ich halte es deshalb für außerordentlich wichtig, bereits in den ersten Sitzungen den Klienten unter anderem auch danach zu fragen, wie seine nahen Angehörigen auf seine Entscheidung zur Therapie reagiert haben und was therapiebedingte eventuelle Veränderungen beim Klienten für seine Familienangehörigen bedeuten könnten. Ich möchte dadurch versuchen, mögliche Widerstände oder andere Einflußnahme von seiten der sozialen Umgebung des Klienten zu antizipieren. Gemeinsam mit dem Klienten versuche ich dann zu klären, in welcher Form solche Widerstände eventuell zu erwarten sind und welche Möglichkeiten für den Klienten bestehen, damit konstruktiv umzugehen. Wenn es notwendig, sinnvoll und günstig erscheint, rate ich dem Klienten zum Einbezug des Sozialpartners in die Therapie. An anderer Stelle (*Seiderer-Hartig*, 1980) habe ich versucht, an Hand von Beobachtungen und Erfahrungen aus der eigenen Praxis aufzuzeigen, wie sich diese Problematik äußern kann, welche Konstellationen dabei auftreten können. In dem genannten Beitrag finden sich auch Lösungsvorschläge und Anregungen für den Umgang mit diesem Problembereich bei der alltäglichen verhaltenstherapeutischen Arbeit.

Widerstände treten häufig auch dann auf, wenn sich bei Therapiefortschritt, bedingt durch die veränderte Situation, neue Anforderungen an den Klienten ergeben, die der Therapeut übersehen und bei seinem therapeutischen Vorgehen nicht mit in Rechnung gestellt hat. So macht zum Beispiel ein Alkoholiker im Rahmen einer Aversionstherapie oder einer verdeckten Sensitivierung zunächst gute Fortschritte in bezug auf seine Abstinenzbemühungen. Der Therapeut hat jedoch versäumt, gleichzeitig parallel dazu auch die bestehenden starken Sozialängste, die eventuell sogar ursprünglich Ursache für den Alkoholmißbrauch waren, therapeutisch anzugehen und abzubauen. In einem solchen Fall braucht sich der Therapeut nicht zu wundern, wenn der Klient sich beharrlich der Forderung entzieht, sich in bestimmte soziale Realsituationen zu begeben, um dort zu üben, Alkohol zu verweigern, oder aber wenn er sich gehorsam hineinbegibt, dort aber wieder zu trinken beginnt.

Zu einer Überforderung des Klienten und damit zu Widerständen kann es auch dadurch kommen, daß der Therapeut ganz einfach die realen Möglichkeiten und Lebensumstände des Klienten falsch eingeschätzt hat. Eine solche Gefahr besteht vor allem dort, wo eine starke Diskrepanz bezüglich der sozio-ökonomischen Herkunft zwischen Klient und Therapeut besteht. Ein Therapeut „verordnet" zum Beispiel bei einem Paar mit Eheschwierigkeiten und sexuellen Problemen „häufiges zärtliches Beisammensein nicht nur nachts im Schlafzimmer". Er bedenkt dabei jedoch nicht, daß dieses Paar nur über eine Drei-Zimmer Wohnung verfügt, die es mit vier lebhaften, aufgeweckten und deshalb auch sehr wißbegierigen und neugierigen Sprößlingen und den alten kontaktbedürftigen Eltern teilen muß, so daß für das Paar bei Tage wohl kaum Gelegenheit zum ungestörten und intimen Beieinandersein vorhanden ist.

Widerstände beim Klienten können ganz einfach auch im fehlerhaften therapeutischen Vorgehen des Therapeuten ihre Wurzeln haben. Ein Verhaltenstherapeut hat vielleicht bei einer Klientin mit Vaginismus und sexuellen Ängsten eine sehr saubere und detaillierte Angsthierarchie zum Desensibilisieren der Ängste in sexuellen Kontaktsituationen erstellt und ist äußerst verwundert, daß die Klientin bei der Desensibilisierung in der Vorstellung zwar wunderbar voranschreitet, bei der Übertragung in Realsituationen, d.h. bei der Desensibilisierung ‚in vivo', jedoch keinerlei Fortschritte macht und eisern jeden sexuellen Kontakt mit dem Ehemann vermeidet. Die Klientin hat drei kleine Kinder, lebt in räumlich beengten und denkbar ungünstigen sozialen Verhältnissen. Sie verträgt die Pille nicht und hat sie deshalb abgesetzt. Diese Klientin hat schlicht und einfach Angst, wieder schwanger zu werden. Der Therapeut hat diese ganz begründete und reale Angst völlig übersehen und ausgeklammert. Er wird mit seinen therapeutischen Bemühungen so lange weiter Schiffbruch erleiden, als es ihm nicht gelingt, die Frau von ihrer Angst vor einer möglichen Schwangerschaft zu befreien, und zwar nicht durch Desensibilisierung, sondern indem er das Paar zu einer gezielten fachärztlichen Beratung schickt, wo es Hilfe zur sicheren Schwangerschaftsverhütung erhalten kann.

Eine weitere Ursache für Widerstände kann darin liegen, daß die vom Therapeuten geforderten Aufgaben oder Übungsschritte mit außerordentlich aversiven Erlebnissen für den Klienten verbunden sind, der Therapeut dies jedoch völlig übersehen hat. Einen Klienten, der infolge starker Sozialängste seit Jahren sozial völlig isoliert ist, zu bitten, eine Bestandsaufnahme seiner sozialen Fähigkeiten und Fertigkeiten vorzunehmen, führt bei diesem mit Sicherheit zu starken Minderwertigkeitsgefühlen und Depressionen. Ähnlich elend wird sich unter Umständen eine „fettsüchtige" Klientin fühlen, die aufgefordert wird, minutiös über ihre Nahrungsaufnahme Buch zu führen und sich vielleicht noch mehrmals am Tag genau zu wiegen.

Ein häufiger Grund für Widerstände in der Therapie sind Versagensängste, besonders bei solchen Klienten, die bisher negative Lernerfahrungen im Zusammenhang mit psychotherapeutischen Bemühungen, Selbstbewältigungsversuchen generell oder in bezug auf ganz spezifische Teilaufgaben oder Anforderungen gemacht haben. Um neue schmerzliche Versagenserlebnisse zu vermeiden oder sich nicht vor dem Therapeuten zu blamieren, werden die therapeutischen Aufgaben und Übungen deshalb besser erst gar nicht in Angriff genommen.

Nicht selten liegt die Ursache für vermeintliche Widerstände auch ganz einfach in Mißverständnissen und unrealistischen Erwartungen des Klienten. Viele Klienten, die dem Therapeuten von einem Arzt zur „Behandlung" überwiesen werden, erwarten sofort und absolut sicher wirkende Hilfe durch Medikamente oder andere Heilmittel oder Heilmaßnahmen, zumindest aber ein aktives Intervenieren des Therapeuten, zum Beispiel durch Anrufe bei Behörden, Rücksprache mit Vorgesetzten oder Familienangehörigen, sowie ganz praktische und konkrete Ratschläge und Lösungsvorschläge. Sie sind oft überhaupt nicht darauf eingestellt, aktiv und eigenverantwortlich mitzuarbeiten und eventuell über einen längeren Zeitraum, der zudem noch eine therapeutische „Durststrecke" sein kann, anstrengende und angstauslösende Aufgaben und Übungen durchzuführen. Ich habe bei meiner eigenen therapeutischen Arbeit durchaus schon Klienten getroffen, die fest der Meinung waren, „eine Stunde Hypnose" könnte ihre seit Jahren bestehende psychische Störung „heilen".

Verhaltenstherapeuten werden mitunter auch die Bekanntschaft von Klienten machen, die aufgrund verschwommener eigener Vorstellungen vom Wesen und Vorgehen psychotherapeutischer Interventionen und eventuell noch zusätzlich halbverdauter Kenntnisse psychoanalytischer Literatur auf einem bloßen Wiedererinnern ihrer traumatischen Kindheitserlebnisse bestehen und zu keiner aktiven Änderung ihres gegenwärtigen Verhaltens zu bewegen sind. Nicht selten liegen solchem Verhalten noch zusätzlich ganz konkrete Ängste zugrunde. So gibt es zahlreiche Zwangsneurotiker, die irgendwo gehört oder gelesen haben, daß, wenn sie ihren Impulsen zur Durchführung einer Zwangshandlung nicht nachgeben, dies unweigerlich einen „schizophrenen Schub" auslösen wird. Verständlicherweise wehren sie sich deshalb mit allen Kräften und Mitteln gegen das konventionelle Vorgehen der Verhaltenstherapie bei Zwängen.

Besonders stark sind Widerstände zumeist bei Psychosomatikern, vor allem bei solchen, die Schwierigkeiten haben, die Hypothese zu akzeptieren, daß ihre körperlichen Beschwerden psychisch bedingt oder mitbedingt sein könnten. Haben solche Klienten zudem eine Lerngeschichte hinter sich, in der sie jahrelang in ihrer Annahme der organischen Bedingtheit ihrer Störungen von unerfahrenen oder gedankenlosen Ärzten bestärkt wurden, und gelingt es dem Therapeuten nicht, sie dazu zu bewegen, ihre Annahme in Frage zu stellen und zu überprüfen, kann unter Umständen eine Psychotherapie völlig scheitern.

Viele Widerstände sind auch auf mangelnde Motivation zurückzuführen. Überall dort, wo ein Klient im Laufe der Therapie auf Lustgewinn verzichten muß oder unmittelbare Gratifikation und Belohnung zugunsten späterer positiver Konsequenzen aufschieben muß, wo er Privilegien durch Therapieerfolge verlieren würde, wo eventuell auf einen sogenannten „sekundären Krankheitsgewinn" verzichtet werden muß, wie zum Beispiel im Fall einer Rentenneurose, kann mit Sicherheit Widerstand erwartet werden. Die zumeist außerordentlich schwierige, therapeutische Arbeit mit Süchtigen, vor allem dann, wenn es sich nicht um Abhängigkeiten aufgrund von Konflikten handelt, ist ein treffendes Beispiel dafür.

Mit besonders starken Widerständen muß vor allem bei solchen

Klienten gerechnet werden, die nicht aus eigenem Antrieb in die Therapie kommen, selbst keinen oder nur geringen Leidensdruck verspüren und auch keinen anderen Grund sehen, an ihrem Verhalten etwas zu verändern. Ich denke hier an alle die Fälle, wo Klienten vom Gericht, dem Sozial- oder Gesundheitsamt oder einer anderen Instanz geschickt werden oder wo Familienangehörige starken Druck auf den Klienten ausüben, sich in Therapie zu begeben.

Widerstände aus Unvermögen – Widerstände aus Opposition

Damit sind wir bereits bei den Widerstandsphänomenen, wo der Klient ganz deutlich *nicht will*. Ich möchte damit zwischen zwei verschiedenen Gruppen von Widerständen im psychotherapeutischen Geschehen unterscheiden. Ich bin mir dabei durchaus bewußt, daß fließende Übergänge zwischen diesen beiden Gruppen bestehen.

Die eine Gruppe umfaßt Widerstände, bei denen eher ein Unvermögen, d.h. Nichtkönnen des Klienten, vorliegt als ein Nichtwollen. Zur zweiten Gruppe von Widerständen gehören alle Fälle, wo der Klient mehr oder weniger deutlich nicht will. Es sind alle jene Widerstände, wo der Klient deutlich zu oppositionellem Verhalten und zu Gegenkontrolle übergeht, also Widerstand im engen und eigentlichen Sinne leistet. Es wird angenommen, daß es sich hierbei um Situationen handelt, in denen der Klient den Therapeuten als kontrollierend oder gar manipulierend erlebt und darauf mit Widerstand antwortet.

In diesen Zusammenhang gehört ein Erlebnis, das ich während meiner Ausbildung in einer psychiatrischen Klinik in den USA hatte. Ich durfte damals unter anderem auch zwei Verhaltenstherapeuten beim Sprachtraining autistischer Kinder assistieren. Die beiden Therapeuten arbeiteten alternierend, d.h. an einem Tag der eine, am anderen Tag der andere. Für mich war es besonders frappierend zu beobachten, wie die autistischen Kinder auf beide Therapeuten jeweils ganz unterschiedlich reagierten. Besonders kraß war dies bei Frankie, einem etwa zehnjährigen autistischen Jungen. Er schien an einem der beiden Therapeuten, einem sehr warmherzigen, liebevollen jungen Mann, sehr zu hängen. Er lief bei dessen Ankunft sofort auf ihn zu, arbeitete sehr gut mit und machte beachtliche Fortschritte bei ihm. An den Tagen jedoch, an denen der andere Therapeut mit den Kindern arbeitete, war Frankie wie ausgewechselt. Zeigte der Therapeut auf die Nase der Übungspuppe, so sagte Frankie: „Augen", zeigte der Therapeut auf die Ohren, sagte er: „Mund" und so ging das fort. Je ärgerlicher und ungeduldiger der Therapeut wurde, um so stärker glitzerten Frankies Augen und um so verdächtiger zuckte es um seine Mundwinkel. Ich hatte bald das Gefühl, daß Frankie diesen Therapeuten genauso wenig mochte wie ich (er ging sehr hoheitsvoll und ausgesprochen herablassend und unpersönlich mit den Kindern um) und daß der Ärger dieses Therapeuten für Frankie enorm positiven Verstärkerwert hatte. Eine Zeitlang war ich besorgt darüber, daß Frankie eventuell meine Antipathie gegen diesen Therapeuten spürte und für uns beide „handelte" oder daß ich ihn in seinem oppositionellen Verhalten verstärkte, weil ich meine Freude über Frankies Widerstand nicht ganz verbergen konnte. Vorsichtiges Eruieren in dieser Richtung ergab jedoch, daß dieses Interaktionsmuster bereits vor meinem Hinzukommen zwischen den beiden bestanden hatte. Trotzdem war ich sehr erleichtert, als ich schon sehr bald von der Assistenz bei diesen therapeutischen Sitzungen entbunden wurde, da ich selbst zunehmend immer mehr Widerstand gegen den Arbeitsstil dieses Therapeuten verspürt hatte.

Gegenkontrolle und oppositionelles Verhalten gelten gewöhnlich als typische und häufig anzutreffende Verhaltensmuster von Personen mit sozial abweichendem Verhalten (z.B. Schwererziehbare, Verwahrloste, Kriminelle etc.). Opposition und Gegenkontrolle kommen jedoch durchaus, und gar nicht so selten, auch bei sozial außerordentlich gut angepaßten Personen mit hohen moralischen und ethischen Wertmaßstäben und Verhaltensäußerungen vor.

Man nimmt an, daß solche Phänomene der Opposition und Gegenkontrolle eine Spielart der Aggression sind und den gleichen Lerngesetzen und Wirkmechanismen unterliegen, die für aggressives Verhalten generell gelten (vgl. dazu *Bandura*, 1973). Der Klient macht irrtümlicherweise oder zu Recht die Wahrnehmung, daß der Therapeut ihn kontrollieren oder manipulieren will, und wehrt sich dagegen. Eventuell dreht er dabei sogar den Spieß um und versucht nun seinerseits den Therapeuten zu kontrollieren und zu manipulieren. Aufgrund seiner vergangenen Lerngeschichte ist der Klient vielleicht nicht in der Lage, auf tatsächliche oder vermeintliche Kontrolle durch die soziale Umgebung mit anderen Verhaltensweisen zu reagieren als mit Gegenkontrolle und Widerstand. Wird eine Person zum Beispiel in ihrer Lerngeschichte häufig mit Modellen konfrontiert, die auf soziale Anforderungen und Aufgaben nicht reagieren oder aber mit Opposition und die für dieses Verhalten nicht bestraft, eventuell sogar belohnt werden, wird diese Person in vergleichbaren Situationen mit großer Wahrscheinlichkeit ähnlich reagieren. In ausgeprägter Form finden sich solche Lernprozesse bei Mitgliedern delinquenter Subkulturen.

Opposition und Gegenkontrolle treten in der Therapie häufig bei solchen Klienten auf, die unter Autoritätsproblemen leiden und aufgrund bisheriger Lernerfahrungen schnell das Gefühl entwickeln, von anderen kontrolliert und bevormundet zu werden. Läßt der Therapeut solchen Klienten tatsächlich wenig eigenen Spielraum und wenig Wahlmöglichkeit und eigene Entscheidungsfreiheit, kann dies leicht zu Ärger und Ressentiment auf seiten des Klienten führen. Klienten, die sich solchermaßen eingeengt und kontrolliert fühlen und die darüber hinaus nicht gelernt haben, negative Gefühle, zum Beispiel Wut und Ärger, in Sozialsituationen offen und deutlich zu verbalisieren oder durch Ängste daran gehindert werden, gehen häufig in den Untergrund und leisten passiven Widerstand.

Mitunter gilt der Widerstand gar nicht direkt dem Therapeuten und der Therapie, sondern bestimmten Bezugspersonen des Klienten, mit denen dieser in einen Machtkampf verstrickt ist.

Ich hatte einmal ein junges Mädchen in Therapie, die sich bei unserem ersten Kontaktgespräch folgendermaßen bei mir vorstellte: „Ich bin ein ganz kaputter Typ, eine Alkoholikerin, die Freude und Zier meiner Eltern!" Die Klientin, ein sehr sensibles intelligentes Mädchen, kam sehr bald darauf, daß eine wesentliche Wurzel der Ursache ihres selbstdestruktiven Verhaltens der Wunsch war, sich an den Eltern, die sie kontrollierten, manipulierten und zu ihren Zwekken mißbrauchten, zu rächen. Das Mädchen war das einzige Kind ihrer Eltern und hatte mit ihrer psychischen Problematik tatsächlich ein sehr wirkungsvolles Mittel gefunden, die Eltern, die in einer Kleinstadt als sehr geachtete und ordentliche Bürger lebten, zu beunruhigen, zu schockieren und zu blamieren.

Diese Klientin zeigte lange Zeit einen zähen Widerstand gegen die „Beseitigung" ihres Alkoholismus. Wie sehr dieser Widerstand den Eltern galt und die Funktion hatte, den Eltern damit Schmerzliches zu vergelten und Aggressionen gegen sie loszuwerden, wurde mir erst durch folgende Ereignisse klar: Die Klientin entschied sich im Laufe der Therapie dazu, mit ihrem selbstschädigenden Verhalten nach dem Motto. „Es geschieht euch ganz recht, wenn ich mir die Hände erfriere!", Schluß zu machen und war bereits einige Zeit total abstinent. Ich war deshalb außerordentlich überrascht, als eines Tages ein Brief von den Eltern kam, in dem diese sich bei mir beklagten, daß die Therapie zu noch keinem Erfolg geführt habe. Die Tochter würde weiter exzessiv trinken. Ich zeigte der Klientin diesen Brief, und sie klärte den Sachverhalt, indem sie mir verlegen lächelnd beichtete, sie würde bei ihren Besuchen daheim leere Bierflaschen und Schnapsflaschen verstecken, deren Inhalt sie vorher in die Toilette gegossen hatte, weil sie den Eltern den Triumph nicht gönnte, daß sie ihre Tochter zu einem „sauberen ordentlichen Menschen" erzogen hatten.

Wir arbeiteten auch an diesem Konflikt, und die Klientin fand später angemessenere Verhaltensweisen im Umgang mit dieser Problematik und mit den Eltern generell.

Das Beispiel dieser Klientin macht uns gleichzeitig mit einem Widerstandsphänomen bekannt, das ich bisher noch nicht erwähnt habe: Widerstand, dem ein Zielkonflikt zugrunde liegt. Wohl den meisten Therapeuten sind Fälle bekannt, wo der Klient trotz starker Therapiemotivation, echtem Leidensdruck und allen äußeren Anzeichen von Bereitschaft zur Mitarbeit einfach keine Fortschritte macht. Das sind die Fälle, die einen als Therapeut schier zur Verzweiflung bringen können. Man hat das Gefühl, daß der Klient echt unter seiner Problematik leidet und etwas dagegen tun möchte, eine andere Seite in ihm aber Widerstand dagegen leistet. In den seltensten Fällen ist der Zielkonflikt des Klienten so deutlich wie bei dem oben beschriebenen Beispiel der Klientin mit dem Alkoholproblem, die zudem durch das Verstecken der Flaschen zunächst auch einen „Ausweg" aus dem Konflikt gefunden hatte. Der Konflikt: „Ich möchte etwas für mich tun, mir nicht weiter schaden", gegen „Ich möchte mich meinen Eltern widersetzen, mich an ihnen rächen", war der Klientin bald deutlich bewußt. In den meisten Fällen bleibt der Zielkonflikt dem Klienten, oft auch dem Therapeuten, lange Zeit verborgen. Bleibt der Therapeut ganz im verhaltenstherapeutischen Modell, hat er allerdings auch wenig Möglichkeiten und Techniken, solche meist unbewußten Konflikte aufzudecken. Ich greife aus diesem Grund bei solchen Problemen gern zu gestalttherapeutischen Techniken und Strategien. Mitunter hilft auch ein paradoxes Vorgehen, indem man den Klienten zum Beispiel ermuntert, ja geradezu drängt, ganz der „bewußten Zielseite" zu leben. Das gibt dem Klienten die Möglichkeit, auch die Bedürfnisse und Emotionen der anderen unbewußten Zielseite in sich hochsteigen und zu Wort kommen zu lassen.

Der therapeutische Umgang mit Widerständen

Die bisherigen Ausführungen dürften deutlich gemacht haben, wie zahlreich und verschiedenartig die Erscheinungsformen von Widerständen in der Therapie sein können und wie vielfältig und vielschichtig ihre Ursachen. Infolgedessen gibt es auch kein einfaches allgemeingültiges Rezept für den therapeutischen Umgang mit solchen Widerstandsphänomenen. Es dürfte jedoch in allen Fällen notwendig werden, eine sorgfältige Analyse der therapeutischen Situation, des therapeutischen Vorgehens, insbesondere aber der Beziehung zwischen Therapeut und Klient vorzunehmen. Dabei ist besonders danach

Ausschau zu halten, ob der Klient überfordert wurde oder ob dem Therapeuten andere Fehler unterlaufen sind. Das therapeutische Vorgehen und die dabei zur Anwendung gelangenden Verfahren und Techniken sind also genau zu überprüfen.

Durch Aufdecken und Korrigieren entsprechender Fehler lassen sich Widerstände des Klienten aus Unvermögen häufig sehr schnell und leicht beseitigen. Oft können solche Widerstände, wenn sie und ihre Ursachen erkannt sind, sogar therapeutisch genutzt werden. Ängste vor dem Therapeuten oder versteckter Ärger gegen ihn werden zum Beispiel zum Anlaß für die Durchführung eines Selbstbehauptungstrainings oder die Anwendung ganz spezifischer Übungen mit Hilfe von Rollenspielen genommen, in denen der Klient angeleitet wird, sich offen und furchtlos mit dem Therapeuten oder mit anderen Bezugspersonen oder Autoritäten auseinanderzusetzen und sich gegen sie zu behaupten. Sehr viel schwieriger wird es dort, wo es sich um Widerstand im engeren und eigentlichen Sinne handelt, um Opposition und Gegenkontrolle.

Therapeuten der verschiedensten Schulrichtungen greifen bei solchen schwierigen Fällen meist gezielt und bewußt zu ganz bestimmten Strategien, um das Verhalten des Klienten dennoch in die gewünschte Richtung zu lenken. Besonders bekannt wurden in diesem Zusammenhang die paradoxen Interventionen bei Widerständen im Rahmen strategischer Therapieansätze (vgl. dazu *Haley*, 1978 a, 1978 b; *Watzlawick*, 1977; *Watzlawick* et al. 1974): zum Beispiel: Widerstand ermutigen; eine schlimmere Alternative vorsehen, d.h. den Klienten auf eine solche Weise in eine Richtung weisen, daß er provoziert wird, eine andere einzuschlagen; zu einem Rückfall ermutigen; eine Reaktion ermutigen, indem man sie frustriert; Ideen säen; etc. Solche paradoxen Interventionen sollen „spontane" Verhaltensänderungen beim Klienten erlauben.

Haleys Bericht (*Haley*, 1978 a) über die therapeutische Arbeit von *Milton H. Erickson* ist voll von geistreichen Beispielen und phantasievollen paradoxen Lösungen für den therapeutischen Umgang mit solchen schwierigen Widerstandsphänomenen. Allerdings möchte ich bei der Erwähnung dieser Lösungsansätze auch gleichzeitig darauf hinweisen, daß die Wirkung solcher therapeutischer Strategien sicher in hohem Maße von dem abhängt, der sich ihrer bedient, von seinem fachlichen Wissen und Können, seiner persönlichen Reife und Integrität, seiner Ausstrahlung und seiner Beziehung zum Klienten. Gedankenlos, rein mechanisch vom Therapeuten angewandt, und für das Ziel, Widerstand zu brechen und den Klienten auszutricksen, mißbraucht, können solche therapeutischen Strategien zu sehr gefährlichen Instrumenten werden, die dem Klienten mehr schaden als nützen.

Für die Verhaltenstherapie gilt es deshalb, ihre Forschungsbemühungen in bezug auf den Problemkreis von Widerstandsphänomenen im psychotherapeutischen Geschehen zu verstärken und die bei solchen Vorgängen beteiligten Variablen und Wirkmechanismen einer genauen Analyse zu unterziehen, um auf der Grundlage gesicherter Informationen geeignete Verfahren und Strategien für den angemessenen therapeutischen Umgang mit solchen Problemen entwickeln zu können.

Empfehlungen für den Verhaltenstherapeuten

Aus präventiver Sicht empfiehlt sich die Beachtung folgender Gesichtspunkte:

(1) Offen und ehrlich mit dem Klienten umgehen. Dazu gehört auch, daß auf keinen Fall hinter dem Rücken des Klienten, auch dann nicht, wenn es sich um einen Jugendlichen handelt, Kontakte mit Bezugspersonen des Klienten aufgenommen werden dürfen. Es sind statt dessen Gespräche zu dritt anzubieten, für die jedoch immer erst das Einverständnis des Klienten eingeholt werden sollte. Auch halte ich es für eine Selbstverständlichkeit, daß der Klient Einsicht in Berichte und Gutachten erhält, die über ihn an Behörden, Versicherungen, Sozialämter etc. gehen, wenn er den Wunsch danach äußert.

(2) Einstellungen und Werthaltungen des Klienten respektieren, auch wenn sie nicht mit denen des Therapeuten übereinstimmen.

(3) Auf die Bedürfnisse des Klienten achten und das therapeutische Handeln dementsprechend ausrichten.

(4) Den Klienten ermutigen und positiv verstärken, sich offen über seine Gefühle in bezug auf Therapeut und Therapie zu äußern.

(5) Von Anfang an darauf achten, daß der Klient nicht überfordert wird.

(6) Auf vorsichtiges, entsprechend den bestehenden Ängsten sorgfältig dosiertes, schrittweises therapeutisches Vorgehen achten, dabei Erfolgserlebnisse sicherstellen.

(7) Die aktuelle Situation des Klienten und seine realen Möglichkeiten in die therapeutischen Überlegungen miteinbeziehen.

(8) Therapeutisches Vorgehen und therapeutische Techniken immer wieder auf mögliche Fehler überprüfen.

(9) Dem Klienten klare Informationen und detaillierte, ihm verständliche Anleitungen geben.

(10) Den Klienten deutlich über Art und Vorgehen der Verhaltenstherapie aufklären und dabei die auf ihn zukommenden Rollen und Aufgaben deutlich machen.

(11) Dem Klienten ausreichend Wahlmöglichkeiten und Entscheidungsfreiheit lassen.
(12) Den Klienten als „Co-Therapeuten" partnerschaftlich in den therapeutischen Prozeß einbeziehen.
(13) Selbstverantwortung und Selbstkontrolle beim Klienten fördern und verstärken.
(14) Die eigenen interpersonellen und kommunikativen Fähigkeiten und Fertigkeiten verbessern.
(15) Sich um eine gute Beziehung zum Klienten bemühen.
(16) Machtbeziehungen und Machtstrukturen in und außerhalb der Therapie mit dem Klienten analysieren und aufdecken. Dem Klienten helfen, Verhaltensalternativen für solche Situationen zu entwickeln.

All dies setzt jedoch voraus, daß der Therapeut seine eigenen Reaktionstendenzen in bezug auf Situationen und Probleme, in denen es um Kontrolle, Gegenkontrolle, Opposition, Widerstand und Macht geht, kennt und angemessen mit ihnen umgehen kann, und daß er nicht aufgrund eigener unverarbeiteter Konflikte in diesem Bereich therapeutisch unangemessen und für die tatsächlichen Bedürfnisse des Klienten blind agiert. Auch hier dürften also Möglichkeiten zur Selbsterfahrung bei der Ausbildung und Weiterbildung des Verhaltenstherapeuten von außerordentlichem Nutzen sein.

2.5.10 Die Therapie beenden

Für viele Klienten zu Beginn der Therapie unvorstellbar und auch im weiteren Verlauf der therapeutischen Arbeit häufig noch Ängste auslösend, wird die Beendigung der Therapie in den letzten Phasen der verhaltenstherapeutischen Intervention zu einer Selbstverständlichkeit.

Probleme der Ablösung

Es mag an der spezifischen Struktur der Verhaltenstherapie liegen, daß das Beenden der Therapie selten mit größeren Schwierigkeiten und Problemen verbunden ist. Der Klient wird von Anfang an mit dem Gedanken vertraut gemacht, daß die Therapie ihm lediglich die Chance geben kann, Wirkzusammenhänge und Hintergründe seiner Problematik zu durchleuchten und auf der Grundlage dieser Informationen alte Verhaltensmuster abzubauen und neue einzuüben und zu festigen. Da das Leben immer wieder neue Probleme und Bewältigungssituationen aufwerfen wird, wird dieser Lernprozeß praktisch auch nie völlig abgeschlossen sein. Die Therapie kann deshalb auch nur die Funktion einer Lehrzeit haben, in der dem Klienten die wichtigsten Fertigkeiten zum Umgang mit Lebensproblemen vermittelt werden. Der Therapeut kann ihn bei diesem Lernprozeß nur über die schwierigsten Strecken ein Stück weit beratend, stützend und ermutigend begleiten. Irgendwann muß der Klient dann immer allein weitergehen. Aus diesem Grunde wird bei der Verhaltenstherapie von Anfang an großer Wert darauf gelegt, eine aktive, eigenständige selbstmeisternde Bewältigungsorientierung beim Klienten zu fördern und ihn unabhängig vom Therapeuten, aber auch von anderen Autoritäten und Bezugspersonen in seiner Umgebung zu machen.

Die Ablösung des Klienten vom Therapeuten wird außerdem auch dadurch erleichtert, daß bei der Verhaltenstherapie die Zahl der Sitzungen im Verlauf der therapeutischen Intervention kontinuierlich immer mehr zurückgenommen wird. Dadurch also, daß der Klient in immer größeren zeitlichen Abständen in die therapeutischen Sitzungen kommt, hat er die Möglichkeit zu lernen, Probleme eigenständig zu bewältigen und mit Befürchtungen und Ängsten, die dieses Auf-sich-allein-Gestelltsein bei ihm auslösen, konstruktiv umzugehen.

Ich habe bei meiner Arbeit die Erfahrung gemacht, daß der größte Teil der Klienten ein recht sicheres und gutes Gefühl dafür hat, wann der rechte Zeitpunkt für die Beendigung der therapeutischen Sitzungen gekommen ist. Zumeist gibt es dafür schon eine Zeitlang vorher ganz natürliche, untrügliche Anzeichen. Der Klient bringt zum Beispiel immer seltener Probleme und Konflikte zur Bearbeitung mit in die therapeutischen Sitzungen. Er berichtet statt dessen immer häufiger von positiven Bewältigungserlebnissen. Er zeigt immer weniger das Bedürfnis, eigene Belange zu bearbeiten, und beginnt statt dessen plötzlich ein starkes Interesse an der Person des Therapeuten zu zeigen, möchte mit ihm über Reisen, Freizeitbeschäftigungen, Tagesthemen, Ehe, Familie und andere Dinge diskutieren oder plaudern. Die therapeutische Beziehung, die zu Beginn der Therapie ganz eindeutig unter dem Aspekt „Ratsuchender-Helfer“ stand, nimmt mehr oder weniger deutlich kameradschaftlich-freundschaftlichen Charakter an.

Einige Klienten haben zunächst noch etwas Schwierigkeiten, den endgültigen Schritt der Beendigung der Therapie zu akzeptieren. Zumeist sind es gar nicht sosehr die Ängste des Klienten, daß der Therapeut bei einem möglichen Notfall oder Rückfall nicht mehr erreichbar oder verfügbar sein könnte, sondern vielmehr Trauer und Schmerz, Abschied von ihm nehmen zu müssen. Auch auf solche

Gefühle sollte in den letzten Therapiestunden unbedingt eingegangen werden.

Mitunter schließen Klienten ihre Therapie sogar mit einer „Meisterprüfung“ ab, indem sie sich als Endziel eine besonders schwierige Probe zur Bewältigung vorzunehmen.

Eine meiner Klientinnen, die unter einer Höhenphobie litt, unternahm zu diesem Zeitpunkt als krönenden Abschluß ihrer Therapie eine Ballonfahrt, von der sie ganz begeistert zurückkam. Ein Klient mit Sozialängsten und der Angst vorm Erröten präsentierte sich erfolgreich vor der Farb-Fernsehkamera. Ein kleines Mädchen feierte ihre Meisterprüfung sogar bei Kaffee und Kuchen, genauer bei Kaba und Kuchen, und lud mich stolz dazu ein.

Manchmal schenkt der Klient dem Therapeuten beim Abschiednehmen in der letzten Sitzung auch ganz ungeplant und oft unbewußt so ein Meisterstück, zum Beispiel auf folgende Weise:

Ein Klient, der mich wegen Sozialängsten und Selbstbehauptungsschwierigkeiten konsultiert hatte, kam zu seiner letzten Sitzung. Wir faßten die wichtigsten Lernschritte seiner Therapie noch einmal rückblickend zusammen, und der Klient skizzierte, wo und auf welche Weise er auch in Zukunft an seinen Problemen eigenständig weiterarbeiten wolle. Nachdem wir noch ein paar persönliche Worte gewechselt hatten, ging uns schließlich der Gesprächsstoff aus. Wie häufig in schlußsitzungen mit Klienten, hatte ich plötzlich das Gefühl, daß eigentlich alles gesagt sei. Da es nur noch fünf Minuten bis zum Ende der üblichen 50-Minuten-Sitzung waren und ich zudem in vergangenen Sitzungen, wenn es notwendig schien, auch hin und wieder die Zeit überzogen hatte, dachte ich mir nichts dabei, als ich die Sitzung etwas verfrüht beendete. Wir verabschiedeten uns voneinander und der Klient versprach, mal wieder von sich hören zu lassen. Daß dies sehr bald sein würde, ahnte ich zu diesem Zeitpunkt nicht. Ein paar Minuten, nachdem der Klient gegangen war, klopfte es an meiner Tür. Auf mein „Herein!“ öffnete sich die Tür und unser Klient von vorhin trat forsch und mit federnden Schritten ins Zimmer. Er baute sich strahlend vor mir auf und schmetterte: „Ich wollte Ihnen nur sagen, daß Sie mich eben um fünf Minuten beschummelt haben. Die will ich jetzt noch haben!“ Ich gratulierte ihm zu seinem Meisterstück und genehmigte ihm lachend die fünf Minuten. Danach gingen wir im guten Einvernehmen auseinander, beide in der Überzeugung, daß seine Therapie doch einigen Erfolg gebracht hatte. Danach dauerte es etwas länger als das erste Mal, bis der Klient wieder von sich hören ließ.

Kontakte zwischen Klient und Therapeut nach Beendigung der Therapie

Sehr unterschiedlich verhalten die Klienten sich nach Beendigung der Therapie. Einige lassen nie wieder von sich hören, bleiben auch nach schriftlicher Bitte des Therapeuten um Nachuntersuchungsinformationen verschollen. Andere Klienten wiederum melden sich noch jahrelang in größeren zeitlichen Abständen und berichten, wie es ihnen in der Zwischenzeit ergangen ist, schicken Fotos von den Kindern, Urlaubsgrüße und geben immer wieder zu verstehen, daß ein weiterer lockerer Kontakt mit dem Therapeuten ihnen ein großes Bedürfnis ist.

Es kann durchaus auch vorkommen, daß Klienten längere Zeit nach Beendigung ihrer Therapie noch einmal den Therapeuten aufsuchen, weil sie eine oder mehrere „Auffrischungssitzungen" für den Umgang mit einem alten Problem wünschen oder kurze Hilfestellung und Anleitung für die Bewältigung eines neu aufgetretenen Problems. Häufig geht es dabei auch um Entscheidungsschwierigkeiten bei Problemen mit weitreichenden Konsequenzen, zum Beispiel: Berufswechsel, Partnerwahl etc., die sie mit Hilfe des Therapeuten als einem neutralen Gesprächspartner durchsprechen möchten, um Klarheit über den eigenen Standpunkt zu gewinnen.

In den vorangegangenen Erörterungen wurde bereits deutlich, daß die Verhaltenstherapie nicht den Anspruch erhebt, die psychischen Probleme und Schwierigkeiten des Klienten ein für alle Mal und restlos heilen und beseitigen zu können. Durch Schicksalsschläge und andere schwere Belastungen, zum Beispiel: Krankheit, Verlust einer wichtigen Bezugsperson, Arbeitsplatz- oder Wohnungswechsel, Arbeitslosigkeit etc., kann es durchaus zum Wiederaufflackern alter Probleme und Konflikte kommen, oder aber neue Ängste und Schwierigkeiten können auftreten. So berichten Klienten bei ihren Kontaktnahmen mit dem Therapeuten nach Beendigung der Therapie immer wieder, daß bei starken Belastungen alte Ängste plötzlich wieder „aufsteigen" und daß sie sich ertappen, dabei wieder in alte Verhaltensmuster zurückzufallen. Sie berichten aber auch, daß beim Umgang mit diesen Problemen und Schwierigkeiten, so wie sie es in der Therapie gelernt haben, diese Probleme relativ leicht und schnell in den Griff zu bekommen sind. Gerade die eigenständige erfolgreiche Bewältigung solcher Krisen aber ist es, die für den Klienten enorm ermutigend und verstärkend wirkt und ihm hilft, auch bei künftigen, noch schwierigeren Belastungen eine zuversichtliche, aktive selbstmeisternde Haltung einzunehmen. Nochmalige Kontaktnahmen mit dem Therapeuten nach Beendigung der Therapie dienen deshalb nicht selten der Befriedigung von Bedürfnissen des Klienten für solche erfolgreichen Bewältigungsbemühungen, auch vom Verhaltenstherapeuten positive Verstärkung zu erhalten.

Im Hinblick auf spätere Krisensituationen sehe ich deshalb eine wichtige Funktion der letzten Stunden der Therapie auch darin, den Klienten auf mögliche Belastungen und damit drohende Rückfälle vorzubereiten. Indem der Klient erkennen lernt, daß solche späteren Krisen normal und gar nicht zu vermeiden sind, wächst sein Mut und seine Bereitschaft, sich den Schwierigkeiten zu stellen und das in der Therapie Erlernte anzuwenden.

Die Überprüfung der Therapiewirkungen

Mit der Beendigung der Therapie werden auch Fragen nach dem Therapieerfolg, seiner Dauerhaftigkeit und nach der Generalisierung der therapeutischen Veränderungen auf Alltagssituationen des Klienten relevant. Damit ist der große Problemkreis der Meßmethodik und der Erfolgskriterien angesprochen, mit deren Hilfe die Wirkungen der therapeutischen Intervention überprüft werden sollen. Im Rahmen des vorliegenden Buches kann auf diesen großen Problemkreis nur ganz am Rande eingegangen werden. Zur ausführlichen Information muß auf die entsprechende Fachliteratur verwiesen werden (*Bastine*, 1970; *Hartig*, 1975 a; *Mintz*, 1972; *Paul*, 1969).

In der Alltagspraxis des Verhaltenstherapeuten können Veränderungsmessungen bei Nachuntersuchungen zumeist bei weitem nicht mit solcher wissenschaftlichen Genauigkeit und Akribie durchgeführt werden, wie dies von Theoretikern und Forschern gefordert und bei verhaltenstherapeutischen Forschungsprojekten durchaus auch verwirklicht wird.

Schon allein aus zeitlichen und ökonomischen Gründen sind mehrmalige katamnestische Erhebungen unter strenger Beachtung aller Kontrollbedingungen in der Alltagspraxis mit ihren begrenzten Möglichkeiten in den seltensten Fällen möglich. Darüber hinaus sind viele Klienten für spätere Nachuntersuchungen überhaupt nicht mehr auffindbar, weil sie Wohnort und eventuell durch Verheiratung auch den Namen gewechselt haben.

Dabei sind sich die praktisch tätigen Verhaltenstherapeuten durchaus bewußt, daß psychotherapeutische Effektivitätsmessungen im Idealfall so geplant und durchgeführt werden sollten, daß sie Informationen über das Ausmaß, die Generalisierung und über die Beständigkeit und Dauer der therapeutischen Veränderungen liefern, und zwar getrennt und unvermischt für jeden dieser drei Aspekte. Die Beachtung nicht nur der Induktion, sondern auch der Aufrechterhaltung und Generalisierung der therapeutischen Veränderungen ist deshalb notwendig, weil therapeutische Erfolge unter dem einen Aspekt häufig noch gar nichts über Erfolge unter dem anderen Aspekt aussagen. Die Generalisierung von positiven Behandlungsergebnissen auf Situationen im realen Lebenskontext des Klienten kann durchaus ausbleiben, wenn die dazu notwendigen zusätzlichen Interventionsschritte nicht durchgeführt wurden. Dauerhafte therapeutische Erfolge können trotz anfänglicher positiver Ergebnisse und eventuell sogar Generalisierungsanzeichen ausbleiben, einfach deshalb, weil die entscheidenden Bedingungen für eine Aufrechterhaltung des relevanten Verhaltens nicht abgesichert wurden.

Praktisch tätige Verhaltenstherapeuten können also bei der Überprüfung der therapeutischen Wirkungen durchaus in ernste Rollenkonflikte geraten durch das Dilemma, zwischen den Anforderungen des Forschers und den Möglichkeiten des Klinikers abwägen zu müssen.

Problematisch ist in der Praxis bei der Erfolgsüberprüfung auch die Kontrolle der beeinflussenden Faktoren. So ist es in der verhaltenstherapeutischen Praxis nicht nur aus technischen Gründen sehr viel schwieriger als bei Experimenten im Labor, objektive, sauber kontrollierte Daten zu erheben, sondern vor allem auch durch die sehr viel engere und persönlichere Beziehung zwischen Therapeut und Klient, bei der eine subjektive Beeinflussung der Daten sehr viel wahrscheinlicher ist als bei der kurzfristigen und distanzierten Kontaktnahme zwischen Versuchsleiter und Versuchsperson. So kann es durchaus vorkommen, daß ein Klient, weil er seinen Therapeuten nicht enttäuschen möchte, mehr oder weniger bewußt ein besseres Gesamturteil über den Therapieerfolg abgibt, als es tatsächlich der Fall ist. Oder er frisiert Daten für Verhaltenskurven und bessert sie auf, unterschlägt Rückfälle, etc. Solchen Mogeleien des Klienten liegt häufig auch das Bedürfnis zugrunde, den Aufwand an Kraft, Zeit und Geld, den ihn die Therapie gekostet hat, vor sich selbst, aber auch vor Familienangehörigen und Freunden zu rechtfertigen. Selbstverständlich kann es auch beim Therapeuten zu ganz ähnlichen Fehlern bei der Überprüfung der therapeutischen Ergebnisse kommen.

Vor weitere Schwierigkeiten ist der praktisch tätige Verhaltenstherapeut bei der Überprüfung des Therapieerfolgs auch dadurch gestellt, daß die Frage nach den Kriterien, an Hand derer die Wirksamkeit der therapeutischen Intervention überprüft werden soll, ganz eng mit der Zielfragenproblematik verzahnt ist. Wie bereits bei der Diskussion der therapeutischen Zielfrage deutlich wurde, ist es außerordentlich schwierig, allgemeingültige Kriterien für den Therapieerfolg aufzustellen. Das Ergebnis der therapeutischen Intervention kann dabei vom Klienten durchaus subjektiv ganz anders empfunden werden als objektiv im verhaltenstherapeutischen Programm definiert wurde.

Jaeggi (1979) berichtet zum Beispiel in diesem Zusammenhang von einem Klienten, bei dem der „Erfolg" der Therapie im herkömmlichen Sinn fragwürdig war, der diese aber trotzdem als sinnvoll erlebte. Ich habe bei meiner therapeutischen Arbeit ähnliche Erfahrungen gemacht. Gemessen an äußeren Verhaltensdaten, zeigt sich mitunter nur ein minimaler Therapieerfolg, der Klient macht jedoch spontan und überzeugend die Aussage, die Therapie habe aus ihm einen ganz anderen Menschen gemacht, er sei selbstbewußter, zuversichtlicher, komme mit sich und seiner Umgebung besser zurecht, kurz, fühle sich einfach viel wohler als zuvor.

Für viele Klienten ist der objektiv meßbare Therapieerfolg bei Beendigung der therapeutischen Intervention auch gar nicht so entscheidend wie das subjektive Gefühl, gelernt zu haben, wie die noch bestehenden oder aber zukünftigen Schwierigkeiten selbst zu meistern sind. Gerade bei solchen Klienten aber zeigt sich bei späteren Nachuntersuchungen ein stetig fortschreitender weiterer Erfolg. Aufgrund der, verglichen mit anderen Therapieformen, relativ kurzen Dauer der verhaltenstherapeutischen Intervention fallen die objektiven und registrierbaren Lernerfolge bei diesen Klienten zumeist in einen Zeitraum weit nach Beendigung der Therapie.

Die Therapieziele des Klienten können sich zudem im Verlauf der therapeutischen Intervention erheblich verändern. So wird der Klient im Verlauf der Therapie vielleicht realistischer in der Einschätzung seiner Möglichkeiten und Grenzen und der ihm auferlegten Beschränkungen durch Umweltgegebenheiten und korrigiert dementsprechend auch seine Zielformulierungen. Andererseits können Erfolgserlebnisse einen Klienten auch dazu ermutigen, seine Ziele im Verlauf der Therapie höher zu stecken und Änderungen anzustreben, die ihm zuvor unerreichbar schienen.

So hatte ich einmal einen Klienten mit ausgeprägten Sozialängsten in Therapie, der sein Therapieziel bei Beginn der therapeutischen Intervention folgendermaßen formuliert hatte: „Ohne Panik, laut und allen verständlich, vor einer Gruppe von etwa 6–8 fremden Leuten mindestens fünf Minuten lang über ein neutrales Thema sprechen und dabei möglichst nicht erröten." Eines Tages kam dieser Klient ganz aufgelöst in die therapeutische Sitzung und erzählte mir aufgeregt, daß sich ihm beruflich die Gelegenheit böte, an einer Fernsehdiskussion teilzunehmen, bei der er allerdings größere Passagen frei sprechen müsse. Angst machte ihm dabei nicht nur der Gedanke an die vielen Zuschauer, die ihn über den Bildschirm, und noch dazu in Farbe (Erröten!) sehen würden, sondern auch die Tatsache, daß die Diskussion vor einer größeren Zuschauergruppe (etwa dreißig Personen) stattfinden würde.

Er machte sich dennoch mutig an diese „Übungsuafgabe“, bereitete sich in den therapeutischen Sitzungen intensiv darauf vor und hatte dann einen sehr erfolgreichen Fernsehauftritt. Danach beschlossen wir beide einmütig, sein ursprüngliches Therapieziel höher zu setzen.

2.5.11 Probleme der Prävention

Gegenwärtig ist die Arbeit des Verhaltenstherapeuten zumeist auf die Therapie schon bestehender Verhaltensstörungen beschränkt, hat also kurativen Charakter. Präventive Maßnahmen sind im bestehenden System psychosozialer und psychotherapeutischer Versorgung weitgehend ausgeklammert.

Präventive Aspekte therapeutischer Arbeit

Genaugenommen hat jedoch jede psychotherapeutische Arbeit neben ihrer kurativen Funktion indirekt immer auch präventive Wirkung. So hilft sie dem Klienten nicht nur bei der Bewältigung bestehender psychischer Störungen, sondern vermittelt ihm auch Fertigkeiten für den Umgang mit möglichen späteren Krisensituationen. Er lernt, wie er in Zukunft eventuell wiederauftretende oder neuauftretende Probleme angemessen angehen kann und auf welche Weise er gegebenenfalls auf seine Umweltbedingungen einwirken oder diese verändern kann, um möglichen Störungen oder Konflikten vorzubeugen.

Nicht zu unterschätzen ist auch die präventive Wirkung, die die therapeutische Behandlung des Klienten für dessen Bezugspersonen hat. Es ist einleuchtend, daß ein Mensch mit psychischen Störungen im gewissen Sinne immer auch ein Risikofaktor für seine nähere soziale Umgebung ist. Dies gilt im ganz besonderen Maße für Menschen, die als Inhaber bestimmter sozialer Rollen oder Ämter Macht, Kontrolle und Einfluß über andere Menschen besitzen, zum Beispiel: Ärzte, Psychologen, Vorgesetzte, Lehrer, Kindergärtnerinnen, um nur einige wenige zu nennen. Am stärksten gefährdet sind Kinder gestörter Eltern. Gestörten Eltern zu helfen bedeutet deshalb immer auch, deren Kindern zu helfen. So ist es für den Psychotherapeuten auch ein ganz besonders befriedigender und belohnender Aspekt seiner therapeutischen Arbeit, mitzuerleben, wie häufig im Verlauf der Therapie zunehmend auch die Kinder seiner Klienten „ganz von selbst“ ihre Störungen verlieren, zum Beispiel: Schulschwierigkeiten, Schlafstörungen, Bettnässen, Nägelkauen, Aggressionen, Ängste, Erziehungsschwierigkeiten etc.

Ungelöste präventive Aufgaben

Implizit hat also jede psychotherapeutische Arbeit immer auch präventive Wirkungen, explizit ist sie gegenwärtig jedoch vorwiegend auf kurative Aspekte ausgerichtet. Im beschränkten Maße werden zwar im Rahmen karitativer Verbände oder kommunaler Einrichtungen Leistungen angeboten, die präventiven Charakter haben, zum Beispiel: Ehevorbereitungsseminare, Erziehungsberatung, Aufklärung vor Suchtgefahren, psychohygienische Hilfsangebote, wie Autogenes Training oder andere Entspannungsübungen, etc. Die wirklich brennenden Probleme in bezug auf präventive Maßnahmen auf dem psychotherapeutischen Sektor bleiben bei solchen Angeboten jedoch weitgehend unberücksichtigt. Ich denke hier zum Beispiel an Probleme wie die immer größer werdende Zahl von Arbeitnehmern, die wegen psychischer Störungen vorzeitig aus dem Arbeitsprozeß ausscheiden müssen, an die ständig wachsende Zahl von Kindern, die unter schwerwiegenden Schulschwierigkeiten leiden, ja sogar Selbstmord begehen, an das besorgniserregende explosionsartige Anwachsen von Süchten und Abhängigkeiten jeder Art, insbesondere bei Kindern und Jugendlichen, aber auch an die bisher unbeantworteten dringenden Fragen, wie der Gefahr von Verwahrlosung vorzubeugen ist, wie ein Abrutschen in Kriminalität verhindert werden kann, etc.

Prävention durch Veränderung gesellschaftlicher und institutioneller Strukturen

Die Aufzählung dieses Problemkatalogs hat bereits deutlich gemacht, daß der Psychologe bei diesen Aufgaben nicht nur schlicht überfordert ist, sondern daß auch seine Wissenschaft hier allein nicht mehr ausreicht. Eine Prävention im eigentlichen Sinne setzt immer eine Analyse der zugrundeliegenden Bedingungen und Wirkzusammenhänge des Auftretens psychischer Störungen und Krisen voraus. Dabei aber wird es unumgänglich, auch diejenigen gesellschaftlichen und institutionellen Strukturen zu identifizieren, zu analysieren und zu verändern, die krisen- und störungsproduzierende Wirkungen haben. Das macht Reformen einer Reihe wichtiger Organisationen und Institutionen notwendig, zum Beispiel von Betrieben, Verwaltungen, Krankenhäusern und anderen kommunalen Einrichtungen, umfassende Reformen unseres Schulsystems, unseres gesamten Berufsausbildungssystems, des Wohnungsbaus, etc.

Psychische Störungen sind also in ihrem Zusammenhang mit gesellschaftlichen, ökologischen, ökonomischen, subkulturellen und instituionellen Strukturen zu analysieren, zu therapieren und präventiv anzugehen. Eine rein psychologische Ausbildung reicht für diese Aufgabenstellung ganz sicher nicht aus. Zur Bewältigung der dabei anstehenden Aufgaben und Probleme ist statt dessen eine interdisziplinäre Zusammenarbeit der verschiedensten Berufsgruppen in Praxis, Forschung, aber auch bei der Ausbildung unumgänglich (vgl. dazu auch *Keupp*, 1978). Erste Ansätze zu einer solchen interdisziplinären Zusammenarbeit finden sich unter gemeindepsychologischen und sozialpsychiatrischen Perspektiven (vgl. *Keupp*, 1978, 1979; *Sommer* und *Ernst*, 1977; *Ullmann*, 1979).

Idealziel ist also die Prävention auf einer grundlegenden und umfassenden Basis, direkt an den vermuteten Ursachen.

Präventive Maßnahmen, die beim Individuum ansetzen

Präventive Maßnahmen, die an entscheidenden gesellschaftlichen, sozialen und institutionellen Strukturen ansetzen, sind sicher auf lange Sicht gesehen nicht nur ökonomischer, sondern auch sinnvoller, wirksamer und humaner. Allerdings darf dabei nicht übersehen werden, daß Veränderungen solcher umfassender Strukturen in der Regel sehr mühsam, zäh und langwierig sind und daß es unter Umständen Generationen dauern kann, bis sie entscheidende Auswirkungen zeigen. Wir sollten uns deshalb bei der Lösung der dringend anstehenden präventiven Probleme nicht in bloßen Zukunftsträumen verlieren und unser Gewissen durch Verweise auf irgendwelche verschwommenen, utopischen Pläne von „grundlegenden künftigen Veränderungen“ beruhigen, sondern statt dessen überlegen, ob wir parallel zur gezielten Arbeit an der Verwirklichung gemeindepsychologisch und sozialpsychiatrisch orientierter Vorstellungen nicht auch noch an anderen praktischen Lösungsansätzen arbeiten können, die sich kurzfristiger verwirklichen lassen und auch den gegenwärtigen Generationen bereits Hilfe bringen. Ich denke dabei an präventive Maßnahmen, die bei den in Frage kommenden Individuen selbst ansetzen.

Es ist eine unumstrittene Tatsache, daß große individuelle Unterschiede bezüglich der Anfälligkeit für psychische Störungen bestehen. Zwar gibt es, wie die bisher vorliegenden Informationen und Forschungsbefunde zeigen, bestimmte Risikogruppen in der Bevölkerung, bei denen eine größere Wahrscheinlichkeit besteht, daß sie irgendwann im Laufe ihres Lebens psychisch auffällig werden, zum Beispiel sozial Unterprivilegierte oder Kinder aus gestörten oder zerbrochenen Familien. Doch gibt es auch innerhalb dieser Risikogruppen noch erhebliche individuelle Unterschiede bezüglich der Störanfälligkeit. Fest steht jedenfalls, daß innerhalb einer Gruppe von Menschen, die unter vergleichbaren Lebensumständen und Umweltgegebenheiten leben und ähnlichen Streßbedingungen ausgesetzt sind, einige mit psychischen Störungen und Zusammenbrüchen reagieren, andere die Belastungen verkraften und psychisch unauffällig bleiben.

Die entscheidende Frage ist, was einen Menschen befähigt, mit Belastungen, Konflikten, Schicksalsschlägen, Problemen, Streß etc. fertigzuwerden, ohne psychische Störungen zu entwickeln. Was unterscheidet diese Menschen von denjenigen, die unter vergleichbaren Bedingungen psychisch auffällig werden? Hier sind gezielte Untersuchungen und Forschungsarbeiten dringend notwendig. Das, was bisher an Erkenntnissen dazu vorliegt, sind zumeist vorwiegend Spekulationen oder theoretische Erörterungen, die zudem stark beeinflußt sind vom Denkmodell der therapeutischen Schule, aus der sie stammen.

Solche Untersuchungen und Forschungsarbeiten sind allerdings auch erschwert durch die Schwierigkeiten und Probleme, sinnvolle, praktikable und akzeptable Definitionen für „Normalität", „psychische Gestörtheit", „Anpassung" etc. zu finden. Mir scheint es sinnvoll, bei der Lösung präventiver Probleme und Aufgaben als Arbeitshypothese davon auszugehen, daß Normalität ein Kontinuum ist mit fließenden Übergängen zu Gestörtheit, und daß präventive Maßnahmen stärker auf die Erhaltung der Normalität als auf die Bekämpfung von Gestörtheit ausgerichtet sein sollten (vgl. dazu auch *Poser*, 1976).

Um auf die Frage zurückzukommen, was einen Menschen befähigt, mit Belastungen und Konflikten fertigzuwerden, ohne psychische Störungen zu entwickeln, und was ihn von solchen Menschen unterscheidet, die unter vergleichbaren Bedingungen psychisch auffällig werden, so liegt vom verhaltenstherapeutischen Standpunkt her gesehen die Annahme nahe, daß psychisch Gestörte eventuell bestimmte Verhaltensweisen, Reaktionen, Fertigkeiten etc., die sogenannten Normalen helfen, „gesund" zu bleiben, nicht gelernt haben oder aber nur ungenügend oder falsch. Aus präventiver Sicht wäre deshalb die logische Folge, diese kritischen Verhaltensweisen und Reaktionen festzustellen, Risikopersonen oder Risikogruppen, die ein diesbezügliches Lerndefizit aufweisen, zu identifizieren, und ihnen präventiv Möglichkeiten zum Nach- und Umlernen anzubieten.

Nehmen wir als Beispiel den hypothetischen und stark vereinfachten Fall, daß Untersuchungen und Forschungsergebnisse erbracht hätten, daß bei Menschen, die aufgrund ihrer Vorgeschichte nicht gelernt haben, sich mit Sozialpartnern angemessen auseinanderzusetzen, sondern die Sozialkonfrontationen meiden und ihren Ärger und Zorn hinunterschlucken, die Wahrscheinlichkeit, irgendwann im Leben psychische Störungen zu entwickeln, signifikant höher ist als bei der Durchschnittsbevölkerung. Es könnten zunächst Meßmethoden entwickelt und überprüft werden, die helfen, solche Risikopersonen einwandfrei und möglichst frühzeitig zu identifizieren. Präventive Maßnahmen könnten dann darin bestehen, solchen Personen Übungsprogramme in Form therapeutischer Gruppen anzubieten, die ihnen helfen, Fertigkeiten für die Auseinandersetzung mit Sozialpartnern zu erwerben, einzuüben und zu festigen. Dabei sollte auch der angemessene Umgang mit dabei auftretenden Ängsten und Schuldgefühlen etc. berücksichtigt werden.

Ganz sicher sind aber auch organisch bedingte Prädispositionen bei der Anfälligkeit für psychische Störungen mitbeteiligt, zum Beispiel im Sinne erhöhter Reizsensibilität und emotionaler Übererregbarkeit. Bei meiner Arbeit beobachte ich zum Beispiel immer wieder, daß auffallend viele Klienten über erhöhte Reizempfindlichkeit klagen, die ihren Angaben zufolge bereits vor Beginn ihrer psychischen Störungen, praktisch seit frühester Kindheit, bestanden hat. Sie reagieren zum Beispiel intensiver und gestörter als der „Durchschnitt" auf laute Geräusche, grelles Licht, „Flackerlicht" (zum Beispiel bei Leuchtstofflampen, beim Fernsehbild etc.), Temperaturschwankungen etc., Aufregungen, auch freudige, bewirken bei ihnen häufig Schlafstörungen, Eßstörungen, psychosomatische Symptome oder andere Auffälligkeiten. Dies sind jedoch lediglich subjektive Erfahrungen und Beobachtungen, die noch gezielt zu überprüfen wären.

Derartige organisch bedingte Störanfälligkeiten lassen sich ganz sicher präventiv nicht völlig ausschalten. Der Betreffende kann jedoch lernen, damit angemessener umzugehen. Vorbedingung dazu ist, daß der Klient zunächst lernt, *seine* Störreize und Störbedingungen zu identifizieren. Dadurch wird es für ihn möglich, ihnen auszuweichen, sie zu vermeiden oder seine Umweltgegebenheiten und Lebensbedingungen so anzuordnen oder zu modifizieren, daß die Störvariablen auf ein Mindestmaß reduziert werden.

So klagte zum Beispiel eine meiner Klientinnen darüber, daß sie bei grellem Sonnenlicht panikähnliche Zustände mit Schwindelgefühl, Schweißausbrüchen, Zittern, starkem Herzklopfen etc. bekäme und dann große Schwierigkeiten habe, das Gleichgewicht zu halten. Als sie begann, für solche Situationen eine Sonnenbrille griffbereit zu halten und diese zu benutzen, verschwanden die Beschwerden schlagartig.

Eine andere Klientin wachte ziemlich regelmäßig am Samstagmorgen mit einer Migräne auf, die ihr oft das ganze Wochenende verdarb. Ich tippte insgeheim zunächst auf Spannungen mit dem Ehemann. Die Verhaltensanalyse erbrachte jedoch Hinweise, die eher für die Hypothese sprachen, daß die regelmäßigen langen Krimi-Fernseh-Nächte der Klientin am Freitagabend im Zusammenhang mit den Migräneanfällen stehen könnten. Die Klientin gab an, generell auf ,,Flackerlicht" sehr allergisch zu reagieren. So mache es sie zum Beispiel ganz nervös, beim Licht einer Leuchtstoffröhre lesen oder arbeiten zu müssen. Beim Durchfahren einer beschatteten Baumallee bei greller Mittagssonne würde sie der beständige Lichtwechsel sehr stark beim Autofahren irritieren und stören. Wir testeten unsere Hypothese: Die Klientin verkürzte ihre Freitagnächte vor dem Fernseher und ersetzte sie durch andere angenehme Freizeitbeschäftigung, und siehe da, die Migräne blieb aus. Wurde die Klientin anläßlich einer sehr verlockenden Sendung wieder „rückfällig", meldete sich prompt auch die Migräne wieder.

Läßt sich die Konfrontation mit den Störreizen nicht vermeiden, besteht die Möglichkeit, zu lernen, sich besser und wirksamer gegen diese abzuschirmen, zum Beispiel durch Entspannung, durch Uminterpretation oder durch neue emotionale Einbettung des Störreizes etc.

Eine Klientin identifizierte im Verlauf der Verhaltensanalyse als Teilursache für ihre seit Jahre bestehenden Schlafstörungen, die schließlich zu einer Schlafmittelabhängigkeit geführt hatten, auch eine gewisse emotionale Übererregbarkeit. Führte sie am Abend noch ein anregendes Gespräch, las sie ein spannendes Buch, sah sie eine aufregende oder bewegende Sendung im Fernsehen, war sie so „aufgewühlt", daß noch Stunden danach an keinen Schlaf zu denken war. Sie hatte außerdem den Eindruck, ein regelrechter „seelischer Müllschlucker" für ihre soziale Umgebung zu sein. Jeder kam zu ihr, lud seine Freuden, Nöte und Kümmernisse bei ihr ab, ging dann erleichtert und befreit von dannen und ließ die Klientin erregt, geängstigt oder deprimiert zurück. Sie lernte im Laufe der Therapie nicht nur, durch Entspannung Erregungen erst gar nicht aufkommen oder aber schnell wieder abklingen zu lassen, sondern sie nahm auch eine Revi-

sion ihrer gesamten Lebensführung vor. Sie vermied Aufregungen und Spannungen in den Abendstunden, hörte statt dessen beruhigende Musik, unternahm einen geruhsamen und besinnlichen Abendspaziergang oder nahm ein entspannendes Kräuterbad. Außerdem versuchte sie, den gesamten Tagesverlauf ruhiger und entspannter zu gestalten. Sozialpartner, die sie ihrer Meinung nach nur als Abladeplatz mißbrauchten, sortierte sie kurz entschlossen aus ihrem großen Bekanntenkreis aus. Um sich besser gegen Störungen und Reize abzuschirmen, fand sie eine einfallsreiche und in ihrem Fall auch sehr erfolgreiche Lösung. Sie erzählte mir eines Tages ganz glücklich, daß es ihr jetzt immer schneller und wirksamer gelingen würde, ihren „seelischen Regenumhang" umzuwerfen, wenn Gefahr im Anzug sei, zum Beispiel ein Gesprächspartner sie mit aufregenden, beängstigenden oder belastenden Inhalten bombardiere oder wie ein Wasserfall auf sie einrede. Sie stelle sich dann vor, eine Regenhaut überzuziehen, an der alles Störende und Irritierende einfach abgleite. Unter diesem imaginären Schutzmantel könne sie jetzt auch Situationen überstehen, die sie früher richtig mitgenommen hatten.

Ein anderer Klient litt unter panischer Angst, durch laute Geräusche am Schlafen gehindert zu werden und dann am nächsten Tag den beruflichen Anforderungen nicht gewachsen zu sein. Besonders stark waren diese Ängste und die damit verbundenen Einschlaf- und Durchschlafstörungen, wenn den Klienten, der einen sehr verantwortungsvollen Posten in einem großen Industrieunternehmen hatte, am nächsten Tag sehr wichtige und entscheidende berufliche Aufgaben und Besprechungen erwarteten. Störungsfrei war sein Schlaf eigentlich nur in seiner gewohnten Umgebung im eigenen Schlafzimmer. Er hatte wegen der geschilderten Störungen ein riesiges Haus gemietet, das weitab von Verkehrslärm und lauter Nachbarschaft lag, in dem er ganz allein lebte. Bereits der Gedanke an Übernachtungen außerhalb seiner Schutzburg verursachte Panik. Als solche Übernachtungen jedoch, beruflich bedingt, nicht länger zu vermeiden waren, kam er in Therapie.

Die Verhaltensanalyse erbrachte neben einer Reihe auslösender und verstärkender Ereignisse auch deutliche Hinweise auf Zusammenhänge zwischen seiner Störung und traumatischen Erfahrungen in der Vorgeschichte. Der Klient war in armen und beengten Verhältnissen als einziges Kind großgeworden. Seine Eltern hatten große „Aufsteiger"-Pläne in bezug auf den Sohn. Da er intelligent war, hielten sie es für selbstverständlich, daß er Abitur und Studium ohne Schwierigkeiten und als einer der Besten absolvieren würde. Der Klient identifizierte sich mit den Plänen und Wünschen seiner Eltern. Er lernte fleißig und in jeder freien Minute und konzentrierte sich ganz auf seine berufliche Laufbahn. Aufgrund seiner sozialen Schichtzugehörigkeit ohnehin bereits Außenseiter in der Oberschule, wurde er bald von den Mitschülern als Streber verspottet und gemieden. Dies verstärkte seine soziale Isolierung und unterstützte seine Hinwendung zum Leistungsbereich. Die eigentliche Störung zu diesem Zeitpunkt bestand für den Klienten und seine Eltern jedoch darin, daß der Junge in dem großen überbelegten Mietshaus, in dem sie damals wohnten, nicht ausreichend Ruhe zum Lernen und für den notwendigen Schlaf vor Prüfungen fand. Die aufgebrachten Eltern versuchten, ihm die notwendige Ruhe zu verschaffen, notfalls mit Gewalt. Das machte die Sache nur noch schlimmer. Es kam zu häßlichen lautstarken nächtlichen Szenen zwischen seinen Eltern und der Nachbarschaft, die an dem Lärm nichts änderten, sondern die Ruhestörer eher noch provozierten. Die finanziellen Möglichkeiten der Eltern reichten jedoch nicht aus, in eine ruhigere Umgebung umzuziehen. Bald war es nicht mehr der Lärm selbst, der den Klienten am Schlafen hinderte, sondern seine Erwartungsangst in bezug auf Schlaflosigkeit und die Sorge, unausgeschlafen wichtigen Aufgaben und Prüfungen des nächsten Tages nicht gewachsen zu sein. Die Verhaltensanalyse zeigte außerdem, daß bei dem Klienten mit großer Wahrscheinlichkeit auch eine erhöhte Reizsensibilität und emotionale Übererregbarkeit vorlag, die die genannten Störungen verschlimmerten.

Es wäre zu aufwendig, detailliert auf die umfangreiche therapeutische Intervention, die bei diesem Klienten notwendig wurde, einzugehen. Neben der Arbeit an seinen Leistungsängsten lernte er auch seine überhöhten Erwartungen und Forderungen an sich selbst zu korrigieren, Defizite und Mangelerlebnisse in bezug auf Sozialkontakte zu beseitigen und sich auch noch andere Wertbereiche als den der Leistung zu erschließen. Eine Systematische Desensibilisierung der Lärmängste erwies sich als hilfreich.

Um jedoch auf den eigentlichen Zweck der Schilderung dieses Falles zurückzukommen: ein wesentlicher Lernprozeß für diesen Klienten in der Therapie bestand darin, Lärmreize nicht nur abzuwehren und an sich abgleiten zu lassen, sondern sie auch durch Uminterpretieren oder Einbetten in einen neuen emotionalen Zusammenhang in den Hintergrund zu rücken und in neutrale, nicht mehr störende Reize umzuwandeln. Das Rauschen in einem Heizungsrohr verwandelte er zum Beispiel in das sanfte Rauschen der Baumkronen eines Waldes. Beim Knarren eines ungemütlichen Hotelbettes träumte er sich in eine gemütliche Kreuzfahrt-Schiffskabine und damit in Urlaubsstimmung, etc.

Ganz sicher gibt es große individuelle Unterschiede zwischen verschiedenen Klienten, von solchen Möglichkeiten der Um- und Neuinterpretierung von Störreizen Gebrauch zu machen. Ich habe durchaus Klienten getroffen, die damit überhaupt nichts anfangen konnten. Für viele Klienten jedoch ist diese Strategie eine hilfreiche Methode für den Umgang mit Störreizen, die nicht vermeidbar sind.

Dazu noch ein persönliches Erlebnis: Während meines Aufenthaltes in den USA wohnte ich eine Zeitlang auch in einer ärmlichen heruntergekommenen Wohngegend. Sie hatte allerdings den Vorteil, fast frei von Verkehrslärm zu sein, und ich genoß es von Herzen, ungestört von lautem Hupen, quietschenden Bremsen und anderen störenden Geräuschen schlafen zu dürfen. Um so empörter war ich, als diese himmlische Ruhe eines Tages vorbei war. Schlag 3.45 Uhr, pünktlich auf die Minute, erscholl plötzlich jeden Morgen ein ohrenbetäubendes Geknatter, das in der Regel etwa 10 bis 15 Minuten andauerte. Auch als technisch unbegabter Mensch hatte ich bald diagnostiziert, daß da irgend jemand in der Nachbarschaft anscheinend Schwierigkeiten beim Anlassen seines fahrbaren Untergestells hatte. Ich versuchte wieder einzuschlafen, – vergebens: das Geknatter war nervenaufreibend und brachte mich mehr und mehr in Wut. Am fünften Morgen der Ruhestörung kochte ich vor Zorn. Damit war an ein Wiedereinschlafen natürlich überhaupt nicht mehr zu denken. Nach sechs solchermaßen verkürzten Nächten schmiedete ich Rachepläne, zum Beispiel dem Ruhestörer einen Eimer kaltes Wasser über den Kopf zu gießen. Als überzeugter Verhaltenstherapeut beschloß ich jedoch, vorher noch eine vernünftige Unterredung mit dem Übeltäter zu versuchen, um angemessenere Verhaltensalternativen zu meinen Racheplänen zu finden. Fest in mehrere Schals und Pullover gewickelt, denn es war tiefster Winter und eiskalt, machte ich mich auf den Weg. Was entdeckte ich? Ein altes dürres Männlein in verschlissenen Kleidern, das sich, schlotternd vor Kälte, verzweifelt mit einem alten wackeligen Moped abmühte und dabei besorgte und ängstliche Blicke in die Umgebung warf. Im Nu war mein Rachedurst verflogen. Ich machte auf der Stelle kehrt, noch bevor er mich gesehen hatte, und kroch wieder zurück in mein schönes warmes Bett. Dort dachte ich darüber nach, wie gut ich es doch im Vergleich zu ihm hätte, und war über diese Gedanken bald wieder eingeschlafen. In der darauffolgenden Zeit wurde ich zwar noch regelmäßig kurz wach, wenn das Geknatter des Mopeds einsetzte, dachte voll Mitgefühl an den alten Mann, schlief dann aber bald wieder fest ein.

So kann also die veränderte Wahrnehmung eines Störreizes diesen in seiner Qualität für den Betroffenen verändern und ihm unter Umständen auch seinen störenden Charakter nehmen. Auch dort, wo eine erhöhte Störanfälligkeit vorliegt, gibt es also durchaus eine Reihe von therapeutischen Möglichkeiten. Ein gutes Beispiel dafür sind die Erfahrungen, die inzwischen mit Kindern gemacht wurden, die eine minimale frühkindliche Hirnschädigung haben, bei der zwar die Intelligenz nicht beeinträchtigt ist, die aber mit einer erheblichen Übererregbarkeit und Hypermotorik einhergeht. Gehen Pflege- und Bezugspersonen mit solchen Kindern gelassen, ruhig und beruhigend um, haben sie außerordentlich gute Chancen, daß sich ihr Zustand stabilisiert und ausbalanciert. Eine hektische, nervöse und gereizte Umgebung hingegen verschlimmert den Zustand erheblich.

Psychohygiene

Bei unseren bisherigen Überlegungen hatten wir präventive Maßnahmen an bestimmten, zuvor identifizierten Risikopersonen beziehungsweise Risikogruppen angesetzt. Darüber hinaus besteht aber auch die Möglichkeit, ganz allgemein und auf breiter Basis präventive Vorkehrungen zu treffen, indem breiten Bevölkerungsschichten *psychohygienische Hilfen* angeboten werden.

Für solche psychohygienischen Zielsetzungen käme ein ganzer Katalog präventiver Maßnahmen in Frage. Dringendste Aufgabe wäre dabei, zunächst alle die Personen, die bereits echt gestört sind und die damit wiederum auch einen Risikofaktor für ihre unmittelbaren Sozialpartner (zum Beispiel: Kinder, Ehepartner, Angestellten etc.) darstellen, einer Therapie zuzuführen. Hierzu wären einmal geeignete Methoden zu erarbeiten, diese Personen aufzufinden und zu einer Therapie zu motivieren. Zum anderen wäre aber auch die Entwicklung neuer therapeutischer Vorgehensweisen und Methoden notwendig, die auf die spezifischen Eigenarten, Probleme, Bedürfnisse und Möglichkeiten dieser Personengruppe zugeschnitten sind.

Eine entscheidende Funktion bei der Identifizierung, vor allem aber bei der Therapiemotivierung gestörter, therapiebedürftiger Personen kommt neben der Fachwelt, die hier auch mit Hilfe öffentlicher Medien Aufklärungsarbeit leisten müßte, vor allem auch ehemaligen, „geheilten" Klienten zu. Sie sind nicht nur überzeugende Beispiele für ihre unmittelbare soziale Umgebung, daß man psychische Störungen nicht als Schicksal hinnehmen muß, durchaus erfolgreich etwas dagegen tun kann, sondern sie sind gleichzeitig auch gute soziale Modelle, die anderen Betroffenen zeigen können, welche Wege und Möglichkeiten der Hilfe es gibt und was man unternehmen muß, um dahin zu gelangen. Ehemalige Klienten haben damit eine wichtige Rolle bei der Motivierung therapiebedürftiger Sozialpartner, indem sie in ihrer engeren sozialen Umgebung, zum Beispiel bei Familienangehörigen, Freunden, Nachbarn und Bekannten, Vorurteile Mißtrauen und Ängste in bezug auf psychosoziale und psychotherapeutische Hilfsangebote abbauen und überwinden helfen können.

Der entscheidende Ansatzpunkt für psychohygienische Vorkehrungen, die präventiven Zielen gelten, dürfte jedoch dort sein, wo die Zielpersonen noch relativ störungsfrei sind, wo also gute Chancen für eine erfolgreiche Prävention bestehen. Das bedeutet, daß vorbeugende Maßnahmen so früh wie möglich in der Entwicklung und Lerngeschichte eines Menschen einsetzen sollten. Strenggenommen sollte mit der Prävention bereits begonnen werden, noch bevor ein Kind überhaupt geboren wird, zum Beispiel durch Beratung junger Paare, die sich mit Heiratsabsichten tragen. Eine solche Beratung sollte also nicht erst dann einsetzen, wenn bereits massive Eheprobleme oder ernsthafte Erziehungsschwierigkeiten mit dem Kind bestehen, sondern bereits viel früher. Eine Partnerschaftsberatung vor der Eheschließung könnte zum Beispiel helfen zu klären, ob die Partner überhaupt füreinander geeignet sind, mit welchen Schwierigkeiten sie eventuell rechnen müssen, wenn sie zusammenleben, und wie diesen wirksam begegnet werden kann. Eine solche Beratung müßte auch Bezug auf Veränderungen, Probleme, Belastungen etc. nehmen, die durch das Hinzukommen eines Kindes entstehen könnten, und Bewältigungsmöglichkeiten dafür aufzeigen.

Für junge Paare mit Kindern sollten dann ausreichend Möglichkeiten geboten werden, sich jederzeit schnell und unbürokratisch, also ohne monatelang auf einer Warteliste zu stehen und dann im Schnellverfahren abgefertigt zu werden, Hilfe, Rat und Beistand bei auftretenden Schwierigkeiten und Problemen von einem Fachmann zu holen. Ich glaube, daß wir oft übersehen, wie überfordert in dieser Hinsicht junge Familien sind. Bei unserer heutigen Gesellschafts- und Familienstruktur stehen ihnen nicht wie in früheren Zeiten, wo die schützende und bergende Großfamilie noch die Regel war, ein ganzer Familienverband, bestehend aus mehreren Generationen, mit eigenen Erfahrungen und emotionaler Unterstützung zur Seite.

Weitere Ansatzpunkte für präventive Möglichkeiten sehe ich in bezug auf das heranwachsende Kind zum Beispiel auch im Kindergarten und später in der Schule. Warum sollte es nicht möglich sein, unseren Kindern neben der Vermittlung intellektueller und technischer Kenntnisse und Fertigkeiten auch Hilfestellungen und Anleitungen für den Umgang mit emotionalen Problemen zu geben und Lernprozesse einzuleiten, die ihnen vermitteln, wie man sinnvoll und angemessen mit Konflikten, Belastungen und Ängsten umgehen kann. Dabei sollten auch soziale Kontakt- und Kommunikationsfähigkeiten eingeübt sowie Hilfe für Selbstkontrolle angeboten werden.

Ich halte „Psychohygiene“ für ein ebenso wichtiges Lehrfach wie zum Beispiel „Lesen“, „Schreiben“ und „Rechnen“. Ein solcher psychohygienischer Unterricht sollte auch Aufklärung, Informationen sowie praktische Anleitungen und Übungen für wichtige Problembereiche der alltäglichen Lebensführung bringen, zum Beispiel: Wie sieht eine sinnvolle und gesunde Freizeitgestaltung aus? Wie kann man lernen, „normale“, nicht vermeidbare Spannungen zu ertragen, ohne gleich zu Genußmitteln, Drogen, Alkohol, Schlaf-, Beruhigungs- oder Schmerztabletten greifen zu müssen etc.

Bei allen psychohygienischen Ansätzen und Maßnahmen sollte das Augenmerk stets auf dem Selbsthilfepotential der Betroffenen liegen. Durch Selbsthilfegruppen, Patenschaften, Nachbarschaftshilfen etc. sind Selbstbewältigungsmöglichkeiten und Selbsthilfeansätze zu stärken sowie partnerschaftliche gegenseitige Hilfestellungen zu fördern und zu unterstützen. Dies erfordert auch eine Überprüfung und gegebenenfalls Veränderung unserer gegenwärtigen Einstellungen und unseres sozialen Engagements in bezug auf Alte, Kranke, Behinderte, psychisch Gestörte oder andere Benachteiligte.

Ganz sicher werden wir dabei auch nicht darum herumkommen, die existentiellen Fragen in bezug auf Krankheit, Sterben und Tod und die in diesem Zusammenhang in unserer gegenwärtigen Gesellschaft tabuisierten Probleme und Bereiche wieder in unser Leben einzubeziehen und sinnvoll zu integrieren.

Wirkliche Psychohygiene setzt die Bereitschaft voraus, unsere gesamte gegenwärtige Lebensphilosophie, unsere Wertanschauungen und unsere Lebensführung zu überdenken und eventuell grundlegend zu verändern. Für den Psychotherapeuten beginnt Psychohygiene damit praktisch bei der eigenen Person.

3. Ausblick: weiterführende Fragen, zukünftige Aufgaben

Die vorliegenden Ausführungen haben deutlich gemacht, daß die Verhaltenstherapie noch ganz in den Forschungsanfängen steckt, was den Problemkreis der therapeutischen Beziehung zwischen Klient und Therapeut und die dabei beteiligten Variablen anbelangt. So wurden in den vorangegangenen Kapiteln viele Fragen aufgeworfen, viele Probleme angeschnitten. Die meisten davon blieben jedoch unbeantwortet. Immer wieder wurde der Leser auf künftige Forschungsergebnisse vertröstet. Eine schier unendliche Zahl von Aufgaben für künftige Forschungsarbeiten auf diesem Gebiet wurde aufgezeigt. Ich möchte hier die mir am wichtigsten erscheinenden noch einmal kurz zusammenfassen.

3.1 Künftige Forschungsaufgaben

Zunächst einmal zeigte sich, daß dringend allgemeingültige und verbindliche Regeln für die formale Gesprächsführung und für die Interaktionsstrukturierung bei verhaltenstherapeutischen Interventionen notwendig sind. Es geht dabei um Fragen, wie der Verhaltenstherapeut die Gesprächsführung und die Interaktion mit dem Klienten formal so gestalten kann, daß eine gute und tragfähige therapeutische Beziehung garantiert ist und optimale Bedingungen für Ablauf und Ergebnis der therapeutischen Intervention geschaffen sind.

Damit ist bereits ein anderer Problemkreis angesprochen, der der empirischen Untersuchung und theoretischen Einordnung bedarf: der der Einstellungen und Erwartungen von Therapeut und Klient und deren Veränderungen in ihrer Wirkung auf Ablauf und Ergebnis der verhaltenstherapeutischen Intervention. Dabei werden auch Fragen nach einer optimalen Strukturierung und Konzeptualisierung des therapeutischen Vorgehens für ganz spezifische Klientengruppen relevant.

Entscheidende Bedeutung kommt auch der Beantwortung des Fragenkomplexes der angstreduzierenden Wirkung verhaltenstherapeutischer Beziehungsaspekte und der dabei beteiligten Variablen und Wirkzusammenhänge zu. Auch dazu sind experimentelle Forschungsarbeiten und theoretische Einordnungsbemühungen notwendig.

Ein anderer wichtiger Problembereich betrifft die Rolle sozialer Verstärkungsvorgänge im verhaltenstherapeutischen Geschehen. Dabei interessiert nicht nur die Frage, welche Faktoren einen Psychotherapeuten zu einem guten und wirksamen sozialen Verstärker für welche Klienten mit welchen Problemen in welchen Situationen machen, sondern vor allem auch die Frage, wie ein Klient mit Hilfe von Selbstverstärkung von Fremdverstärkung unabhängig gemacht werden kann. Eng damit verbunden ist der große Problemkomplex des sozialen Modellernens im verhaltenstherapeutischen Kontext und der Rolle des Verhaltenstherapeuten als soziales Modell. Hier wird aber auch die Frage nach verhaltenstherapeutischen Gruppenansätzen relevant sowie die Frage nach Selbsthilfegruppen und alternativen Ansätzen. Damit sind auch Probleme der optimalen Zuordnung von Klient und Psychotherapeut angesprochen, etwa im Sinne eines Idealzieles: „Jedem Klient seine Therapie und sein Therapeut."

Eng damit verbunden ist der große Problemkreis der verhaltenstherapeutischen Arbeit mit Angehörigen sozial unterprivilegierter Schichten.

Bei all diesen Problemen werden auch Fragen nach Abhängigkeiten, nach Macht und Kontrolle in und außerhalb der Therapie angesprochen und verlangen nach einer klaren und eindeutigen Stellungnahme der Verhaltenstherapeuten. Eng damit verbunden sind Fragen nach dem therapeutischen Umgang mit sogenannten Subkulturen, aber auch nach den ganz spezifischen Problemen von Widerständen, Gegenkontrolle und oppositionellem Verhalten im verhaltenstherapeutischen Kontext.

Konsequenzen für die gegenwärtige Arbeit des Verhaltenstherapeuten

Dieser riesige Aufgabenkatalog macht deutlich, daß ganz sicher nicht damit gerechnet werden kann, daß bereits in unmittelbarer Zukunft alle anstehenden Fragen beantwortet, alle Probleme gelöst sein werden. Vielmehr sollte sich der Verhaltenstherapeut darauf einstellen, daß er noch eine ganze Zeitlang weiter wie bisher improvisieren muß. Damit ist ihm jedoch keinesfalls ein Freibrief für gedankenloses, unverantwortliches wildes „Experimentieren" ausgestellt. Er ist vielmehr aufgerufen, sich in jedem konkreten Einzelfall bei seiner therapeutischen Arbeit Rechenschaft darüber abzulegen, welche theoretischen und praktischen Erwägungen seinem jeweiligen therapeutischen Handeln zugrunde liegen, darüber zu reflektieren, warum er sich gerade so und nicht anders verhält, welche Alternativen zur Verfügung stünden und welches ihre Konsequenzen wären. Vor allem aber sollte er auch nach Abschluß seiner Ausbildung ständig um Weiterbildung bemüht sein, und zwar nicht nur im Sinne des „auf dem neuesten Stand Bleibens", was Fachliteratur und relevante Forschungsergebnisse anbelangt, sondern auch durch Weiterbildung in Seminaren und Arbeitsgruppen die Konfrontation mit Kollegen der eigenen, aber auch der anderen therapeutischen Schulrichtungen suchen, um sein therapeutisches Handeln immer wieder kritisch zu überprüfen, zu hinterfragen und, wenn notwendig, zu modifizieren. Notwendig ist dabei auch das Bewußtmachen und Verarbeiten eigener ungelöster Konflikte und Probleme.

3.2 Probleme der Selbsterfahrung

Damit aber sind wir bei einem ganz heiklen Kapitel der Verhaltenstherapie angelangt: der Ausbildung und Weiterbildung des Verhaltenstherapeuten. In den vorangegangenen Ausführungen wurde immer wieder deutlich, daß bei der bisherigen Ausbildung des Verhaltenstherapeuten der Schwerpunkt auf der Vermittlung psychotherapeutisch-technischer Methodenkenntnisse und Fertigkeiten liegt, therapierelevante Interaktions- und Kommunikationsfähigkeiten, vor allem aber der Umgang des Verhaltenstherapeuten mit eigenen Reaktionsmustern, mit unverarbeiteten und ungelösten Konflikten und Problemen bisher in seiner Ausbildung noch weitgehend fehlen. Bei der Skizzierung der Aufgaben und Probleme, die sich dem Verhaltenstherapeuten stellen, wurde immer wieder deutlich, wie wichtig und entscheidend es ist, daß er während seiner Ausbildung und Weiterbildung die Möglichkeit erhält, eigene Probleme und Konflikte zu bearbeiten. An einer Vielzahl von Beispielen aus der Praxis konnte aufgezeigt werden, daß der Verhaltenstherapeut für die auf ihn zukommenden Aufgaben nur dann ausreichend ausgebildet und gerüstet ist, wenn er gelernt hat, mit eigenen Problemen und Konflikten angemessen umzugehen, seine eigenen Anteile am jeweiligen therapeutischen Geschehen zu erkennen und zu kontrollieren sowie seine persönlichen Reaktionstendenzen und Reaktionsmuster in bezug auf bestimmte Klienten und bestimmte therapeutische Situationen in Rechnung zu stellen und therapeutisch angemessen damit umzugehen.

Ein solcher Lernprozeß jedoch ist nur auf dem Weg der Selbsterfahrung möglich. Dies macht notwendig, daß der Verhaltenstherapeut sich selbst eine Zeitlang in Therapie begibt und an den eigenen Problemen und Konflikten arbeitet. Dies kann ihm zum einen helfen, sich selbst besser kennenzulernen sowie mit sich selbst besser zurechtzukommen und dadurch auch freier, unvoreingenommener sowie belastbarer für die therapeutische Arbeit und das Eingehen auf die Bedürfnisse seiner Klienten zu werden. Zum anderen bietet eine solche Selbsterfahrung dem Verhaltenstherapeuten die Chance, die Möglichkeiten, aber auch die Grenzen des verhaltenstherapeutischen Ansatzes an der eigenen Person und an den eigenen Problemen zu erfahren. Kein noch so detailliertes Lehrbuch, keine noch so gute therapeutische Lehrdemonstration über Einwegscheibe oder Videorecorder kann ihm zudem so anschaulich, lebensnah und überzeugend vermitteln wie die Erfahrung am eigenen Leibe, welche enormen Ängste es auslösen kann, sich in Therapie zu begeben, sich einem fremden Menschen, dem Therapeuten, anzuvertrauen, seine intimsten Probleme, Gedanken und Gefühle aufzudecken und auszusprechen; welche Überwindung und Mühe es kosten kann, gewohnte Einstellungen und Verhaltensweisen in Frage zu stellen, zu überprüfen und zu verändern; welche Schwierigkeiten und Widerstände bei solchen Veränderungsbemühungen auftreten können.

Der Verhaltenstherapeut wird dabei auch die Erfahrung machen, daß ein guter Therapeut neben fundierten psychotherapeutisch-technischen Kenntnissen und Fertigkeiten sowie guten sozialen Kommunikations- und Interaktionsfähigkeiten, die lernbar und vermittelbar sind, auch noch ein ganzes Bündel wichtiger menschlicher Eigenschaften besitzen muß, die sich nur unvollständig mit Begriffen wie: Intuition, Sensibilität, Einfühlsamkeit, Wärme, Echtheit, Engagement etc. umschreiben lassen. Diese Eigenschaften sind meiner Meinung nach nur in sehr begrenztem Maße lehrbar und vermittelbar. Häufig wird es so sein, daß ein Verhaltenstherapeut diese Eigenschaften bereits besitzt, sie also sozusagen als wertvolle Mitgift in seine therapeutische Ausbildung mitbringt, jedoch durch sein Gefangensein in eigenen Problemen und Konflikten wenig Nutzen bei seiner therapeutischen Arbeit aus diesen Fähigkeiten ziehen kann. Hier bietet die Selbsterfahrung im Rahmen einer Lehrtherapie eine echte Chance.

Die vorangegangenen Überlegungen dürften deutlich gemacht haben, daß Selbsterfahrung für den Verhaltenstherapeuten nicht auf einen bestimmten kurzen Zeitraum beschränkt sein kann. Vielmehr sollte Selbsterfahrung, einmal in Gang gesetzt, zu einem kontinuierlichen Lernprozeß werden, der die gesamte weitere Arbeit des Therapeuten begleitet. Erfahrungen, die er in seiner täglichen Berufspraxis macht, können ihm zur Selbsterfahrung und zur Arbeit an sich selbst dienen. Dabei sollte er die Möglichkeit erhalten, durch Fortbildungs- und Weiterbildungsveranstaltungen in größeren, jedoch zeitlich regelmäßigen Abständen, das Erfahrene noch einmal zu durchleuchten, zu reflektieren und zu verarbeiten. Solche berufsbegleitenden Fortbildungsangebote sollten also nicht nur den Charakter von Lehrveranstaltungen zur Vermittlung neuer Therapietechniken haben, sondern ganz konkret auch Möglichkeiten für Kontroll- und Auffrischungssitzungen therapeutischer Selbsterfahrung anbieten.

Damit sind wir bei der Frage angelangt, wie die für die künftige verhaltenstherapeutische Ausbildung und Weiterbildung zu fordernde Selbsterfahrung konkret aussehen soll. Die Diskussion darüber wie diese als notwendig erkannte Selbsterfahrung erworben werden sollte, welche Ausbildungs- und Weiterbildungspläne und -konzepte dafür notwendig, geeignet und praktikabel sind, hat gerade erst begonnen. Viele Verhaltenstherapeuten plädieren dafür, daß der Verhaltenstherapeut seine Selbsterfahrung in demselben Modell machen sollte, in dem er später auch arbeiten wird, also dem verhaltenstherapeutischen (vgl. dazu auch *Caspar* und *Grawe*, 1980; *Ringler*, 1980 b). Auch meine bisherigen Ausführungen gingen von dieser Vorstellung aus. Nach *Ringler* (1980 b) sprechen für eine innerschulische Selbsterfahrung folgende Gründe: (1) Der verhaltenstherapeutische Prozeß wird durch eine verhaltenstherapeutische Selbsterfahrung verstehbarer; (2) die Modellfunktion eines erfahrenen Therapeuten für verhaltenstherapeutisches Handeln bleibt erhalten; (3) emotionale Hürden und Schwierigkeiten verhaltenstherapeutischer Interventionen werden unmittelbar erlebbar.

Gleichzeitig wird jedoch auch die Frage aufgeworfen, ob das gegenwärtige verhaltenstherapeutische Modell nicht zu eng für eine solche Selbsterfahrung ist, und zwar wegen der bisherigen Vernachlässigung und Ausklammerung bestimmter, gerade für Selbsterfahrungsprozesse wichtiger und entscheidender Aspekte und Bereiche (z.B. des motivationalen, des emotionalen, des kommunikativ-interaktionellen). Die bisherigen Unvollkommenheiten des verhaltenstherapeutischen Modells sollten uns jedoch auf keinen Fall dazu verführen, auf unseren eigenen therapeutischen Ansatz als Selbsterfahrungsfeld zu verzichten und uns ganz auf Selbsterfahrungsangebote anderer therapeutischer Richtungen zu verlassen. Ein Verhaltenstherapeut, der zuvor an der eigenen Person und an eigenen Problemen erlebt hat, wie hilfreich eine Verhaltenstherapie sein kann, welche Möglichkeiten und Chancen sie bietet, der sich aber auch durchaus ihrer Schwächen und Grenzen bewußt ist, wird sicherer, überzeugender und souveräner mit dem verhaltenstherapeutischen Instrumentarium umgehen können und damit auch seinen Klienten mehr nutzen als ein Verhaltenstherapeut, der seine Arbeitsmethode nur aus Lehrbüchern und durch praktische Demonstrationen und Übungen kennt.

Unser Ziel sollte es deshalb sein, systematisch an der Entwicklung, Überprüfung und Vervollkommnung eines verhaltenstherapeutischen Ausbildungs- und Weiterbildungskonzeptes zu arbeiten, in dem das Transparentmachen von, Reflektieren über und Umgehen mit den eigenen Reaktionsmustern und Emotionen sowie unverarbeiteten und ungelösten Problemen und Konflikten und deren möglicher Einfluß auf Klienten und Therapie die ihnen zukommende wichtige Bedeutung erhalten.

Notwendig erscheint mir dabei eine Kombination von Einzel- und Gruppenerfahrung. Der Auszubildende hätte dadurch einmal die Möglichkeit, eine Reihe verschiedener Therapeuten-Modelle kennenzulernen, sowie Gelegenheit, wichtige und typische eigene Reaktionsmuster und Verhaltenstendenzen bei seinen sozialen Interaktionen kennenzulernen und nach ihren Wirkungen auf sein therapeutisches

Handeln zu untersuchen und gegebenenfalls zu modifizieren. Bei solchen Gruppenerfahrungen denke ich zum Beispiel an das bereits erwähnte Modell der Interaktionellen Verhaltenstherapie (*Grawe*, 1977; *Grawe*, 1980; *Grawe* und *Dziewas*, 1977).

Ein Problem dabei ist freilich, daß es zum gegenwärtigen Zeitpunkt schwierig sein dürfte, eine ausreichend große Zahl von Lehrtherapeuten zu finden, die eine geeignete Ausbildung und entsprechende Selbsterfahrung besitzen. Wir werden deshalb in den nächsten Jahren zunächst auch noch weiterhin auf Übergangslösungen angewiesen sein.

Forderungen nach einer stärker praxisbezogenen Ausbildung

Im Zusammenhang mit der verhaltenstherapeutischen Ausbildung und Weiterbildung wurde in den vorangegangenen Ausführungen ein anderer Problemkreis deutlich: der des Auseinanderklaffens von universitärer Ausbildung und Praxisanforderungen. Um in Zukunft eine stärkere berufs- beziehungsweise praxisbezogene Ausbildung zu gewährleisten, sind zunächst kritische Analysen der spezifischen Bedingungs- und Problemstrukturen der jeweiligen Arbeitsfelder, aber auch der Ausbildungssituation sowie der gesellschaftlichen und institutionellen Bestimmungsgrößen der beruflichen Sozialisierung zum Psychotherapeuten notwendig.

Auf der Hochschulebene werden dabei inhaltliche und ausbildungsorganisatorische Veränderungen und damit verbunden eine Reformierung der Studien- und Prüfungsordnungen notwendig werden. Was die Praxisebene anbelangt, so zeichnet sich hier ein Idealziel ab, das gekennzeichnet ist durch ein gemeindenahes psychosoziales System, bei dem ein Team von Psychologen, Medizinern, Soziologen, Sozialarbeitern, Pflegepersonal etc. in partnerschaftlicher Zusammenarbeit alle anfallenden Arbeiten und Probleme bei der Beratung, Behandlung, Rehabilitation und Prävention gemeinsam bewältigt. Dieses Modell ist nicht nur durch eine Integration der Dienstleistungs-, Ausbildungs- und Forschungsarbeiten gekennzeichent, sondern auch durch den Einbezug und die Berücksichtigung der konkreten Bedürfnisse der Hilfesuchenden und ihrer Selbsthilfemöglichkeiten. Welche spezifischen Aufgaben und Funktionen in einem solchen Modell der Verhaltenstherapeut übernehmen könnte, wäre noch genauer zu klären.

Dabei wird also auch die Frage nach alternativen verhaltenstherapeutischen Ansatzpunkten und Tätigkeitsfeldern relevant. Gemeint ist damit die Ausweitung des verhaltenstherapeutischen Konzeptes auf Aufgabenbereiche und Problemgruppen, die bisher noch nicht im verhaltenstherapeutischen Modell enthalten waren oder aber bislang weitgehend vernachlässigt wurden, zum Beispiel präventive Aufgaben, besonders unter dem Aspekt einer Gemeindepsychologie, die therapeutische Arbeit mit sozio-ökonomisch unterprivilegierten Schichten, mit alten Menschen, mit Sterbenden, aber auch verhaltenstherapeutischen Ansätzen im Strafvollzug, im Rahmen gewerkschaftlicher Arbeit, im Rahmen von Selbsthilfegruppen, etc.

Die Beziehung zwischen Klient und Therapeut als wichtigster Forschungsaspekt

Die Hauptaufgabe wird jedoch darin bestehen, neben den instrumentell-methodologischen Problemen der Weiterentwicklung spezifischer Therapietechniken vor allem auch den Aspekt der Interaktion und Kommunikation zwischen Klient und Therapeut in die verhaltenstherapeutischen Forschungsbemühungen einzubeziehen. Erst wenn wir detaillierte und fundierte Kenntnisse über die wesentlichen und wirksamen Anteile von Interaktionsprozessen im psychotherapeutischen Geschehen und ihrer Wirkzusammenhänge mit den spezifischen verhaltenstherapeutischen Techniken und Vorgehensweisen haben, erst wenn wir das, was Verhaltenstherapeuten ganz offensichtlich bereits seit langem mit Erfolg einsetzen, besser durchschauen, theoretisch einordnen und kontrollieren können, wird es möglich werden, die relevanten Beziehungsaspekte und sozialen Beeinflussungsfaktoren gezielt und wirksam therapeutisch anzuwenden und eventuell lehrbar und vermittelbar zu machen.

Für diese Forschungsaufgaben wurden vor allem systematische Zeitreihenstudien und Mikroanalysen des verhaltenstherapeutischen Geschehens, insbesondere unter dem Interaktions- und Kommunikationsaspekt, notwendig werden. Unter Verwendung geeigneter Hilfsmittel, wie zum Beispiel Tonband, Videorecorder, Mehrkanalschreiber etc., ist dabei das Verhalten von Therapeut und Klient in einzelne Reiz-Reaktions-Einheiten zu unterteilen und nach ihren Wirkzusammenhängen zu analysieren. Dabei interessieren auch mögliche Interaktionen zwischen dem Verhalten von Klient und Therapeut und spezifischen verhaltenstherapeutischen Techniken und Vorgehensweisen.

Wichtiger als „Labortherapien mit Modelltherapeuten" erscheint mir dabei die Analyse des konkreten verhaltenstherapeutischen Vorgehens, so wie es in der realen Alltagspraxis tatsächlich verwirklicht wird, d.h. die Untersuchung verhaltenstherapeutischer Dyaden, so wie sie in der Realität gegenwärtig anzutreffen sind. Bei dieser Dokumentation und Analyse verhaltenstherapeutischen Vorgehens darf auch ein Vergleich zwischen „guten", d.h. wirksamen, und „schlechten", d.h. ineffektiven Verhaltenstherapeuten, sowie solchen, die ihren Klienten schaden, nicht fehlen (vgl. dazu auch *Lambert* et al., 1977). Beim gegenwärtigen Stand der Forschung erscheinen dafür kontrollierte Einzelfallstudien am angemessensten und geeignetsten. Interessante Aufschlüsse könnten außerdem Befragungen der Klienten über die ihnen wichtig erscheinenden Aspekte der therapeutischen Situation und das Verhalten ihres Therapeuten erbringen.

Es ist nicht auszuschließen, daß diese verstärkten Forschungsbemühungen um den Problembereich der Interaktionen und Kommunikationen dazu führen werden, daß sich das gegenwärtige verhaltenstherapeutische Denkmodell als zu eng und als ungeeignet erweist, um alle neuen Forschungsbefunde sinnvoll einordnen und integrieren zu können. Es mag notwendig werden, dieses Modell zu erweitern oder sogar durch ein völlig neues zu ersetzen, um die sich im Rahmen künftiger Forschungsbemühungen als relevant und wesentlich erweisenden Faktoren und Wirkzusammenhänge bei der Konzipierung einer umfassenden Theorie verhaltenstherapeutischen Handelns mit berücksichtigen und die im Rahmen weiterer Forschungsbemühungen zutage geförderten Erkenntnisse sinnvoll in diese Theorie integrieren zu können.

Bereits beim gegenwärtigen Stand der Forschung zeichnet sich ab, daß in diesem zukünftigen Modell sozial-interaktive, kognitive, aber auch handlungstheoretische Aspekte eine zentrale Stellung einnehmen werden.

Fest steht jedenfalls, daß ein wesentliches Kennzeichen der Weiterentwicklung der Verhaltenstherapie in den nächsten Jahren die zunehmende Hinwendung zu den therapeutischen Beziehungsaspekten, zu der Interaktion zwischen Therapeut und Klient, sein wird. Durch den Einbezug dieses bisher vernachlässigten Forschungsbereiches erhält die Verhaltenstherapie die Chance, ihre bisherigen Interessenschwerpunkte: methodologische und psychotherapeutisch-technische Aspekte, durch den sozialen interaktiven Aspekt zu bereichern, gleichermaßen in ihn einzubetten. Damit aber wird der verhaltenstherapeutische Ansatz nicht nur umfassender, reicher und fruchtbarer, sondern auch persönlicher und menschlicher.

3.3 Zukunft oder Utopie?

Auszüge aus den Tagebüchern einer Klientin und ihrer Verhaltenstherapeutin aus den Jahren 1992/1993

Klientin (Anja B.): 25 Jahre alt, Büroangestellte, unverheiratet, bei ihrer verwitweten Mutter lebend.

Therapeutin (Dr. A.): 39 Jahre alt, verheiratet, zwei Kinder.

2. September 1992:
Muß unbedingt was unternehmen; dachte zuerst es verschwindet wieder von allein, hab alles Mögliche probiert, wird aber immer schlimmer. Manchmal hab ich Angst schizophren zu werden. Ist das der Anfang davon? Irgend etwas stimmt doch nicht mit mir ... es ist doch nicht normal, ohne irgendwelche Gründe plötzlich diese Panikanfälle zu bekommen: unbeschreibliche Angst, das Gefühl, gleich passiert etwas Entsetzliches, Todesangst! Am liebsten würde ich mich ganz in mein Zimmer verkriechen, da fühl ich mich noch am sichersten. Was tät ich ohne Mutter? Hab oft richtig Schuldgefühle, wenn ich an meine Ungeduld mit ihr denke und wie ich sie doch dauernd in Anspruch nehme, weil ich viele Wege wegen dieser schrecklichen Angst allein nicht mehr schaffe ... Wenn ich nur mit irgend jemand darüber sprechen könnte! Aber keiner würde mich verstehen ..., die im Büro halten mich ohnehin schon für sehr

Klientin	Therapeutin
seltsam und verschroben, weil ich mich so isoliere. Ob die schon was gemerkt haben? manchmal tuscheln sie ganz schön hinter meinem Rücken. Ach, ich wünschte, ich müßte nie mehr da rein! auch weil die Arbeit so eintönig und sinnlos ist . . ., das könnte ein Roboter sicher genausogut tun. Ach, oft kommt mir mein Leben überhaupt so sinnlos vor! und diese wahnsinnige Angst, jemand könnte meine Zustände merken. Ich trau mich kaum noch unter die Leute. Da ist es mit der Angst ja auch ganz besonders schlimm. Wenn ich nur wenigstens wüßte, was ich habe. Ich habe mir schon den Kopf zerbrochen. Dabei wird es immer schlimmer! Was, wenn ich den Weg ins Büro eines Tages nicht mehr schaffe? wenn Mutter mal nicht mehr ist? ich darf gar nicht weiterdenken . . . Manchmal denke ich, es wäre besser, gleich Schluß zu machen, aber das kann ich Mutter ja nicht antun, seit Vater tot ist, hat sie ja nur noch mich . . .	
10. September 1992:	
. . . war heute noch mal beim Internisten, er schien ärgerlich, daß ich schon wieder kam. Hat mich trotzdem genau untersucht. Hab ihm gesagt, mir wäre immer so schwindlig. Stimmt ja auch. Das mit den Ängsten konnte ich ihm nicht sagen,	

Klientin

hab mich so geschämt. Er scheint aber trotzdem irgendwas gespannt zu haben. Hat mir beim Verabschieden eine Adresse in die Hand gedrückt und gesagt: „Seien Sie froh, organisch ist alles in Ordnung. Wenn Sie irgendwelche seelischen Probleme haben, dort kann man Ihnen sicher helfen.“ War mir sehr peinlich . . . Hab mir die Adresse schon angesehen, scheint ein Institut zu sein, so eine Art größere Gemeinschaftspraxis von Ärzten, Psychologen und Sozialarbeitern und so. Sieht von außen ganz passabel aus, aber . . . ich weiß nicht . . .

Therapeutin

12. November 1992:

. . . Heute Unterlagen über neue Klienten bekommen. Immer noch Schwierigkeiten mit dem Computerprogramm: Kann mich nicht dran gewöhnen, daß er mir meine Klienten „zuteilt“. Sehe Vorteile dieser Zuordnung aus therapeutischer Sicht zwar ein, muß auch zugeben, daß ich seitdem kaum noch „schwierige“ Klienten habe, aber irgendwie fehlt mir gerade diese Herausforderung!! Bin froh, daß wir das Programm jetzt abändern konnten und für die ersten Sitzungen nur noch bestimmte Vorinformationen über die Klienten erhalten. Gibt Möglichkeit, unvoreingenommener an die Klienten und an die Verhaltensanalyse heranzugehen. Ist auch

Klientin

22. November 1992:
Eben schweißgebadet aufgewacht. Kann nicht wieder einschlafen. War es richtig? Hab mich in dem Institut zur therapeutischen Beratung angemeldet. Lange gezögert . . . Als diese scheußliche Panik vor zwei Wochen plötzlich sogar beim Einkaufen hier beim Bäcker um die Ecke kam, wo ich bisher nie Schwierigkeiten hatte (dachte ich komme nie mehr lebend nach Hause, war ganz fertig und verzweifelt), dort

Therapeutin

motivierender und befriedigender, sich die Einsichten und Zusammenhänge gemeinsam mit dem Klienten zu erarbeiten und nicht schon vom Computer vorgekaut zu bekommen. Sehr spannend dann, wenn unsere Daten mit denen des Computers verglichen werden, und auch beruhigend, falls man doch Wichtiges übersehen haben sollte. Punkt 8_{12} sollte aber noch etwas verbessert werden, muß ich am Mittwoch bei der Teambesprechung mal ansprechen. . . . Macht eigentlich viel Spaß, seitdem ich nicht mehr so allein und isoliert in Privatpraxis vor mich hin werkeln muß, sondern hier im Institut im Rahmen des Sozialprojektes die Möglichkeit habe, im Team (interdisziplinär!!!) gleichzeitig in Therapie, Forschung und Lehre zu arbeiten!

21. November 1992:
Gerade auf erstes Kontaktgespräch mit neuer Klientin (Anja B.) vorbereitet. Die Anleitungen für die Gesprächsstrukturierung für die einzelnen Phasen der Therapie bei ganz bestimmten Klienten und Problemen sind schon sehr hilfreich. War früher ja da sehr skeptisch, find jetzt aber, daß sie schon helfen, daß man sich entlasteter fühlt und sich dadurch besser auf den Klienten einstimmen kann, mit ihm mitgehen

Klientin

angerufen. Sehr freundliche Frau am Telefon. Mußte nicht viel erklären, keine peinlichen Fragen. Hat mir ganzen Stoß von Fragebögen und Formularen zum Ausfüllen zugeschickt (streng vertraulich natürlich), zum Teil sehr interessante Fragen. Plötzlich Gefühl, vielleicht können die dir doch helfen. Formulare eingeschickt, paar Tage später ärztliche Untersuchung bei einem ihrer Ärzte. Dann spuckte der Computer vier Therapeuten-Vorschläge für mich aus. Kann mit allen Kontakt aufnehmen und mich dann entscheiden, bei wem ich bleiben möchte. Hab für übermorgen ersten Termin bei einer Frau Dr. A. vereinbart. Unsicher, ob ich hingehen soll. Was wird alles dort passieren? ich werde vor lauter Angst und Scham gar nicht reden können. Was wird sie alles fragen? Was wird dort mit mir gemacht? wird es nicht nur noch schlimmer werden? . . . Angst, Angst, Angst . . .

25. November 1992:
Unheimlichen Aufschwung, obwohl sich konkret noch gar nichts geändert hat. War heute bei Frau Dr. A. Kann nicht mehr verstehen, warum ich solche Angst davor hatte. Sofort „Heimatgefühl" bei ihr. Komisch, als würde ich sie schon immer kennen. Fühle mich un-

Therapeutin

kann. Glaub aber wir sollten sie noch etwas differenzierter ausarbeiten. Hab schon paar Ideen, muß mal mit Pit und seiner Arbeitsgruppe drüber sprechen. Übrigens mit dieser neuen Klientin hätte ich vor meiner eigenen Therapie und vor der Selbsterfahrungsgruppe sicher ganz schön Schwierigkeiten gehabt! Mehrere Punkte einprägen: nicht bemuttern, nicht zu aktiv werden, Zeit lassen, nicht bedrängen, nicht solidarisch mit ihr gegen ihre Mutter losgehen! . . . naja, nicht so neu für uns, was? Aber schon zäher Lernprozeß, wie lange so was braucht vom „aha" bis zum Tun, aber ich mache immerhin Fortschritte, . . . tat mir neulich gut, das auch von den anderen in unserer Arbeitsgruppe zu hören. . . .

25. November 1992:
Heute erstes Kontaktgespräch mit Anja B. Freue mich auf die Arbeit mit ihr. Sofort guten Kontakt. Irgendwie liegt sie mir: wach, intelligent, trotz augenblicklicher depressiver Verstimmung spürt man viel Energie. Naja, und dann bin ich halt auch sehr empfänglich

Klientin

heimlich wohl und geborgen bei ihr. Dabei ist sie sicher nicht älter als 40 und überhaupt kein Gluckentyp - - - wie Mutter . . . . . . (schon wieder Schuldgefühle, aber Mutter geht mir wirklich manchmal auf die Nerven mit ihrem Getue und ihrer Besorgtheit um mich). Überhaupt seltsam, fällt mir gerade auf, erst schien Mutter wie versessen, daß ich zu diesem Institut gehe, als ich ihr davon erzählte, aber jetzt scheint es ihr doch nicht so ganz recht zu sein. Es macht mich auch ganz kribblig, daß sie sich so einmischt und haargenau alles geschildert haben will, was ich heute mit Frau Dr. A. besprochen habe. Warum kann sie mir nicht ein bißchen mehr Raum für mich allein geben! Das hat mir heute bei Frau Dr. A. richtig wohlgetan, daß sie mich ernstgenommen hat. . . . Hab oft auch gar nicht viel sagen müssen, die hat richtig Gedanken lesen können. War irgendwie auch gar nicht so schrecklich, als ich plötzlich furchtbar losheulen mußte. Scheint dort den Leuten öfter zu passieren, denn sie hatte einen Riesenstoß Papiertaschentücher (ich hatte meine extra zu Hause gelassen und mir vorgenommen, auf keinen Fall zu heulen, sogar Wimperntusche „vorbeugend“ draufgepinselt . . .). Sie hat mir ganz ruhig Papiertaschentücher hingescho-

Therapeutin

für Klienten, die unbedingt zu mir wollen, rührt mich an. . . . Es dürfte bei ihr kaum Schwierigkeiten mit der Arbeitsmotivation geben (kann Programm 5_{16} sicher bei ihr weglassen). Muß dafür aber auf Probleme mit ihrer Mutter aufpassen, (auf meine!). Sollte das Problem doch noch mal in paar Einzelsitzungen bearbeiten, werde morgen gleich Termine mit Dr. X ausmachen. . . .

Klientin

ben und ganz lieb gesagt: „Weinen Sie sich ruhig erst mal richtig aus.“ War mir erst schrecklich peinlich, und ich hab mal zu ihr hingeschielt, viel sehen konnte ich durch die Tränenschmiere ja sowieso nicht. Sie hatte sich so bißchen weggedreht von mir, aber irgendwie war sie trotzdem da, ... sehr tröstlich, auch daß sie nicht verstört schien von meinem Gefühlsausbruch. Mutter kann so was bei mir nicht ertragen ... mahnt dann sofort zur Beherrschung.

Das mit der Schizophrenie, die ich mir eingebildet habe, stimmt gar nicht ... und auch sonst scheinen solche Zustände, wie ich sie habe, gar nicht so abnorm zu sein. Ich werd's schon schaffen! Eigentlich wollte ich mir die anderen drei Therapeuten ja auch noch anschauen, aber nach dem Gespräch mit Frau Dr. A. war mir ganz klar, daß ich zu ihr möchte. Hab ich ihr auch gleich gesagt. Am liebsten hätte ich gleich morgen mit der Therapie begonnen. Aber Frau Dr. A. meinte, ich solle meine Entscheidung doch erst noch mal überschlafen. Aber hab mich bereits entschieden!

10. Dezember 1992:
Morgen erste Therapiesitzung bei Frau Dr. A. Komisch, nach der Hochstimmung von voriger Woche plötzlich doch wieder

Therapeutin

10. Dezember 1992:
Morgen erste Therapiesitzung mit Anja B. Nicht vergessen: vorher nochmal Aufzeichnungen über erstes Kontaktgespräch

Klientin

Ängste und Zweifel. Wird sie mir helfen können? Kann ich mich ihr wirklich anvertrauen? Eigentlich ist sie ja ein ganz fremder Mensch für mich, ich kenne sie ja gar nicht. Dabei muß ich ihr sicher alles erzählen, sonst kann sie mir ja gar nicht helfen? Ganz nackt werd ich vor ihr stehen, . . . wenn sie erst alle meine Fehler sieht. Dabei wäre es mir gerade bei ihr so wichtig, daß sie mich mag und akzeptiert . . . Muß mir richtig Mut machen, mir klarmachen, was sie mir erklärt hat über die Therapie: Verhaltenstherapie heißt das, was wir machen werden . . . Jedenfalls wird's viel für mich zu tun geben. Hab ihr auch gesagt, daß das ganz in meinem Sinne ist, nicht nur reden, sondern auch richtig zupacken . . . Zunächst mal werden wir Detektiv spielen, um rauszufinden, was da so alles mit reinverwickelt ist in meine Panikzustände. Ich werde sogar wie in der Schule richtig Hausaufgaben bekommen: mich beobachten, meine Gedanken, Selbstgespräche und so . . ., Aufzeichnungen drüber machen . . . Erst dann werden wir beratschlagen, wie wir die Sache anpacken (ja, „wir") . . . ich bin nämlich ab heute „Co-Therapeutin", . . . später soll ich den Laden ja schließlich mal allein schmeißen. Wer weiß, vielleicht wird alles gar nicht so

Therapeutin

durchgehen, eventuell Videoaufzeichnungen noch mal ansehen. Außerdem Arbeitsbögen für ihre „Hausaufgaben" bereitlegen und Probleme bezüglich der Videoaufzeichnungen ihrer Sitzungen für Forschungsprojekt mit ihr durchsprechen. Ganz froh, daß uns der formelle Kram von einem anderen Arbeitsteam abgenommen wird und die Klienten ihre Zu- oder Absage zur Teilnahme an dem Forschungsprogramm bereits erteilt haben, bevor wir sie das erste Mal sehen. Hab mich selbst inzwischen an solche Aufnahmen gewöhnt, aber für Klienten sicher zunächst etwas beunruhigend. Andererseits brauchen wir aber auch unbedingt Informationen für die Forschung . . .

Klientin

schlimm. Kneifen werde ich auf keinen Fall. So ein bißchen ist neben der Angst doch auch Lampenfieber und Freude auf die Therapie da . . .

29. Januar 1993:

Vor lauter Arbeit (für die Therapie natürlich) nicht zum Schreiben gekommen. Heute Verhaltensanalyse (ich drück mich schon ganz fachmännisch aus! hab schließlich auch schon paar Bücher über Verhaltenstherapie verschlungen, hab sie mir im Institut ausgeliehen) abgeschlossen und Therapieziele formuliert. Mann oh Mann, was da so alles rausgekommen ist! noch jetzt fällt dauernd noch ein Groschen nach dem anderen. Begann eigentlich schon bei meinen Verhaltensbeobachtungen und Aufzeichnungen sehr gewissenhaft ausgeführt, großes Lob von meiner kleinen Frau Doktor, bin richtig verschossen in sie). Fiel mir plötzlich wie Schuppen von den Augen: Panikanfälle gar nicht ohne Grund und reason, sondern: Gründe über Gründe, Zusammenhänge über Zusammenhänge . . . Im Kopf und Bauch kapiert, aber zu faul, dieses komplizierte Gestrüpp aus verknoteten und verwickelten Fäden hier auf dem Papier zu entwirren. Ha, jetzt brenne ich drauf, meine Einsichten in die Tat umzusetzen! . . . .

Therapeutin

28. Januar 1993:

Arbeit mit Anja B. geht gut voran, macht viel Spaß mit ihr. Hatte bisher selten Klienten, die so zupackten. Sie ist auch ganz erstaunlich im Erspüren von Zusammenhängen. Wir beide haben bei der Verhaltensanalyse sogar den Computer geschlagen, der meint übrigens auch: (bezüglich weiterer Arbeitsstrategie) Klientin eher etwas bremsen, zunächst mehr auf Gefühle konzentrieren, Zeit zum Verarbeiten lassen! (gilt sicher auch für mich!).

Freu mich drauf, unser neues Programm zum Umgang mit Gefühlen bei Anja B. einsetzen zu dürfen, scheint mir bei ihr sehr sinnvoll. Bin gespannt was es bringt. Fühle mich jetzt auch schon sehr sicher und vertraut mit dieser Methode, vor allem nachdem wir in den letzten Monaten sehr häufig intensiv damit in der Selbsterfahrungsgruppe gearbeitet haben. . . .

Klientin

10. März 1993:
Die letzten Wochen ausgesprochen Hochstimmung. Geht großartig voran. Land in Sicht. Interessante Sachen in der Therapie gemacht: was gegen Ängste, was sie Desensibilisierung nennen, war erst nicht so überzeugt davon. Bringt aber tatsächlich 'ne Menge. Hatte dabei gute eigene Ideen und Verbesserungsvorschläge (scheine gar nicht so blöd und phantasielos zu sein!). Dann noch Übungen, um mit meinen Gefühlen und Stimmungen in Kontakt zu kommen und richtig mit ihnen umgehen zu lernen. Wut zum Beispiel mein großes Problem, immer noch unheimliche Angst dabei. Dann Rollenspiele. Hab mich zuerst furchtbar geniert dabei, kam mir auch so gekünstelt vor, aber wenn man mal richtig drin ist, wird's dann plötzlich doch ganz echt und mir hat's bisher auch schon in einer Reihe von Situationen geholfen. Hat mir auch klargemacht, daß es die anderen auch nicht immer so leicht mit mir hatten. Komisch, was einem so alles aufgeht, wenn man mal in die Rolle des anderen schlüpft. Das Wichtigste aber für mich im Moment: hab die Panikzustände immer besser im Griff. Machen mir immer weniger angst: seltener und ich weiß, was ich tun muß. Letzte Woche übrigens wieder im Sozialzen-

Therapeutin

12. März 1993:
Anja B. macht weiter sehr gute Fortschritte. Sehr kreativ bei Lösungsansätzen. Wird jetzt auch viel lockerer. Seitdem die Panikanfälle seltener sind, wird sie auch in ihren Sozialkontakten wieder aktiver. Aber die Mutter! ein echtes Problem! Habe schon dran gedacht, Familien-Therapie-Programm einzuschieben und Mutter miteinzubestellen, aber Computer dagegen, und auch in der Supervisions-Arbeitsgruppe in der letzten Woche kamen wir nach eingehenden Überlegungen dazu, Mutter rauszuhalten. Tina und ihre Arbeitsgruppe eingeschaltet, vielleicht können die ihr helfen, schneller kleines Appartement zu finden. Sie ist auch interessiert an Berufsberatung, möchte was Anspruchsvolleres und Befriedigenderes tun, versteh ich sehr gut! . .

Klientin

trum interessanten Lehrfilm für Klienten gesehen. Tolle Sache diese Filmabende! Man sieht, daß andere auch Probleme haben, und bekommt 'ne Menge Anregungen. Ich hab einiges, was die im Film gemacht hat gegen ihre Probleme auch gleich mal ausprobiert. ... Mache jetzt auch in der Gruppe vom Sozialzentrum mit, die ausländische Kinder bei den Schulaufgaben betreut. Irre nette Leute dabei, fühl mich dort sehr wohl.

28. April 1993:
Heute in ganz mieser Stimmung. Fühle mich ganz down. Alles erscheint mir so sinnlos und unwichtig. Irgendwie auch eine wahsinnige Wut auf Frau Dr. A. Scheint mich einfach nicht verstehen zu wollen!!! Kann doch jetzt, wo es Mutter so schlecht geht und sie auf meine Hilfe angewiesen ist, nicht einfach nur an mich denken. Meine Auszugspläne, die Träume von einer eigenen Wohnung habe ich mir ohnehin schon wieder aus dem Kopf geschlagen. Unmöglich jetzt bei Mutters Zustand! Schade, dabei hatte mir die Sozialarbeiterin ihre Hilfe bei der Suche nach einem kleinen Appartement angeboten. Würde auch lieber abends ab und zu mal wieder Freunde treffen oder bei der Nachbarschaftshilfe-Gruppe vorbeischauen. Hat mir

Therapeutin

27. April 1993:
Schwierigkeiten mit Anja B. Irgendwie kommen wir im Augenblick nicht weiter. Sie hat sich völlig abgekapselt. Komme einfach an sie nicht ran. Bedrückt mich sehr. Heute nacht sogar davon geträumt ... hängt irgendwie mit meinem eigenen Mutter-Problem zusammen. Bei mir große Ungeduld, sie möglichst schnell und vollständig von ihrer Mutter abzulösen ... Gut, daß übermorgen meine Lehrsitzung ist, muß unbedingt noch dran arbeiten! ...

Klientin | *Therapeutin*

unbändig gefallen, nette Leute, das Gefühl, da gibts 'ne Menge Aufgaben, für die sich lohnen würde, sich zu engagieren. Aber: je besser es mir geht, um so schlechter geht's Mutter, sie gerät oft richtig in Panik, wenn ich sie mal einen Abend allein lassen will ... es ist wie verhext ... An Tom hat sie auch alles Mögliche auszusetzen ... Komisch, irgendwas klingelt, das muß ich unbedingt mal in der nächsten Therapiestunde untersuchen! ...

4. Mai 1993:
Irgendwie ist der Wurm drin. Komme mit Frau Dr. A. einfach nicht mehr zurecht. Manchmal möchte ich am liebsten alles hinhauen und aufhören. Manchmal richtigen Haß auf sie (den ich mir aber jetzt genehmige!) Immerhin, was in der Therapie gelernt, was? Das ist es ja, wenn ich ehrlich bin, es hat mir schon eine Menge gebracht! Aber im Augenblick Gefühl, in einer Sackgasse zu stekken. Spüre, daß Madame (Dr. A.) von mir erwartet, daß ich Mutter fallenlasse und mich „verselbständige", mir eine eigene Wohnung suche, meine Zeit mit Leuten in meinem Alter verbringe ... Die hat gut reden! Wer nimmt mir meine Schuldgefühle ab, wenn Mutter wirklich mal was bei ihren Herzanfällen zustößt, weil niemand

5. Mai 1993:
Arbeit mit Anja B. weiter problematisch, scheine doch mit eigenen Problemen drin zu hängen. Gut, daß ich morgen noch mal eine Sitzung bei Dr. X habe. Gefühl, es beginnt sich zu klären, auch bei mir was zu lösen ...

bei ihr ist, um gleich einen Arzt holen zu können?! Ihre Rollenspiele, die sie mir angeboten hat, als ich ihr von Mutters Herzanfällen erzählte, kann sie sich an den Hut stecken! Mutter ist krank, was hilft es da, wenn ich anders mit ihr rede! Blöde Ziege die . . .

7. Mai 1993:
Heute hatte ich meinen großen Tag! Habe meiner allerliebsten kleinen Frau Doktor mal alles hingeschmettert, was ich in den letzten zwei Wochen so runtergeschluckt und angesammelt habe. Komisch, war mir auch völlig wurscht, was sie von mir denken könnte (vor drei Monaten noch undenkbar für mich!!!).
Schließlich habe ich ja bei ihr gelernt, daß ich auch wer bin, und gar nicht mal so ein Scheusal! Herrliches Gefühl: so bin ich (im Augenblick sicher kein sehr erquicklicher Anblick, rotes geschwollenes Gesicht vor Wut und Aufregung), aber: wenn ich dir so nicht passe, dann rutsch mir den Buckel runter! Unheimlich gutes Gefühl, so alles rauszulassen (muß ich unbedingt bald wieder versuchen)! . . . und nichts dabei in Stücke geschmissen, nicht verrückt geworden, kein Weltuntergang deshalb . . . Meinem Doktorchen schien ich mit meinem Wutanfall sogar richtig

7. Mai 1993:
Gefühl, wir (Anja B. und ich) sind beide ein Stück weitergekommen. . . . Klärendes Gespräch, habe mich selbst auch eingebracht: tat ihr gut, und ich hab mich auch sehr wohl dabei gefühlt (so was fiel mir früher vor den Möglichkeiten zur Selbsterfahrung hier im Zentrum doch sehr schwer. Immer viel Unsicherheit auch dabei . . .)
Glaube, wir werden jetzt gut weiterarbeiten können. Heute begonnen, ihr Mutterproblem anzugehen. Konnte bereits recht souverän damit umgehen. Bin froh, daß ich diese Gelegenheiten bei Dr. X. und in Selbsterfahrungsgruppe habe, auch noch eigene Probleme aufzuarbeiten! . . . Grad' fällt mir Ingo ein, wie er neulich sagte, daß wir doch wirklich einen schönen Beruf haben. Stimmt: echte Begegnungen, die Möglichkeit, auch an sich selbst weiterzuarbeiten . . .

imponiert zu haben (der fiel übrigens relativ „salonfähig" aus, was mich noch jetzt wundert). Sie hat ganz toll drauf reagiert. Wir haben uns dann richtig ausgesprochen, und alles zwischen uns ist wieder in Butter! Sie ist eben auch nur ein Mensch, Gottseidank! nicht so vollkommen, daß sie jeden Piepser und jeden Seelenrülpser von mir schon im voraus erahnen kann. Hat mir unheimlich gefallen, wie sie von sich erzählt hat, um mir zu zeigen, daß unsere Mißverständnisse in den letzten zwei Wochen und die Schwierigkeiten, die wir miteinander hatten, auch an ihr lagen. Fühle mich ihr jetzt eigentlich noch viel näher als vorher ... Leuchtet mir auch ein, daß ich Mutter nicht wirklich helfe, so wie es jetzt läuft. ... Begonnen, meine Probleme mit Mutter näher zu untersuchen. ... Finde Vorschlag gut, mit Herrn Dr. D. (Internist) hier vom Zentrum mal über Mutters Herzanfälle zu sprechen. Der ist ja schließlich Fachmann. Irgendwie habe ich manchmal den Verdacht, Mutter spielt da ein bißchen Theater ...

25. August 1993:
Gefühl, als lägen Jahre zwischen der letzten Eintragung und heute, dabei nur 12 Wochen! So viel hat sich inzwischen getan! Stolze Besitzerin von

26. August 1993:
Froh und bissel wehmütig zugleich. Bald wird Anja B. ihre Therapie beenden. Wir haben beide gute Arbeit geleistet! Freue mich mit ihr über das

Klientin

einem ganz süßen Appartement! Hab beim Einrichten sogar entdeckt, daß ich eine Menge Begabungen habe, von denen ich noch gar nichts wußte: zig Nägel eingeschlagen, ohne mich einmal auf die Finger zu kloppen, ein prachtvolles Regal (wackelt nur ganz ganz wenig) gebastelt, Gardinen genäht (schön, auch wenn Mutter die Farben scheußlich findet) ... übrigens Mutter, sie hat sich sehr zurückgehalten und brav versucht, mir nicht so viel dreinzureden, obwohl es sie heftig in den Fingern (respektive auf der Zunge) gejuckt hat. Sie hat sich überhaupt unheimlich verändert. Mit meinem Auszug scheint sie sich abgefunden zu haben. Na, ich bin so froh, daß sie so netten Anschluß in der Nachbarschaftshilfe-Gruppe für die Betreuung Kranker, Alter und Alleinstehender gefunden hat. Sie arbeitet dort voller Elan mit und hat nochmal so richtig eine Lebensaufgabe gefunden. War wirklich gute Idee von Frau Dr. A., und Mütterchen hat auch sehr schnell angebissen. Na, jedenfalls bin ich sehr glücklich, daß es ihr wieder besser geht, ihre Herzanfälle verschwunden! ... Im Augenblick läuft's überhaupt in allen Bereichen großartig. Bin drauf eingestellt, daß es auch mal wieder schlechte Tage geben wird, werd mir dann schon

Therapeutin

Erreichte. Ihre Mutter fühlt sich jetzt auch sehr wohl (unsere Selbsthilfe-Gruppen sind schon eine gute Einrichtung) ... Die Selbsterfahrungs-Sozialkontaktgruppe wäre für Anja B. sicher nicht mehr unbedingt notwendig gewesen, aber kann nicht schaden und wird ihr sicher viel Spaß machen. Na, bei Tim und Beate würde ich selbst auch gern mal eine Gruppe mitmachen. Glaub schon, daß ihr das was bringen wird. ... Wäre schön, ab und zu mal wieder von Anja B. was zu hören. ... Seltsamer Beruf unser Beruf: ständiges Kennenlernen und wieder Abschiednehmen ... vor mir liegen schon wieder Unterlagen über neue Klienten ..., na, hab ja ganz philosophische Anwandlungen heute! Sicher ein bißchen Abschiedsschmerz, aber die Anja B. hab ich auch schon sehr in mein Herz geschlossen. ...

Klientin	*Therapeutin*
zu helfen wissen. Jetzt will ich erst mal *jetzt* genießen! Große berufliche Pläne! im Herbst beginne ich meine Laufbahn als Chefsekretärin. Glaube, mein zukünftiger Chef hatte einen guten Riecher, als seine Wahl auf mich fiel, mit mir hat er sicher keinen schlechten Fang gemacht. Ich freu mich schon sehr auf die Arbeit: Eigeninitiative, Verantwortung, Mitdenken, Umgang mit Menschen ... na, und die Gehaltsaufbesserung kann ich auch gut gebrauchen. Vorher Urlaub, mit *ihm*! (hab mich verliebt!!!!). Ja, und von meinem Frau Doktorchen werde ich nun auch bald Abschied nehmen müssen. Die Panikzustände sind weg, manchmal schaffe ich es doch glatt, nicht mal mehr mir vorzustellen, wie das eigentlich genau war ... dabei ist's doch noch gar nicht so lange her ... Sollten sie wiederkommen, dann wehe ihnen! diesmal bin ich gewappnet! Angeberin! im Ernst, ich fühle mich eigentlich sehr zuversichtlich, was die Zukunft anbelangt, hab eigentlich so viel in der Therapie gelernt, daß ich gut zurechtkommen müßte, auch wenn's später mal schlimmere Probleme hageln sollte. Na, und zur Not weiß ich ja immer, wo ich mir Rat und paar Auffrischungssitzungen holen kann. Schön zu wissen, daß es sie weiter geben	

Klientin | *Therapeutin*

wird, das macht den Abschied leichter. Hab mir fest vorgenommen, ihr immer mal wieder ein Lebenszeichen von mir zu geben. Bin ganz gerührt, wie sie sich so mitfreut . . . Bin ja auch noch eine Weile länger „im Haus“. Nach dem Urlaub beginnt dort meine Gruppe, soziale Interaktionsübungen, könnte mir nicht schaden, dachte ich, und hab mich angemeldet. Freu mich schon drauf! Mehr so eine Art Hilfe, sich besser kennenzulernen im Umgang mit anderen Menschen, als eine richtige Therapie, . . . (hätte mich da früher nie reingetraut) . . . Ich lebe wieder unheimlich gern . . .

Literaturverzeichnis

Ackermann, J.: Probleme der beraterischen und therapeutischen Arbeit mit „Unterschichtklienten". 1979, DGVT, Bd. I, S. 135 – 147.

Amelang, M. und *Tiedemann, J.*: Psychologen im Beruf. In: Psychologische Rundschau 1972 (23), 155–182.

Argyle, M.: Bodily Communication. London, 1975, Methuen.

Baer, D.M. und *Sherman, A.J.*: Reinforcement Control of generalized imitation in young children. In: Journ. of Exp. Child Psychol. 1964 (1), 37–49.

Bandura, A.: Principles of behavior modification. New York, 1969, Holt, Rinehart and Winston.

Bandura, A. (Ed): Psychological modeling: Conflicting theories. Chicago, 1971 (a), Aldine-Atherton.

Bandura, A.: Psychotherapy based upon Modeling Principles. In: *Bergin, A.E.* und *Garfield, S.U.* (Eds.): Handbook of Psychotherapy and Behavior Change. New York, 1971 (b), Wiley.

Bandura, A.: Aggression: a social learning analysis. Englewood Cliffs, 1973, Prentice-Hall.

Bandura, A.: Behavior theory and the models of man. In: American Psychologist 1974 (29), 859–869.

Bandura, A.: The ethics and social purposes of behavior modification. In: *Franks, C.M.* and *Wilson, G.T.*: Annual Review of Behavior Therapy Theory and Practice. New York, 1975, Brunner/Mazel.

Bandura, A.: Self-Efficacy: toward an unifying theory of behavioral change. In: Advenc. Behav. Res. Therapy, 1978, (1), 139–161.

Bastine, R.: Forschungsmethoden in der Klinischen Psychologie. In: *Schraml, W.J.* (Hrg.): Klinische Psychologie, ein Leitfaden für Praxis und Studium. Bern, 1970, Hans Huber.

Beck, A.T.: Wahrnehmungen der Wirklichkeit und Neurose. München, 1979, Pfeiffer.

Engl.: Cognitive Therapy and the Emotional Disorders. New York, 1976, Internat. Univ. Press.

Berger, M.M. (Ed.): Videotape techniques in psychiatric training and treatment. New York, 1970, Brunner/Mazel.

Bergold, J.B.: Forschung in der Verhaltenstherapie. In: *Schraml, W.J.* und *Baumann, U.* (Hrg.): Klinische Psychologie II. Bern, 1974, Huber, 245–285.

Bergold, J.: Ansätze zu einer Verbindung von Handlungstheorie und Lernen. Vorläufiges Manuskript, 1977, zit. bei *Grawe* (1980).

Berne, E.: Spiele der Erwachsenen. Hamburg, 1967, Rowohlt.

Bernstein, B.: Soziale Schicht, Sprache und Kommunikation. Düsseldorf, 1973, Schwann.

Berzins, J.I.: Therapist-Patient Matching. In: *Gurman, A.S.* und *Razin, A.M.* (Eds.): Effective Psychotherapy: a Handbook of Research. New York, 1977, Pergamon Press.

Böhm, R., Busche, I., Schrader, K., Schulz, W., Thiede, L. und *Vey, A.*: Modellversuch zum Einsatz psychologischer Beratung und Betreuung im Rahmen der Betriebsärztlichen Versorgung. Kongreßber. DGVT, 1979, Bd. I, 171–180.

Borkovec, T.D.: Effects of expectancy on the outcome of systematic desensitization and implosive treatments and analogue anxiety. In: Behavior Therapy, 1972, (3), 29–40.

Borkovec, T.D.: The role of expectancy and physiological feedback in fear research: a review with special reference to subject characteristics. In: Behavior Therapy, 1973, (4), 491–505.

Boudin, H.M.: Contingency contracting as a therapeutic tool in the deceleration of amphetamine use. In: Behavior Therapy, 1972, (3), 604–608.

Boyer, N., Bürger, F., Johannson, F. und *Koll, K.*: Kreativität und Flexibilität in der verhaltenstherapeutischen Praxis. In: Kongreßb. DGVT, Berlin 1976, Sonderheft II, Mitteilungen der DGVT, 1977.

Bram Amar, P.: Role of the Therapist in Biofeedback Training. In: Psychotherapy, Psychosomat., 1978, (30), 179–186.

Brandstätter, J. und *Bernitzke, F.*: Berufliche Situation und Arbeitszufriedenheit von Psychologen in verschiedenen Tätigkeitsbereichen. In: Psychol. Rundschau, 1978, (1), 1–14.

Breger, L. and *Mc Gough, L.L.*: Critique and reformulation of learning theory approaches to psychotherapy and neurosis. In: Psychol. Bulletin, 1965, (63), 358–388.

Breuer, F.: Psychologische Beratung und Therapie in der Praxis. Heidelberg, 1979, Quelle und Meyer, UTB.

Breuer, F. und *Falk-Seeger, K.*: Erfahrungen und erste Ergebnisse aus Interviews mit praktisch tätigen Psychologen in Beratung und Therapie. In: Mittlg. DGVT, 1979, (2), 258–276.

Breuer, F., Keil, W., Kleiber, D., Meier, F., und *Piontkowski, U.*: Psychologie des wissenschaftlichen Lernens. Münster, 1975, Aschendorff.

Brunink, S.A. and *Schroeder, H.E.*: Verbal therapeutic behavior of expert psychoanalytically oriented, gestalt, and behavior therapists. In: Journ. of Consult. and Clin. Psychology, 1979, (47), 567–574.

Buchwald, A.M. and *Young, R.D.*: Some comments of the foundation of behavior therapy. In: *Franks, C.M.* (Ed.): Behavior Therapy: Appraisal and Status. New York, 1969, Mc Graw Hill.

Butollo, W.: Chronische Angst. München, 1979, Urban und Schwarzenberg.

Cameron, R.: The clinical implementation of behavior change techniques. In: *Foreyt, J.* and *Rathjen, D.* (Eds.): Cognitive behavior therapy: research and application. New York, 1978, Plenem Press.

Carkhuff, R.F.: Helping and human relations. New York, 1969, Holt, Rinehart and Winston.

Cartwright, R.D.: Psychotherapeutic Processes. In: Annual. Review., 1968, (19), 387–416.

Caspar, F.M. und *Grawe, K.*: Der Widerspenstigen Zähmung? Eine interaktionelle Betrachtung des Widerstandsphänomens in der Verhaltenstherapie. Vortrag auf dem Kongr. für Klin. Psychologie und Psychotherapie, Berlin, 1980.

Davidson, G.C. and *Stuart, R.B.*: Behavior therapy and civil liberties. In: Americ. Psycholog., 1975, (30), 755–763.

Davison, G.C.: Counter-control in behavior modification. In: *Hamerlynck, L., A., Handy, L.C.* and *Mash, E.J.* (Eds.): Behavior change: methodology, concepts and practice. Champaign. III., 1973, Research Press.

Davison, G.C. and *Wilson, G.T.*: Processes of fear-reduction in systematic desensitization: cognitive and social reinforcement factors in humans. In: Behavior Therapy, 1973, (4), 1–21.

De Voge, J.T. and *Beck, S.*: The therapist-client relationship in behavior therapy. In: *Hersen, M., Eisler, M.* and *Miller, P.* (Eds.): Progress in Behavior Modification. Vol. 6, 1978, New York, Academic Press.

Dollard, J. and *Miller, N.E.*: Personality and Psychotherapy: an analysis in terms of learning, thinking and culture. New York, 1970 (1950), Institute for Rational Living.

Duckro, P., Beal, D. and *George, C.*: Research on the effects of disconfirmed client role expectations in psychotherapy: a critical review. In: Psychol. Bullet., 1979, (86), 260–275.

Duncan, S., and *Fiske, D.W.*: face-to-face interaction. Hillsdale, N.J., 1977, Lawrence Elbaum Ass.

D'Zurilla, T.J. and *Goldfried, M.R.*: Problem solving and behavior modification. In: Journ. Abnorm. Psychol., 1971, (78), 107–126.

Elliot, R.: How clients perceive helper behaviors. In: Journ. of Counsel. Psychol., 1979, (26), 285–294.

Elwood, D.L.: Automatisierungsverfahren. In: *Kanfer, F.H.* und *Goldstein, A.P.* (Hrg.): Möglichkeiten der Verhaltensänderung. München, 1977, Urban und Schwarzenberg.

Emmelkamp, P.M.G.: Effects of expectany on systematic desensitization and flooding. In: European Journ. of Behavioral Analysis and Modification, 1975, (1), 1–11.

Evans, I.M.: and *Robinson, C.H.*: Behavior Therapy Observed: the diary of a client. In: Cognitive Therapy and Research, 1978, (4), 335–355.

Eysenck, H.J.: Learning theory and behaviour therapy. In: Journ. of Mental Science, 1959, (105), 61–75.

Fiedler, P.A.: Gesprächsführung bei verhaltenstherapeutischen Explorationen. In: *Schulte, D.* (Hrg.): Diagnostik in der Verhaltenstherapie. München, 1974, Urban und Schwarzenberg.

Fish, J.M.: Placebo therapy. San Francisco, 1973, Jossey-Bass.

Florin, I. und *Tunner, W.*: Behandlung kindlicher Verhaltensstörungen. München, 1971, (2), Goldmann.

Ford, J.D.: Therapeutic relationship in behavior therapy: an empirical analysis. In: Journ. of Consult. and Clin. Psychol., 1978, (46), 1302–1314.

Foreyt, J. and *Rathjen, D.* (Eds.): Cognitive behavior therapy: research and application. New York, 1978, Plenem Press.

Fretz, B.R., Corn, R., Tuemler, J.M. and *Bellet, W.*: Counselor nonverbal behaviors and client evaluations. In: Journ. of Couns. Psychol., 1979, (26), 304–311.

Foudraine, J.: Wer ist aus Holz? Neue Wege der Psychiatrie. München, 1973, Piper.

Garfield, S.L.: Research on client variables in psychotherapy. In: *Bergin, A.E.* and *Garfield, S.L.* (Eds.): Handbook of psychotherapy and behavior change: an empirical analysis. New York, 1971, John Wiley.

Goldfried, M.R. and *Davison, G.C.*: Clinical Behavior Therapy. New York, 1976, Holt, Rinehart and Winston.

Goldfried, M.R. and *Goldfried, A.P.*: Kognitive Methoden der Verhaltensänderung. In: *Kanfer, F.H.* und *Goldstein, A.P.* (Hrg.): Möglichkeiten der Verhaltensänderung. München, 1977, Urban und Schwarzenberg.

Goldiamond, I.: Self-control procedures in personal behavioral problems. In: Psychol. Reports, 1965, (17), 851–868.

Goldstein, A.P.: Psychotherapeutic attraction. New York, 1971, Pergamon Press.

Goldstein, A.P.: Methoden zur Verbesserung von Beziehungen, In: *Kanfer, F.H.* und *Goldstein, A.P.* (Hrg.): Möglichkeiten der Verhaltensänderung. München, 1977, Urban und Schwarzenberg.

Goldstein, A.P.: Strukturierte Lerntherapie. München, 1978, Urban und Schwarzenberg. Engl.: Structured learning therapy: toward a psychotherapy for the poor. New York, 1973, Academic Press.

Goldstein, A.P., Heller, K. und *Sechrest, L.B.*: Psychotherapy and the psychology of behavior change. New York, 1966, John Wiley.

Gottman, J.M. and *Mc Fall, R.M.*: Self-monitoring effects in a program for potential high-school dropouts: a time-series analysis. In: Journ. of Consult. and Clin. Psychol. 1972, (39), 273–281.

Graupe, S.R.: Ergebnisse und Probleme der quantitativen Erforschung traditioneller Psychotherapieverfahren. In: *Strotzka, H.* (Hrg.): Psychotherapie: Grundlagen, Verfahren, Indikationen. München, 1975, Urban und Schwarzenberg.

Grawe, K.: Interaktionelle Verhaltenstherapie. In: Partnerberatung, 1977, (4), 188–204.

Grawe, K. (Hrg.): Verhaltenstherapie in Gruppen. München, 1980, Urban und Schwarzenberg.

Grawe, K. und *Dziewas, H.*: Interaktionelle Verhaltenstherapie. In: Fortschritte in der Verhaltenstherapie. Kongreßber. Berlin 1977, Sonderheft I, Mittlg. DGVT. 1978.

Gurman, A.S.: The patients perception of the therapeutic relationship. In: *Gurman, A.S.* and *Razin, A.M.* (Eds.): Effective psychotherapy: a handbook of research. New York, 1977, Pergamon Press.

Halder, P.: Verhaltenstherapie und Patientenerwartung. Bern, 1977, Hans Huber.

Haley, J.: Die Psychotherapie Milton E. Ericksons. München, 1978 (a). Pfeiffer.

Engl.: Uncommon Therapy. New York, 1973, Norton.

Haley, J.: Gemeinsamer Nenner Interaktion: Strategien der Psychotherapie. München, 1978 (b), Pfeiffer. Engl.: Strategies of Psychotherapy. New York, 1963, Grune and Stratton Inc.

Hartig, M.: Die Anwendung von Techniken der Selbstkontrolle in der Verhaltenstherapie. In: *Kraiker, C.* (Hrg.): Handbuch der Verhaltenstherapie. München, 1974, Kindler.

Hartig, M.: Probleme und Methoden der Psychotherapieforschung. München, 1975 (a), Urban und Schwarzenberg.

Hartig, M. (Hrg.): Selbstkontrolle. München, 1975 (b), Urban und Schwarzenberg.

Hartshorn, N.A.: Comments on the *Szasz-Wolpe* exchange. In: Journ. Behav. Therapy and Psychiatry. 1978, (9), 211–213.

Heller, K.: Laboratory Interview Research as Analogue to Treatment. In: *Bergin, A.E.* and *Garfield, S.L.* (Eds.): Handbook of Psychotherapy and Behavior Change: an empirical analysis. New York, 1971, John Wiley.

Heller, J. and *Marlatt, G.A.*: Verbal conditioning, behavior therapy and behavior change: some problems in extrapolation. In: *Franks C.M.* (Ed.): Behavior Therapy: Appraisal and Status. New York, 1969, Mr Graw-Hill.

Holzkamp, K.: Kritische Psychologie. Analyse und Dokumentation. Raubdruck o.O., 1970.

Homme, L., Csanyi, A.P., Gonzales, M.A. and *Rechs, J.R.*: How to use contingency contracting in the classroom. Champaign, III., III, 1969, Research Press.

Hubbertz, K.P.: Wohnen und psychische Störungen. In: Mittlg. DGVT, 1979 (2), 283–302.

Jaeggi, E.: Die Sprache der Unterschicht in der Psychotherapie. In: Partnerberatung, 1977, (2), 59–72.

Jaeggi, E.: Kognitive Verhaltenstherapie. Weinheim und Basel, 1979 (a), Beltz

Jaeggi, E.: Vom Ende der Therapie oder: Der glückliche Mensch. In: Partnerberatung, 1979 (b), (2), 94–103.

Jaeggi, E.: Aggression und Angst in der Therapeut-Klient-Beziehung. Vortrag auf dem Kongreß für Klin. Psychol. und Psychotherapie. Berlin, 1980

Jager, E., Ringler, M., Schaufflberger, H.J. und *Schröder, M.*: Kurzbericht über ein Gruppendynamisches Intensivseminar für Verhaltenstherapeuten. In: Mittlg. DGVT 1978, (4), 591–594.

Johnson, D.W. and *Matross, R.*: Interpersonal Influence in Psychotherapy: a social psychological view. In: *Gurman, A.S.* and *Razin, A.M.* (Eds.): Effective Psychotherapy: a handbook of research. New York, 1977 (a), Pergamon Press.

Johnson, D.W. und *Matross, R.P.*: Methoden der Einstellungsänderung. In: *Kanfer, F.H.* und *Goldstein, A.P.* (Hrg.): Möglichkeiten der Verhaltensänderung. München, 1977 (b), Urban und Schwarzenberg.

Johnson, S.M. and *White, G.*: Self-observation as an agent of behavioral change. In: Behavior Therapy, 1971, (2), 488–497.

Kalinke, D., Lutz, R. und *Ramsey, R.W.*: Die Behandlung von Zwängen. München, 1979, Urban und Schwarzenberg.

Kanfer, F.H.: Verbal conditioning: a review of its current status. In: *Dixon, T.R.* and *Horton, D.L.* (Eds.): Verbal behavior and general behavior theory. Englewood Cliffs, N.J., 1968, Prentice-Hall.

Kanfer, F.H.: Selbstmanagement-Methoden. In: *Kanfer, F.H.* und *Goldstein, A.P.* (Hrg.): Möglichkeiten der Verhaltensänderung. München, 1977, Urban und Schwarzenberg.

Kanfer, F.H. und *Goldstein, A.P.*: Möglichkeiten der Verhaltensänderung. München, 1977, Urban und Schwarzenberg, Engl.: Helping people change. New York, 1975, Pergamon Press.

Kanfer, F.H. und *Grimm, L.G.*: Behavioral Analysis: Selecting target behaviors in the interview. In: Behavior Modification, 1977, (1(, 7–28.

Kanfer, F.H. and *Karoly, P.*: Self-control: a behavioristic excursion into the lion's den. In: Behavior Therapy, 1972, (3), 398–416.

Kanfer, F.H. und *Phillips, J.S.*: Lerntheoretische Grundlagen der Verhaltenstherapie. München, 1975, Kindler. Engl.: Learning foundations of behavior therapy, New York, 1970, John Wiley.

Kanfer, F.H. and *Saslow, G.*: Behavioral diagnosis. In: *Franks, C.* (ed.): Behavior therapy: appraisal and status. New York, 1969, Mc Graw Hill.

Keil, W. und *Piontkowski, U.*: Strukturen und Prozesse im Hochschulunterricht. Weinheim und Basel, 1973, Beltz.

Keupp, H. (Hrg.): Verhaltensstörungen und Sozialstruktur. München, 1974, Urban und Schwarzenberg.

Keupp, H.: Gemeindepsychologie als Widerstandsanalyse des professionellen Selbstverständnisses. In: *Keupp, H.* und *Zaumseil, M.* (Hrg.): Die gesellschaftliche Organisierung psychischen Leidens. Frankfurt, 1978, Suhrkamp.

Keupp, H.: Normalität und Abweichung. Fortsetzung einer notwendigen Kontroverse. München, 1979, Urban und Schwarzenberg.

Keupp, H. und *Bergold, J.B.*: Probleme der Macht in der Psychotherapie unter spezieller Berücksichtigung der Verhaltenstherapie. In: *Bachmann, C.H.* (Hrg.): Psychoanalyse und Verhaltenstherapie. Frankfurt, 1972, Fischer.

Keupp, H. und *Zaumseil, M.*: (Hrg.): Die gesellschaftliche Organisierung psychischen Leidens. Frankfurt, 1978, Suhrkamp.

Kleiber, D.: Information und Motivation – institutionelle und individuelle Bedingungen des Studienhandelns. Münster, 1976, Phil. Diss.

Kleiber, D.: Berufliche Sozialisation zum Klinischen Psychologen durch Hochschule und Praxis. In: *Keupp, H.* und *Zaumseil, M.* (Hrg.): Die gesellschaftliche Organisierung psychischen Leidens. Frankfurt, 1978, Suhrkamp.

Klein, M.H., Dittmann, A.T., Parloff, M.B. and *Gill, M.M.*: Behavior therapy: observations and reflections. In: Journ. Consult. Clin. Psychol. 1969, (33), 259–266.

Kongreßbericht Sonderheft Kongreß Hamburg 1978, DGVT 1979.

Krapfel, J.E. and *Nawas, M.M.*: Client-Therapist Relationship Factors in Systematic Desensitization. In: Journ. Consult. Clin. Psychol., 1969, (4), 435–439.

Krasner, L.: The therapist as a social reinforcement machine. In: *Strupp, H.H.* and *Luborsky, L.* (Eds.): Research in psychotherapy. 2. Bd. Washington, D.C., 1962, Americ. Psychol. Assoc.

Krasner, L.: Behavior therapy. In: *Mussen, P.H.* and *Rosenzweig, M.R.* (Eds.): Annual review of psychology. Vol. 22, Paolo Alto, Cailf. 1971, Annual Reviews.

Krumboltz, J.D. and *Thoresen, C.E.* (Eds.): Behavioral Counseling: cases and techniques. New York, 1969, Holt, Rinehart and Winston.

Laing, R.D.: Phänomenologie der Erfahrung. Frankfurt, 1969, Suhrkamp.

Lambert, M.J., Bergin, A.E., and *Collins, J.L.*: Therapist-induced deterioration in psychotherapy. In: *Gruman, A.S.* and *Razin, A.M.* (Eds.): Effective Psychotherapy: a handbook of research. New York, 1977, Pergamon Press.

Lang, P.J., Melamed, B.G. and *Hart, J.*: A psychophysiological analysis of fear modification using an automated desensitization procedure. In: Journ. of Abnorm. Psychol. 1970, (76), 220–234.

Lazarus, A.A.: New methods in psychotherapy: a case study. In: South African Medical Journ. 1958, (32), 660–664.

Lazarus, A.A.: The elimination of children's phobias by deconditioning. In: *Eysenck, H.J.* (Ed.): Behavior therapy and the neuroses. London, 1960, Pergamon Press.

Lazarus, A.A.: Behavior Therapy and Beyond. New York, 1971, Mc Graw Hill.

Lazarus, A.A.: Multimodale Verhaltenstherapie. Frankfurt, 1978, Fachbuchhandlung für Psychologie, Verlagsabtlg. Engl.: Multimodal Behavior Therapy. New York, 1976, Springer.

Lazarus, A.A.: Frauen in Verhaltenstherapie. In: *Franks, V.* und *Burtle, V.* (Erg.): Frauen und Psychotherapie. München, 1979, Pfeiffer.

Lazarus, A.A. und *Fay, A.*: Ich kann, wenn ich will. Stuttgart, 1977, Klett-Cotta.

Lazarus, R.S.: The self-regulation of emotion. In: *Levi, L.* (Ed.): Emotions. New York, 1975, John Wiley.

Lee, D.Y., Hallberg, E.T. and *Hassard, J.H.*: Client verbal and nonverbal reinforcement of counselor behavior: its impact on interviewing behavior and postinterview evaluation. In: Journ. of Counsel. Psychol. 1979, (16), 204–209.

Lennard, H.L. and *Bernstein, A.*: The anatomy of psychotherapy: systems of communication and expectation. New York, 1960, Columbia Univ. Press.

Lick, J. and *Bootzin, R.*: Expectancy factors in the treatment of fear: methodological and theoretical issues. In: Psychol. Bull., 1975, (82), 917–931.

Lieberman, M.A.: Gruppenmethoden. In: *Kanfer, F.H.* und *Goldstein, A.P.* (Hrg.): Möglichkeiten der Verhaltensänderung. München, 1977, Urban und Schwarzenberg.

Llewelyn, S.P. and *Hume, W.I.*: The patient's view of therapy. In: British Journ. of Medic. Psychol. 1979, (52), 29–35.

London, P.: The modes and morals of psychotherapy. New York, 1964, Holt, Rinehart and Winston.

London, P.: The end of ideology in behavior modification. In: Americ. Psychol. 1972, (27), 913–920.

Lott, A.J. and *Lott, B.E.*: The power of liking: consequences of interpersonal attitudes derived from a liberalized view of secondary reinforcement. In: *Berkowitz, L.* (Ed.): Advances in Experimental Social Psychology. Vol. 6

New York, 1972, Academic Press.

Luborsky, L., Chandler, M., Auerbach, A., Cohen, J. and *Bachrach, H.*: Factors influencing the outcome of psychotherapy: a review of quantitative research. In: Psychol. Bull. 1971, (75), 145–185.

Mahoney, M.J.: Research issues in self-management. In: Behavior Therapy, 1972, (3), 45–63.

Mahoney, M.J.: Kognitive Verhaltenstherapie. München, 1977, Pfeiffer. Engl.: Cognition and Behavior Modification. Cambridge, Mass. 1974, Ballinger Publ. Comp.

Mahoney, M.J.: Therapist Liberation. In: Behavior Therapy, 1978, (9), 676–677.

Mahoney, M.J., Thoresen, C.E. and *Danaher, B.G.*: Covert behavior modification: an experimental analogue. In: Behavior Res. and Exper. Psychiatry. 1972, (3), 7–14.

Manno, B. and *Marston, A.R.*: Weight reduction as a function of negative covert reinforcement (sensitization) versus positive covert reinforcement. In: Behav. Res. and Therapy, 1972, (10), 201–207.

Marcia, J.A., Rubin, B.M. and *Efran, J.S.*: Systematic desensitization: expectancy change or counter conditioning? In: Journ. Abnorm. Psychol. 1969, (74), 384–387.

Marks, I.M.: Fears and Phobias. London, 1969, Heinemann.

Marks, I.M. und *Gelder, M.G.*: Common ground between behavior therapy and psychodynamic methods. In: Brit. Journ. Medic. Psychol. 1966, (39), 11–23.

Marlatt, G.A. und *Perry, M.A.*: Methoden des Modellernens. In: *Kanfer, F.H.* und *Goldstein, A.P.* (Hrg.): Möglichkeiten der Verhaltensänderung. München, 1977, Urban und Schwarzenberg.

Matarazzo, J.D., Wiens, A.N., Matarazzo, R.G. and *Saslow, G.*: Speech and silence behavior in clinical psychotherapy and its laboratory correlates. In: *Shlien, J.M.* (Hrg.): Research in Psychotherapy, Bd. 3 Washington, D.C., 1968, Americ. Psychol. Assoc.

Mc Gee, C., Kauffman, J. und *Nussen, J.*: Children as therapeutic change agents: reinforcement intervention paradigms. In: Review of Educat. Research, 1977, (47), 451–477.

Meichenbaum, D.: Examination of model characteristics in reducing avoidance behavior. In: Journ. of Person. and Soc. Psychol. 1971, (14), 298–307.

Meichenbaum, D.: Toward a cognitive theory of self-control. In: *Schwartz, G.* and *Shapiro, D.* (Eds.): Consciousness and self-regulation: advances in research. New York, 1976, Plenum Press.

Meichenbaum, D.: Kognitive Verhaltensmodifikation. München, 1979, Urban und Schwarzenberg. Engl.: Cognitive Behavioral Modification. New York, 1977, Plenum Press.

Metzger, H.G.: Selbstkontrolle und Selbstsicherheit. In: Psyche, 1979, (33), 29–62.

Meyer, V. and *Chesser, E.S.*: Behavior therapy in clinical psychiatry. London, 1970, Penguin Books.

Miller, G.A., Galanter, E.H. and *Pribram, K.H.*: Plans and the structure of behavior. New York, 1960, Holt, Rinehart and Winston.

Minsel, W.R.: Zur Frage einer Theorienbildung über dyadisches psychotherapeutisches Handeln. In: Zeitschr. für Klin. Psychol. und Psychotherap., 1977, (25), 231–245.

Mintz, J.: What is „succes„“ in psychotherapy? In: Journ. Abnorm. Psychol. 1972 (80), 11–19.

Mitchell, K.M., Bozarth, J.D. and *Krauft, C.C.*: A Reappraisal of the therapeutic effectiviness of accurate emphathie, nonpossessive warmth, and genuineness. In: *Gurman, A.S.* and *Razin, A.M.* (Eds.): Effective Psychotherapy, a handbook of research. New York, 1977, Pergamon Press.

Mitscherlich, A.: Versuche, die Welt besser zu bestehen. Fünf Plädoyers in Sachen Psychoanalyse. Frankfurt, 1970, Suhrkamp.

Mitteilungen der DGVT: Einige Gedanken der AWK zur „Selbsterfahrung“ als Bestanteil der Vt-Ausbildung. 1977, (9), 144)147.

Moos, R.H. and *Clemens, S.R.*: Multivariate study of the patienttherapist system. In: Journ. of Consult. Psychol. 1967, (31), 119–130.

Moos, R.H. und *Mc Intosh, S.*: Multivariate study of the patient-therapist system. In: Journ. of Consult. and Clinic. Psychol. 1970, (35), 298–307.

Morris, R.J. and *Suckerman, K.R.*: Therapist warmth as a factor in automated systematic desensitization. In: Journ. of Consul an Clin. Psychol. 1974, (42), 244–250.

O'Leary, K.D., Turkewitz, H. und *Taffel, S.J.*: Parents and therapist evaluation of behavior therapy in a child psychological clinic. In: Journ. of Consul. and Clin. Psychol. 1973, (4), 279–283.

O'Leary, K.D. and *Wilson, G.T.*: Behavior Therapy: Application and Outcome. Englewood Cliffs, N.J. 1975, Prentice Hall.

Page, M.M.: Demand characteristics and the verbal operant conditioning experiment. In: Journ. of Personality and Soc. Psychol. 1972, (23), 372–378.

Page, M.M.: Demand characteristics and the classical conditioning of attitudes experiment. In: Journ. of Personality and Soc. Psychol. 1974, (30), 468–476.

Patterson, G.R.: Behavioral intervention procedures in the classroom and in the home. In: *Bergin, A.E.* and *Garfield, S.L.* (Eds.): Handbook of Psychotherapy and Behavior Change, New York, 1971, John Wiley.

Patterson, G.R. und *Gullion, M.E.*: Living with children. New methods for parents and teachers. Champaign. Ill. 1968, Research Press.

Patterson, G.R. und *Gullion, M.E.*: A guide for the professional for use with: Living with children, new methods for parents and teachers. Champaign, III. 1971 (3), Research Press.

Paul, G.L.: Insight versus Desensitization in Psychotherapy. Stanford, 1966. Stanford University Press.

Paul, G.L.: Behavior Modification Research: Design and Tactics. In: Franks, C.M. (Ed.): Behavior Therapy: Appraisal and Status. New York, 1969 Mc Graw Hill.

Pielmaier, H.: Verhaltenstherapie bei delinquenten Jugendlichen. Stuttgart. 1979, Enke Verlag.

Pope, B. and *Siegman, A.W.*: Interviewer warmth in relation to interviewee

verbal behavior. In: Journ. Consult. Clin. Psychol. 1968, (32), 588–595.
Poser, E.G.: Strategies für Behavioral Prevention. In: *Davidson, P.O.* (Ed.): The Behavioral Management of Anxiety, Depression and Pain. New York, 1976, Brunner.
Quekelberghe, R. van: Systematik der Psychotherapie. München, 1979 (a), Urban und Schwarzenberg.
Quekelberghe, R. van: Modelle Kognitiver Therapien. München, 1979 (b), Urban und Schwarzenberg.
Rakete, G.: Unterschichttherapie-Klinisch-Psychologische Ausbildung und Forschung. Kongreßber. I/1979 DGVT, 148–156.
Reimer, Ch., Hempfing, L. and *Dahme, B.*: Iatrogene Chronifizierung in der Vorbehandlung psychogener Erkrankungen. In: Praxis Psychotherapy, Psychosom. 1979, (24), 123–133.
Rimm, D.C. und *Masters, J.C.*: Behavior Therapy. New York, 1974, Academic Press.
Ringler, M.: Der Einfluß von demokratischem und autoritärem Therapeutenverhalten auf Erfolg, Erfolgserwartung und Self-Attribution bei Desensibilisierung von Prüfungsangst. In: Ztschr. für Klin. Psychol. Forschung und Praxis. 1977, (6), 40–58.
Ringler, M.: Die Patient-Therapeut-Interaktion und ihre Beziehung zum therapeutischen Prozeß in der Verhaltenstherapie. In: Partnerberatung, 1980 (a) (1), 32–39.
Ringler, M.: Selbsterfahrung und Therapeutische Kompetenz in der Verhaltenstherapie. Vortrag auf dem Kongreß für Klin. Psychol. und Psychotherapie. Berlin, 1980 (b).
Ritter, B.: The group treatment of children's snake phobias using vicarious and contact desensitization procedures. In: Behav. Res. and Therapy. 1968, (6), 1–6.
Ritter, B.: Treatment of acrophobia with contact desensitization. In: Behav. Res. and Therapy. 1969, (7), 41–45.
Rogers, C.R.: The necessary and sufficient conditions of therapeutic personality change. In: Journ. Consult. Psychol. 1957, (21), 95–103.
Rosenthal, T.L.: Modeling Therapies. In: *Hersen, M., Eisler, R.M.* and *Miller, P.M.* (Eds.): Progress in Behavior Modification. Vol. 2. New York, 1976. Academic Press.
Rosenthal, T.L., Hung, J.J. and *Kelley, J.E.*: Therapeutic social influence: sternly strike while the iron is hot. In: Behav. Res. and Therapy. 1977, (15), 253–259.
Rubin, R.D. and *Franks, C.M.* (Eds.): Advances in Behavior Therapy. 1968. New York, 1969, Academic Press.
Ryan, V.L. and *Gizynski, M.N.*: Behavior therapy in retrospect: Patient's feelings about their behavior therapies. In: Journ. of Consult. and Clinic. Psychol. 1971. (37), 1–9.
Saslow, G. and *Matarazzo, J.D.*: A technique for studying changes in interview behavior. In: *Rubinstein, E.A.* and *Parloff, M.B.* (Eds.): Research and Psychotherapy. Washington, 1959, APA.
Scheflen, A.: Körpersprache und soziale Ordnung. Stuttgart, 1976, Klett.

Schewior, R.: Interventionsstrategien und Gesprächstechniken in der Verhaltenstherapie. Eine pilot-study zur Kategorisierung von Therapeutenäußerungen. In: Mittlg. der DGVT 2/1977. 217–232.

Schofield, W.: Psychotherapy, the purchase of friendship. Englewood Cliffs, N.J. 1964, Prentice Hall.

Schulte, D. (Hrg.): Diagnostik in der Verhaltenstherapie. München, 1974, Urban und Schwarzenberg.

Schwitzgebel, R.K.: Ethical and legal aspects of behavioral instrumentation. In: *Schwitzgebel, R.L.* and *Schwitzgebel, R.K.* (Eds.): Psychotechnology electronic control of mind and behavior. New York, 1973, Holt, Rinehart and Winston.

Schwitzgebel, R.L.: Street corner research: an experimental approach to the juvenile delinquent. Cambridge, Mass. 1964, Harvard Univ. Press.

Schwitzgebel, R.L.: Short-term operant conditioning of adolescent offenders on socially relevant variables. In: Journ. of Abnorm. Psychol. 1967, (72), 134–142.

Schwitzgebel, R.L.: Preliminary socialization for psychotherapy of behavior-disordered adolescents. In: Journ. of Consult. and Clin. Psychol. 1969, (33), 71–77.

Schwitzgebel, R.L. and *Kolb, D.A.*: Including behavior change in adolescent delinquents. In: Behav. Res. and Therapy. 1964, (1), 297–304.

Schwitzgebel, R.L. and *Schwitzgebel, R.K.* (Eds.): Psychotechnology, electronic control of mind and behavior. New York, 1973. Holt, Rinehart and Winston.

Seiderer-Hartig, M.: Unverarbeitete Konflikte mit frühen Bezugspersonen in der Verhaltenstherapeutischen Arbeit. In: Partnerberatung, 1980, (1), 21–31.

Seiderer-Hartig, M.: Die Rolle des Therapeuten und die therapeutische Beziehung in der Verhaltenstherapie. In: *Petzold, H.* (Hrg.): Die Rolle des Therapeuten und die therapeutische Beziehung in der Psychotherapie. Paderborn, im Druck, Junfermann-Verlag.

Shapiro, A.K.: Placebo effects in medicin, psychotherapy, and psychoanalysis. In: *Bergin, A.E.* and *Garfield, S.L.* (Eds.): Handbook of Psychotherapy and Behavior Change. New York, 1971, Wiley and Sons.

Shapiro, M.B.: Experimental method in the psychological description of the individual psychiatric patient. In: Internat. Journ. Sic. Psychiatr. 1957, (3) 89–103.

Shapiro, M.B.: The single case in clinical-psychological research. In: Journ. of General Psychol. 1966, (74), 3–23.

Skinner, B.F.: Science and human behavior. New York, 1953, Macmillan.

Skinner, B.F.: Beyond Freedom and Dignity. New York, 1971, A. Knopf.

Sloane, R.B., Staples, F.R., Cristol, A.H., Yorkston, N.J. and *Whipple, K.* Psychotherapy versus Behavior Therapy. Cambridge, Mass. 1975, Harvard Univers. Press.

Sommer, G. und *Ernst, H.*: Gemeindepsychologie. München, 1977, Urban und Schwarzenberg.

Spielberger, C.D. and *De Nike, L.D.*: Descriptive behaviorism versus cognitiv theory in verbal operant conditioning. In: Psychol. Review, 1966, (73), 306–326.

Staats, A.W.: Language Behavior Therapy: a derivative of social behaviorism. In: Behav. Therapy, 1972 (3), 165–192.

Staples, F.R., Sloane, R.B., Whipple, K., Cristol, A.H. and *Yorkston, N.T.*: Differences between behavior therapists and psychotherapists. In: Archives of General Psychiatry. 1975, (32), 1517–1522.

Strupp, H.H.: Psychotherapists in action. New York, 1960, Grune and Stratton.

Strupp, H.H. and *Bergin, A.E.*: Some empirical and conceptual bases for coordinated research in psychotherapy: a critical review of issues, trends, and evidence. In: Internat. Journ. of Psychiatry, 1969, (7), 18–90.

Stuart, R.B.: A three-dimensional program for the treatment of obsity. In: Behav. Res. and Therapy, 1971, (9), 177–186.

Swan, G.E. and *Mc Donald, M.L.*: Behavior Therapy in Practice: A national survey of behavior therapists. In: Behav. Therapy, 1978, (9), 799–807.

Szasz, T.S.: Behavior Therapy: a critical review of the moral dimensions of behavior modification. In: Journ. Behav. Therapy and Psychiatry. 1978, (9), 199–203.

Tharp, R.G. and *Wetzel, R.J.*: Verhaltensänderungen im gegebenen Sozialfeld. München, 1975, Urban und Schwarzenberg. Engl.: Behavior Modification in the Natural Environment. New York, 1969, Academic Press.

Thoresen, C.E. and *Mahoney, M.J.*: Behavioral Self-Control. New York, 1974. Holt, Rinehart and Winston.

Tracey, D.A., Bridell, D. and *Wilson, G.T.*: Group therapy with chronic psychiatric patients: Generalization of verbal conditioning to verbal and nonverbal behavior. In: Journ. of Applied Behav. Analysis, 1974, (7), 391–402.

Trautner, H.M.: Wie gut ist Verhaltenstherapie? – Überlegungen zu einer Therapiekritik. In: Ztschr. für Klin. Psychol. 1973, (2), 300–323.

Ullmann, L.P.: Making use of modeling in the therapeutic interview. In: *Rubin, R.D.* and *Franks, C.M.* (Eds.): Advances in Behavior Therapy. New York, 1968, Academie Press.

Ullmann, L.P.: Verhaltenstheoretische Gemeindepsychologie: Implikationen, Chancen und Verpflichtungen. In: *Keupp, H.* (Hrg.): Normalität und Abweichung. München, 1979, Urban und Schwarzenberg.

Volpert, W.: Handlungsstrukturanalyse. Köln, 1974, Pahl-Rugenstein.

Wachter-Hennig, K.: Theoretische Grundlagen und praktische Erfahrungen mit der Gruppenvortherapie für Unterschichtklienten im Klinischen Projekt. In: Kongreßber. Hamburg, Bd. I DGVT, 1979, 122–134.

Watson, D. und *Tharp, R.*: Einübung in Selbstkontrolle. München, 1975, Pfeiffer. Engl.: Selfdirected behavior: self-modification for personal adjustment. Belmont, 1972, Wadsworth Publ. Comp.

Watzlawick, P., Weakland, J.H. and *Fisch, R.*: Lösungen, zur Theorie und Praxis menschlichen Handelns. Bern/Stuttgart. 1974, Huber.

Watzlawick, P.: Die Möglichkeit des Andersseins. Zur Technik der therapeutischen Kommunikation. Bern, 1977, Huber.

Watzlawick, P., Beavin, J.H. und *Jackson, D.D.*: Menschliche Kommunikation.

Formen, Störungen, Paradoxien. Bern, 1969, Huber.

Wilkening, H.J.: Das Psychotherapeut-Patient-Verhältnis als berufliche Beziehung. in: *Keupp, H.* und *Zaumseil, M.* (Hrg.): Die gesellschaftliche Organisierung psychischen Leidens. Frankfurt, 1978, Suhrkamp.

Wilkins, W.: Desensitization: social and cognitive factors underlying the effectiveness of *Wolpes* procedure. In: Psychol. Bull. 1971, (76), 311–317.

Wilkins, W.: Expectancy of therapeutic gain: an empirical and conceptual critique. In: Journ. of Consult. and Clin. Psychol., 1973 (40), 69–77.

Wilkins, W.: Expectancies in applied settings. In: *Gurman, S.S.* and *Razin, A.M.* (Eds.): Effective Psychotherapy: a handbook of research. New York, 1977, Pergamon Press.

Wilson, G.T. and *Davison, G.C.*: Effects of expectancy on systematic desensitization and flooding: a critical analysis. In: European Journ. of Behav. Analysis and Modific. 1975, (1), 12–14.

Wilson, G.T. and *Evans, I.M.*: Adult behavior therapy and the therapist-client relationship. In: *Franks, C.M.* and *Wilson, G.T.* (Eds.): Annual review of behavior therapy; theory and practice. Vol 4, New York, 1976, Brunner/Mazel.

Wilson, G.T. and *Evans, J.M.*: The Therapist-Client Relationship in Behavior Therapy. In: *Gurman, A.S.* and *Razin, A.M.* (Eds.): Effective Psychotherapy: a handbook of research. New York, 1977, Pergamon Press.

Wolpe, J.: Psychotherapy by reciprocal inhibition. Stanford, Calif. 1958, Stanford University Press.

Wolpe, J.: The practice of behavior therapy. New York, 1969, Pergamon Press

Wolpe, J.: The instigation of assertive behavior: transcripts from two cases. In Journ. Behav. Therapy and Exp. Psychiatry, 1970 (a), (1), 145–151.

Wolpe, J.: Behavior analysis of a case of hypochondrical anxiety: trascript of first interview. In: Journ. Behav. Therapy and Exp. Psychiatry, 1970 (b), (1), 217–224.

Wolpe, J.: Identifying the antecedents of an agoraphobic reaction: a transcript In: Journ. Behav. Therapy and Exp. Psychiatry. 1970 (c), (1), 299–304

Wolpe, J.: Transcript of initial interview in a case of depression. In: Journ Behav. Therapy and Experim. Psychiatry. 1970 (d), (1), 71–78.

Wolpe, J.: Identifying the anxiety antecedents of a psychosomatic reaction a transcript. In: Journ. Behav. Therapy and Exp. Psychiatry, 1971 (a), (2) 45–50.

Wolpe, J.: Dealing with resistance to thought-stopping: a transcript. In: Journ Behav. Therapy and Exp. Psychiatry. 1971 (b), (2), 121–125.

Wolpe, J.: Correcting misconceptions in a case of frigidity: a transcript. In Journ. Behav. Therapy and Exp. Psychiatry. 1971 (c), (2), 251–258.

Wolpe, J.: The Humanity of Behavior Therapy. In: Journ. Behav. Therapy an Exp. Psychiatry, 1978, (9), 205–209.

Wolpe, J. and *Lazarus, A.A.*: Behavior Therapy Techniques. New York, 196 Pergamon Press.

Woy, J.R. and *Efran, J.S.*: Systematic desensitization and expectancy in th treatment of speaking anxiety. In: Behav. Res. and Therapy. 1972. (10 43–49.

Yates, A.: Behavior Therapy. New York, 1970. Wiley.
Zimmer, D.: Die Beziehung von Therapeut und Klient in der Verhaltenstherapie – zur Entwicklung der Problemstellung. In: Kongreßber. Berlin 1977, Sonderheft 1, Mittlg. DGVT 1978 (a).
Zimmer, D.: Die Bedeutung Kommunikationstheoretischer Prinzipien für die Therapeut-Klient-Beziehung in der Verhaltenstherapie. In: Kongreßber. Berlin 1977, Sonderheft 1, Mittlg. DGVT, 1978 (b).

Sachregister

Personenregister